Foto: Jean Marcone

ALAIN GRÉE

STURM
Taktik und Manöver

Aus dem Französischen von Jürgen Hassel

DELIUS KLASING VERLAG

Foto: Michel Homarrède

Beeindruckend, diese See! Am Südwestkap Irlands wölbt sie dem Bug des Frachters PECHEUR BRETON ihren Buckel entgegen. Hier, am Rand des Kontinentalsockels, bäumen sich die Wellen besonders steil auf. Man kann sich vorstellen, welchen Schaden sie einer kleinen Segelyacht zufügen können. Niemandem läßt das zu Schaumgeäder zerwehte grüne Wasser Zweifel an der wilden Gewalt dieser Wellen.

Vorwort

Sturm hat schon immer eine gewisse Faszination auf Seeleute wie auf Landratten ausgeübt. Der Grund ist zweifellos das Erschrecken vor den entfesselten Elementen, die Furcht vor den Gefahren, denen Schiffe auf See durch die Launen des Unwetters ausgesetzt sind, und die Hochachtung vor den Seeleuten, die um des Überlebens willen den Stürmen trotzen.

Gleich ob es sich um Ereignisse bei Kap Hoorn, in der Straße von Bonifacio oder beim Fastnet-Felsen handelt – die Erzählungen von den Dramen, die sich dort im Orkan abgespielt haben, lassen niemanden kalt; denn der Kampf des Menschen gegen den Aufruhr der Natur mobilisiert immer unsere Gefühle. Die See kann man nicht bemogeln. In den Augenblicken des Kampfes ums nackte Überleben wird der Mensch angesichts all der Feindseligkeit, die ihn umgibt, auf sich selbst zurückgeworfen. Er begegnet ihr mit nackten Händen, ohne sich auf künstliche Hilfsmittel verlassen zu können, ohne eine Möglichkeit zum Ausweichen, zum Kompromiß.

Ich liebe stürmisches Wetter auf See. Ich liebe es, wenn alle Nerven angespannt sind und der Puls schneller geht, wenn die gesamte Atmosphäre dramatischer und intensiver zu werden scheint, aber ebensosehr das Zusammengeschweißtwerden einer Mannschaft, ihre Konzentration, ihre Sensibilität und ihre Einsatzbereitschaft. Ich liebe schweres Wetter auf See, weil es keine Halbheit und keine Mittelmäßigkeit durchgehen läßt und weil es uns zwingt, in unseren jeweiligen Rollen unser Bestes zu geben.

In den rund 55000 Seemeilen, die Monique und ich mit unseren beiden Ketschen NAUSICAA und PITCAIRN zurückgelegt haben, sind wir oft durch starke Tiefdrucksysteme gefahren. Manchmal auf hoher See, viel öfter aber noch dicht unter der Küste, am Wind und vor dem Wind, bei Tag und bei Nacht, bei guter und bei schlechter Sicht. Wir haben taktische Fehler gemacht (und machen immer noch welche), wir waren zu Tode erschöpft durch ermüdende Segelmanöver, in scheinbar nie endenwollenden Nachtwachen, in Freiwachen, in denen wir uns ans Bett festschnallten, bei immer wieder mißlingenden Versuchen, ein Ziel aufzukreuzen, beim Versuch, unsere Position mit dem Gonio-Peiler zu orten, was groteske, unverständliche, ja monströse Standorte ergab. Wir haben den Schrecken kennengelernt, den man im nachhinein erlebt, wenn es wieder aufklart und man die nahen Klippen entdeckt, die bisher hinter Regen oder Nebel verborgen waren. Zweimal sind wir gestrandet. Einmal an der türkischen Küste vor der Insel Samos, als wir bei Windstärke 9 bis 10 mit Hilfe einer ungenauen Karte einen Schutzhafen suchten, ein anderes Mal mit havariertem Ruder bei 65 Knoten Wind, mitten im Winter, auf den Steinbuhnen von La Vieille bei Saint-Mandrier.

Dreimal haben sich PITCAIRNS Masten platt aufs Wasser gelegt: in der Enge von Gibraltar, vor La Corogne und in den Ausläufern eines Orkans in der Karibik. Ich mußte auch schon einmal halb in den Mast klettern, um, gebeutelt von dem schlagenden Segel, ein verklemmtes Fall klarzumachen, mußte direkt vor einer Hafeneinfahrt bei rauher See tauchen, um den Propeller von einer Schot zu befreien, oder ein Beiboot, das sich von der Schleppleine loszureißen drohte, mitten auf See an Bord hieven. Und natürlich haben wir auch Angst gehabt, wie es selbst dem erfahrensten Segler geschieht, wenn er miterlebt, wie das Meer sich aufbäumt. Dieses heiße Gefühl in der Magengegend ist untrennbar mit schwerem Wetter verbunden, und kein ernst zu nehmender Skipper wird behaupten, daß er davon frei ist. Es gibt nur Unterschiede je nach individueller Veranlagung und nach dem Ernst der Situation. Ich glaube, daß die Überwindung dieses Gefühls auch einen Teil des Reizes ausmacht, den die Schwierigkeiten langer Seereisen auf uns ausüben.

Wenn wir noch nie ein ernsthaftes Unglück auf See erlebt haben, keine Entmastung, nicht das Überbordgehen eines Mannschaftsmitgliedes bei nächtlichem Sturm, keine Kollision, keine Panik, keinen schweren physischen Unfall, dann zweifellos auch deshalb, weil das Glück auf unserer Seite gewesen ist. Vielleicht haben wir aber auch dem Glück mit dem letzten, kleinen Schlag an Vorsicht nachgeholfen. So hat uns zum Beispiel meine Leidenschaft für das Segeln immer wieder auch bei Starkwind und Sturm aus dem Hafen gelockt. Ich glaube, daß man auf solche Weise Situationen, die viele fürchten, am besten meistern lernt. Im Schutz des Hafens hat man Zeit, ruhigen Kopfes über Kurs und Manöver nachzudenken. Man kann sich in Ruhe vorbereiten, die Situation ohne Angst studieren, dann den richtigen Zeitpunkt wählen, in dem man in die Arena steigt. Natürlich mit dem Risiko, an die Küste getrieben zu werden, während man doch luvwärts den Gefahren des Landes entgehen und die freie See erreichen möchte. Aber ich bleibe dabei, daß diese Lehre sich auszahlt, wenn man in ihr einmal ein höheres Niveau der nautischen Kenntnisse erreicht hat. Sie bietet außerdem den Vorteil, daß wir mit der Sturmnavigation in einem uns bekannten Revier beginnen können, daß wir frei über die Dauer unseres Versuchs entscheiden und schließlich wieder Schutz in einem vertrauten Hafen finden können. Das ist wichtig. Man beginnt bei Windstärke 6, und dann, entsprechend seiner Erfahrung, riskiert man, den Bug seines Bootes außerhalb der Hafenmolen auch kraftvolleren Winden auszusetzen.

Ein wenig kann man dem Glück auch nachhelfen, indem man sein Boot so ausrüstet, daß es einen Sturm auf offener See, ohne das Risiko von Havarien, abwettern kann. Dazu gehören Wartung in regelmäßigen Abständen und pünktliche Instandsetzungsarbeiten. Schließlich auch die Bereitschaft, zu lernen, auf die Meinung anderer zu hören und sich selbst niemals zu überschätzen. Und dann das Handeln mit traumwandlerischer Sicherheit im richtigen Augenblick. Charakterliche Ausgeglichenheit, theoretische Kenntnis und praktische Erfahrung — das bestimmt tatsächlich die Persönlichkeit jedes echten Skippers.

Alain Grée

Segelwechsel auf der CHARLES HEIDSIECK während eines aufziehenden Sturmes im südlichen Indischen Ozean.

Schwerwetterregeln?

Alle erfahrenen Segler (so höre ich es von Skippern, die oft und in jeder Jahreszeit, auf den verschiedensten Meeren und bei jedem Wetter ausgelaufen sind) sind einer Meinung, daß es kein Wunderrezept gibt, wenn der Wind und vor allem der Seegang eine bestimmte Stärke überschritten haben. Eher sogar sagen sie, daß all ihre Erfahrung ihnen nichts genutzt hat. Wenn es denn schon schwierig ist, für das normale Fahrtensegeln einigermaßen verbindliche Regeln für Am-Wind-Manöver, für das Setzen und die Handhabung des Spinnakers oder für Ankermanöver zu erstellen, wie sollte man es da für das Abwettern eines schweren Sturmes und schwerer See können?

Die einzige wertvolle Regel ist, sich immer darüber im klaren zu sein, daß es keine allgemeingültige Regel gibt. Einfach deshalb, weil die Bedingungen, die unser Boot in der entfesselten See erlebt, sich nie auf genau gleiche Weise wiederholen. Sie variieren quasi wie auf einer Skala mit unendlichen Parametern, die jede Situation einzigartig machen und zu jeweils besonderen Lösungen zwingen. Und die sind wiederum auf andere Fälle kaum anzuwenden.

Ich habe viele Bücher und Zeitschriftenartikel, die sich mit diesem Gegenstand befassen, durchgelesen und bin dabei – bei allem Interesse für die Theorien, die immer wieder andere Taktiken vorschlagen – doch sehr erstaunt gewesen über die Ahnungslosigkeit (wenn nicht gar Unkenntnis) ihrer Autoren. Natürlich kann es einem einmal gelingen, eine Hauptverkehrsstraße mit verbundenen Augen zu überqueren und dabei unversehrt auf der anderen Seite anzukommen. Doch dieses Verfahren zur besten Methode zu erklären, um vom einen zum anderen Bürgersteig zu gelangen, ist nicht nur ein schlechter Rat – es ist lebensgefährlich.

Diese Vorbehalte sollen nicht andeuten, daß alle Bücher und Artikel, die sich mit Segeln im Sturm befassen, auf den Abfall gehören. Weit entfernt. Die „Navigation auf Langfahrt" von Kerviler und vor allem die unersetzliche Bibel „Schwerwettersegeln"* von Adlard Coles (ein Buch, von dem ich noch häufiger sprechen werde, weil es so ausgezeichnete Beispiele liefert) sind von erfahrenen Seeleuten geschrieben worden. Sie vermitteln eine Summe kostbarer Informationen und jene Grundsätze, die man unbedingt kennen muß, um beim Herannahen eines Tiefs die richtigen Maßnahmen treffen zu können.

Denn wenn sich auch das Verhalten bei schwerem Wetter immer nach der augenblicklichen Situation richten muß, so lassen sich doch, je nach der Art des Bootes, nach der Ausrüstung und nach dem Zustand der See einige grundsätzliche Regeln aufstellen.

In diesem Sinne möchte ich dieses Buch über das Segeln in schwerem Wetter in den folgenden Kapiteln entwickeln. Ich beziehe mich dabei auf die Erfahrungen qualifizierter Segler, die in der Vergangenheit dieses Thema wissenschaftlich behandelt haben, und auf Erfahrungen, die ich selbst im Verlauf meiner Reisen gesammelt habe. Denn weil ich neugierig bin und weil ich auch theoretischen Formeln sehr mißtraue, habe ich auf meinen Reisen immer versucht, bisher nicht übliche Methoden auszuprobieren. Und ich versuche hier, diese Methoden nicht nur zu analysieren, sondern Folgerungen für unseren Bootstyp (die normale Fahrtenyacht) und unsere Art des Segelns (das Fahrtensegeln) daraus zu ziehen – mit Demut und mit dem Wissen um die Begrenztheit ihrer Tragweite.

Zunächst aber wollen wir uns über die Bedeutung der Worte verständigen: „Schweres Wetter" bedeutet nicht immer dasselbe. Was versteckt sich also genau hinter diesem Ausdruck, der so häufig gebraucht und auf den weichen Kissen der Messe an allen Ankerplätzen der Welt so freigiebig interpretiert wird?

---

* *Delius Klasing Verlag, Bielefeld*

Was heißt schweres Wetter?

Windstärke nach Beaufort	Bezeichnung der Windstärke	Windgeschwindigkeit	Wellenhöhe	
			wahrscheinlich	maximal
0	Stille	1 kn	—	—
1	leiser Zug	1–3 kn	0,1 m	0,1 m
2	leichte Brise	4–6 kn	0,2 m	0,3 m
3	schwache Brise	7–10 kn	0,6 m	1 m
4	mäßige Brise	11–16 kn	1 m	1,5 m
5	frische Brise	17–21 kn	2 m	2,5 m
6	starker Wind	22–27 kn	3 m	4 m
7	steifer Wind	28–33 kn	4 m	5,5 m
8	stürmischer Wind	34–40 kn	5,5 m	7,5 m
9	Sturm	41–47 kn	7 m	10 m
10	schwerer Sturm	48–55 kn	9 m	12,5 m
11	orkanartiger Sturm	56–63 kn	11,5 m	16 m
12	Orkan	über 64 kn	14 m	—

„Der schwere Sturm von Beaufort 8 war so heftig, daß wir die große Genua gegen eine kleinere austauschen mußten, um weiter gegenan segeln zu können." Solche und ähnliche Sprüche hat sicher jeder von uns schon einmal in irgendeiner Hafenkneipe, im Clubhaus oder am Stand einer Bootsmesse gehört. Und er hat dabei ein wenig gegrinst, zunächst weil Windstärke 8 auf der Beaufortskala keineswegs dem Begriff schwerer Sturm entspricht, und dann, weil kein Boot unter kleiner Genua gegen einen wahren Wind von 35 bis 40 Knoten ansegelt (was einem noch stärkeren scheinbaren Wind entspräche!). Das bleibt harmlos, solange es sich nur um Berichte von persönlichen Heldentaten handelt. Das erste Buch von Alain Gerbault wäre wahrscheinlich ohne die vielen übertrieben dargestellten Unwetter und die zahlreichen Havarien bei weitem weniger erfolgreich gewesen. Aber die fehlerhaften Begriffe und die ungenaue Schilderung der Situation wiegen schwerer, wenn der Gegenstand mit wissenschaftlichem Anspruch abgehandelt wird oder offensichtlich lehrhaften Zwecken dienen soll. Sprechen wir also in Ziffern!

Ich halte es für sinnvoll, das, was man beim Fahrtensegeln „schweres Wetter" zu nennen übereingekommen ist, mit Windstärke 7, also einer Windgeschwindigkeit von 28 Knoten auf-

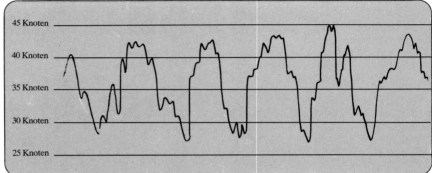

Die Grafik oben zeigt, wie bei mittlerer Windgeschwindigkeit von etwa 35 Knoten die Böen und die Flauten erheblich vom Mittelwert abweichen.

wärts, beginnen zu lassen. Das bezeichnet man dann mit „steifem Wind". Diese mittlere Windstärke enthält wohlverstanden einen gewissen Anteil vorübergehender schwächerer Winde, aber auch Spitzen mit wesentlich heftigeren Böen. Und nach der Stärke der Böen, die die mittlere Windgeschwindigkeit überschreiten, muß sich denn auch unsere Besegelung richten. Dennoch bringt auch bei schwerem Wetter – außer wenn sich in Lee eine Gefahr befindet, wenn wir eine Havarie haben oder wenn wir mitten in einen Orkan geraten sind – nur selten der Wind unsere Schiffe und ihre Besatzungen in Gefahr, häufiger ist es der Zustand der See.

Die Ursachen für den unterschiedlichen Zustand der See bei gleicher Windgeschwindigkeit sind schon vor langer Zeit genauestens untersucht worden. Um es immer wieder greifbar zu haben, notieren wir uns, daß die Charakteristika der See abhängig sind von verschiedenen Kriterien wie:
- dem Segelrevier,
- dem Oberflächenzustand der See,
- der Richtung des vorherrschenden Windes,
- ihrer eventuellen Änderung,
- der Länge des Fetches,
- der Höhe der Dünung,
- der Wellenlänge,
- dem Grundrelief,
- der Tide,
- den vorherrschenden Strömungen.

Von der Kombination dieser verschiedenen Einflüsse hängen der Zustand der See, die Gewalt ihrer Wellen und das Verhalten der Wellenkämme ab. Und natürlich auch die Gefahren, die sie für uns mit sich bringen. Die Risiken verschieben sich nur um Nuancen je nach Art des Bootes, der Qualität seiner Ausrüstung, der Erfahrung

seiner Besatzung und nach den Umständen, unter denen die jeweilige Fahrt unternommen wird.

Wo treffen wir auf schweres Wetter?

Gewiß sind — außer es liegen besondere Umstände vor — 40 Knoten Wind im Mittelmeer oder in der Ostsee leichter zu ertragen als in der Biskaya oder in der Nordsee. Noch der schwächste Mistral erreicht regelmäßig Stärke 9, und doch hindert er kaum einen Segler, den Hafen zu verlassen oder gar eine Überfahrt nach Korsika zu unternehmen.*

Ganz anders im Kanal und an der Atlantikküste, wo Untiefen, Brecher und starke Tidenströme die See schon ab Windstärke 6 sehr schwierig werden lassen, und erst recht in den klassischen Störungszonen wie dem Raz Blanchard, vor der irischen Küste oder vor bestimmten, schlecht beleumundeten Flußmündungen. Die häufig schlechte Sicht und die vielen Klippen, bedrohlich dicht unter der Wasseroberfläche, erschweren noch die ohnehin schon schwierigen Navigationsbedingungen. Sie verstärken die Angst der nicht so erfahrenen Segler, während sie andererseits die Sache für die erfahrenen erst recht interessant machen. Denn trotz aller Risiken — oder gerade wegen ihnen — ist schweres Wetter für eine bestimmte Spezies von Seglern, zu denen ich gehöre, ein leidenschaftlich geliebtes Abenteuer.

Die Nähe der Küste ist natürlich auch von großer Bedeutung. Je nachdem, ob der Wind von Land oder von See her weht, ist der Zustand der See vollständig anders. Sogar die Böen ändern sich sowohl in der Stärke als auch in der Richtung je nach der Struktur und der Entfernung der Erhebungen an Land. Schließlich vergrößert sich auch beträchtlich die Gefahr, bei schwerer Havarie oder starker Abdrift auf die Küste geworfen zu werden, wenn das Land oder Untiefen leewärts vom Boot liegen.

Wann treffen wir auf schweres Wetter?

Außer dem geografischen Standort des Bootes haben natürlich die Umstände, unter denen man in schweres Wetter gerät, Einfluß auf die Reaktion der Besatzung und den Ablauf der Manöver.

Die Tageszeit: Nichts ist mißlicher, als wenn einen nachts ein Sturm überfällt. Denn dann verzögern sich im allgemeinen die notwendigen Entscheidungen, weil ein Teil der Mannschaft, ja sogar der Skipper nicht an Deck ist, wenn sich die ersten Anzeichen der Störung zeigen. Die Vorbereitung des Bootes auf den ersten Anprall — bereit sein sollte es immer — , eine sichere Standortbestimmung, das Ausbringen von Strecktauen und die Verkleinerung der Segelfläche sind für die Besatzung in finsterer Nacht anstrengend und ermüdend. Auch ohne die Psychologie zu bemühen ist es durchaus wahrscheinlich, daß die Angst manchem Besatzungsmitglied den Gedanken eingibt, in der undurchdringlichen Dunkelheit sei er von einem feindlichen Meer umgeben, und eine solche Haltung kann Seekrankheit und Schlimmeres zur Folge haben.

Die Jahreszeit: Ich habe im Februar im Kanal und im Sommer in der Karibik Sturm erlebt und kenne deshalb den Unterschied, den die klimatischen Bedingungen ausmachen. Wenn man mit steifgefrorenen Fingern die Stagreiter der Fock abschlagen oder eine Gonio-Peilung durchführen muß, wird der Kampf gegen eine aufgewühlte See nicht gerade leichter. Sogar der Kopf beginnt nach einer allzu langen Ruderwache bei kaltem Wetter langsamer zu arbeiten, worunter die körperlichen Reflexe oder das Ausdenken eines taktischen Plans durchaus leiden können. Die Kälte wirkt sich sogar auf die See aus. Tiefe Temperaturen und niedrige Luftfeuchtigkeit zusammen machen den Wind heftiger und die Seen aggressiver.

Bestimmte Zonen des westlichen Mittelmeers sind dennoch wegen des hohen Seegangs bei starken Winden berüchtigt: das Cap Corse zum Beispiel, die Enge von Bonifacio, die Südostecke Siziliens und der gesamte Golfe du Lion, wo im Winter bei starkem Mistral die See schäumt, wenn der Wind mit mehr als 45 Knoten weht. Die Wellenhöhe übersteigt dann 1/7 der Wellenlänge.

Sturmtage in der Nordsee (März bis Oktober) Bft 8 und mehr (gemittelt aus mehreren Jahren)	Sturmhäufigkeit in der Ostsee (März bis Oktober) Bft 8 und mehr in %
März 2,5	2,8 . . . . März
April 1	1,6 . . . . April
Mai 0,5	0,3 . . . . Mai
Juni 0,5	1,5 . . . . Juni
Juli 1	1,0 . . . . Juli
August 1	1,2 . . . . August
September 2,5	1,4 . . . . September
Oktober 4	3,1 . . . . Oktober

Wie begegnen wir schwerem Wetter?

Auf See herrscht ein besonderer Lebensrhythmus: Das Boot muß ständig auf schweres Wetter vorbereitet sein, die Mannschaft muß gewohnheitsmäßig den Himmel beobachten, die See auf die ersten Anzeichen einer Dünung, den Horizont auf die ersten Anzeichen einer Änderung der Wolkenformation absuchen. Ist sie erst ein paar Tage auf See, wird sie sensibler für solche Erscheinungen und wird demnach die Vorboten schlechten Wetters eher ausmachen. Ein Boot, das Tag und Nacht auf Wetterstörungen vorbereitet ist, wie sie besonders Küstengebirge verursachen, wird selten zuviel Segel tragen. Es führt eine Segelfläche, die gerade ausreicht, ein durchschnittliches Etmal zu erzielen, und setzt also mehr auf Stetigkeit als auf Spitzengeschwindigkeit. Was die Mannschaft nicht hindern wird, bei günstiger Gelegenheit leichtere und größere Segel zu setzen, um dem Speedometer Futter zu geben. Allerdings wird sie gerade bei solchen Manövern den Himmel aus den Augenwinkeln beobachten. Aus gutem Grund: Auf einer weiten Reise erhält man nur selten offizielle Wettervorhersagen, und man muß alleine mit seiner bordeigenen Wetterbeobachtung zurechtkommen.

In der Küstenfahrt ist das anders. Über das Radio ist immer eine Wettervorhersage erreichbar. Jedem bleibt überlassen, ob und wann er sie abhören will, und sie zu nutzen, wenn verdächtige Windstärken angesagt sind, und sich nicht überraschen zu lassen. Man muß natürlich die Vorhersagen auch deuten können: Windstärke 5 mit örtlichen Böen bis zu 30 Knoten bedeutet, daß einem irgendwo auf dem Kurs eine tatsächliche Windstärke von Beaufort 7 begegnen kann. Unter Umständen sogar schon in der Hafenausfahrt, denn nirgendwo täuscht man sich stärker über das Wetter als im schützenden Hafen.

Spätestens in dem Augenblick, wenn es losgeht, wird man sich der alten Regel erinnern, daß es immer leichter ist, Segel zu setzen als die Segelfläche zu verkleinern. Später werden wir gemeinsam die einzelnen Phasen der Vorbereitung des Bootes und seiner Besatzung durchgehen. Die Vorbereitungen sind vielfältig und langwierig — warum sollten wir sie also nicht an einem ruhigen Ankerplatz durchführen? Dazu gehört auch das Auswechseln der großen Vorsegel gegen eine kleinere Fock.

Wie erleben wir schweres Wetter?

Als Segler haben wir wohl alle schon unser persönliches Kap Hoorn erlebt. Für unsere Schwierigkeiten und Ängste gibt es keine Wertskala. Sie ändern sich höchstens nach dem Maßstab unserer Erfahrung — oder vielleicht besser unserer Unerfahrenheit. Mein erstes schweres Wetter als Schiffsführer erlebte ich in Luv der Lavezzi-Inseln (Korsika) mit aschfahlem Gesicht, das in schönem Kontrast zur tragischen Schwärze des Himmels stand, und mit leerem Kopf, aus dem alles Wissen um das Verhalten im Sturm entwichen war, das ich als Besatzungsmitglied im Kanal und im Atlantik erworben hatte. Ich machte Fehler über Fehler, erlebte Angst ohnegleichen und mußte zum ersten und einzigen Mal in meinem Leben den Fischen opfern. Es wehte nur mit 35 Knoten — was für diesen wilden Archipel noch wenig ist —, aber der allerletzte Ausläufer eines Mistrals verursachte einen beeindruckenden Wellengang — eine See, die für meine Augen genauso enorm war wie der Tumult, den Vito Dumas in den Roaring Forties erlebte.

Ich bin mit meinen Booten noch nie in einen der „Mauritius-Orkane" bei Mozambique oder in einen „Williwaw" bei Diego Ramirez geraten, aber ich habe andere, ebenso gefürchtete tropische Wirbelstürme und nordatlantische Orkane erlebt. Keiner hat mich so sehr gezeichnet. Denn die Gewohn-

heit entschärft das Gefühl der Unruhe, das jeden Menschen angesichts der Gefahren der See überfällt. Und seien Sie versichert, man gewöhnt sich an schweres Wetter! Man gewöhnt sich daran, wenn man sein Boot erst einmal beherrscht und einige Sturmerfahrung verarbeitet hat. Was nicht heißt, daß man dem Herunterpurzeln des Barometers und dessen Folgeerscheinungen gegenüber unsensibel wird. Das gilt für jeden, und Unterschiede gibt es nur je nach Persönlichkeit und Qualifikation des einzelnen. Im Vorwort habe ich schon gesagt, wie man sich meiner Meinung nach am besten an schweres Wetter gewöhnt: indem man den Hafen verläßt, sobald es sich zeigt. Dann ist man auch später draußen auf jeder Fahrt darauf vorbereitet.

„Das Barometer ist auf 698 Millimeter gefallen. Um 5 Uhr steuern wir Kurs Südwest, schlechte Ruderwirkung. Seegang und Wind sind immer stärker geworden und haben jetzt einen erschreckenden Zustand erreicht." So die Logbucheintragung von Kapitän Riondet, Kommandant der AMAZONE, während eines Orkans, den er 1871 nicht weit der Antillen-Insel Désirade erlebte.

Welches Boot für schweres Wetter?

Es ist wohl jedem klar, daß das Verhalten eines Bootes in schwerem Wetter je nach Typ und Größe variiert. Eine Aquila von 8,30 m Länge verhält sich bei Starkwind oder Sturm ganz anders als die imposante VENDREDI XIII, und ein Segelboot klassischer Bauart wird weniger leicht kentern als ein Trimaran – das weiß man von vornherein. Was man jedoch genauer analysieren muß, sind die unterschiedlichen Verhaltensweisen von Einrumpfbooten gleicher Größe, aber unterschiedlicher Charakteristika, was Placierung des Lateralschwerpunktes, benetzte Oberfläche, Ballastanteil, Rumpf- und Kielformen, Tiefgang und Verdrängung, Segelplan und Rigg, Gewichtsverteilung und Größe der Aufbauten anbelangt.

Wird zum Beispiel ein tiefgehender, kurzer Kiel von einem wuchtigen Brecher leichter beschädigt als ein flachgehender, langgestreckter Kiel? Bringt dieser unter gleichen Bedingungen mehr Stabilität, wenn er mehr Ballast trägt? Ein steiler Bug klettert besser auf eine brechende Welle, aber riskiert man mit ihm nicht einen Purzelbaum, weil er weniger leicht aufschwimmt und somit die nächste Welle möglicherweise unterschneidet? Die modernen Kurzkieler lassen sich zwar auch in rauher See leichter manövrieren, aber läuft ein solches Boot nicht leichter aus dem Kurs, wenn es vorn oder achtern von einem einzelnen Brecher getroffen wird?

So viele Fragen, so viele Antworten: Ignoranten können uns nichts lehren, und die Experten machen gelegentlich das Offensichtliche zum Problem (ein Spezialist für Mehrrumpfboote legte mir einmal eine ganze Nacht lang auseinander, daß und warum ein Trimaran sich nicht wieder von alleine aufrichten kann, wie es unsere guten Einrumpfboote tun). Bleiben also die, die keine Experten sind, aber Bescheid wissen: Menschen, die objektiv beobachten und aus ihren Erfahrungen positive Schlüsse ziehen können.

Welche Hilfsmittel für schweres Wetter?

So wie die Konstruktion des Bootes sein Verhalten in schwerem Wetter beeinflußt, so wichtig ist auch seine Ausrüstung. Das betrifft an erster Stelle Dinge, von denen das Überleben abhängen kann: starke, kleine Sturmsegel, entsprechendes Rigg, Tauwerk zum Nachschleppen, Sturmanker, Öl zum Beruhigen der See. Verriegelungen, die Luks und Niedergänge dichthalten, Halterungen für zerbrechliche Dinge, das Beiboot, die Instrumente. Die Sicherheitsausrüstung schließlich, die das Boot und die Mannschaft in einem Seenotfall eventuell retten kann. Dazu gehören auch Notproviant, Kommunikationsmittel wie das Funktelefon; Werkzeug, Verbandskasten und alles, was ein Skipper zur Bootsführung und zur Navigation braucht, damit er für außergewöhnliche Situationen gewappnet ist.

„Ach, hätten wir doch nur das Stag ausgewechselt, als wir merkten, daß es

Kurz nachdem PITCAIRN 1974 vom Stapel gelaufen war, erwischte sie bei der Insel Giens ein Mistral. Die ersten Eintragungen im Logbuch verzeichnen Böen von 50 Knoten. Wir liefen mit 20° vor den Seen ab und wurden bis nach Korsika abgetrieben.

Schwächen aufwies…" – „Nur ein paar Ersatzteile haben uns gefehlt, um die Batterie wieder aufladen zu können, dann hätten wir uns mit dem Motor vor den Klippen in Sicherheit bringen können…" – „Mit einer zusätzlichen Pumpe hätten wir die Bilge problemlos trocken bekommen…" – „Was willst du machen mit solch einem Bruchboot, das Ruderblatt schwimmt weg und kein Notruder bei der Hand!"

Segeln heißt auch Vorhersehen. Denn es ist immer mit dem Risiko einer Havarie verbunden. Und es betrifft eben nicht nur die anderen…

Wie lange dauert schweres Wetter?

Ein weiterer Faktor ist auch wichtig für die Taktik und für das Bordleben: die Dauer der Kraftprobe. Obwohl das Aufziehen schweren Wetters die Mannschaft immer besonders beeindrucken wird – der Organismus gewöhnt sich nach einigen Stunden daran und kommt schließlich auch mit den ungewöhnlichen Bootsbewegungen zurecht –, haben die andauernden Anstrengungen und Unbequemlichkeiten schließlich doch starke nervliche Belastung und körperliche Erschöpfung zur Folge, die um so stärker zu spüren sind, je länger das Unwetter anhält.

Kaum ein Skipper kann länger als 24 Stunden Ruderwache gehen. Er muß nach unten, muß zu schlafen versuchen trotz der permanenten Unruhe, trotz der schlechten Luft, trotz des Ölzeugs, das ihn einengt und in Feuchtigkeit badet. Und zuvor muß er noch die Position bestimmen, die Wache einteilen, dem Rudergänger Anweisungen geben, Eintragungen ins Logbuch vornehmen, kontrollieren, ob die Bilge trocken ist, ob die Luks verriegelt sind, ob das Boot genügend Abstand von der Küste hält, ob die Positionsbeleuchtung in Ordnung ist, ob die Segel richtig stehen, ob Fahrt und Kurs dem Zustand der See entsprechen…

Und dann versucht er zu schlafen. Damit er in der Lage ist, den Kampf fortzuführen.

Körperliche Ausdauer ist ein Punkt, die Instandhaltung des Materials ein weiterer: Ein Fockliek, das ständig am Bugkorb schamfilt, wird nach einem normalen Segeltag nicht zerschlissen sein, möglicherweise aber schon nach einem halben Sturmtag. Jede Segelnaht, jeder Schäkel, jedes bewegliche Teil muß genau kontrolliert, geschmiert, gefettet, gedichtet werden, wo immer eine andauernde Last darauf steht. Besonders stark wird bei schwerem Wetter die Ruderanlage in Mitleidenschaft gezogen, aber nicht nur sie allein. Die Liste aller mechanischen und also verschleißbaren Teile ist so lang wie eine schlaflose Nacht. Immer wieder müssen sie überprüft, kontrolliert, inspiziert werden. Und wieviel man auch tut, man kann sicher sein, doch noch irgend etwas übersehen zu haben.

Auch das ist schweres Wetter: Eine Fülle sich überstürzender Ereignisse, einmal hektischer, einmal mit Verzögerung, mal alles zugleich. Das vollzieht sich mit lärmender, tosender Tollheit. Und das sind Angstschweiß, zugeschnürte Kehlen, revoltierende Mägen und zerschlagene Glieder. Aber auch erhabene Momente gibt es.

Dann endlich wird das Rollen und Stampfen geringer, glättet sich die See, liegt das Deck eben, fliegen die Festmacher an Land, hat man wieder festen Boden unter den Füßen. „Man müßte mir schon sehr viel Geld geben, bevor ich wieder einen Fuß auf ein Boot setze!" Auch nach der Sturmfahrt davor klang es nicht anders…

Kleines Schwerwetter-Lexikon

Abflauen: Beim Nachlassen des Sturmes wird der Wind schwächer, er flaut ab. Die See bleibt aber noch längere Zeit bewegt (Dünung).
Auffrischen: Zunahme der Windgeschwindigkeit. Dabei ist immer der atmosphärische (wahre) Wind gemeint; der (relative oder scheinbare) Bordwind nimmt auch bei gleichbleibendem wahren Wind zu, wenn man anluvt.
Beaufort: Name eines englischen Admirals, der als Kommandant der HMS Woolwich eine Tabelle ausarbeitete, die bis heute seinen Namen trägt. Auf einer Skala von 0 bis 12 wird der Wind nach Stärkegraden in Knoten eingetragen, gemessen in einer Höhe von 10 m über dem Meeresspiegel. Jedem Stärkegrad auf der Beaufort-Skala entspricht ein Begriff. So bedeutet Beaufort 9 Sturm mit einer Windgeschwindigkeit von 41 bis 47 Knoten (mittlere Windgeschwindigkeit).
Bö: Plötzlicher Windstoß mit größerer Windgeschwindigkeit, der aber nicht allzu lange anhält. Die Windstärke kann sich gegenüber der mittleren Windgeschwindigkeit um bis zu zwei Stufen auf der Beaufort-Skala erhöhen.
Brandung: So nennt man das gefährliche Brechen der Wellen, die aus tieferem Wasser zum Beispiel auf Sandbänke vor der Küste auflaufen. In der Brandung werden die Seen steiler und überstürzen sich.
Brecher: Damit wird das Überschlagen der Wellenkämme im Seegang bezeichnet. Die Wellen brechen im freien Seeraum durch starken Winddruck, in Küstennähe durch Hindernisse dicht unter der Wasseroberfläche.
Brise: Wind mäßiger Stärke. Die Beaufort-Skala nennt leichte Brise, schwache Brise, mäßige Brise und frische Brise, was den Windstärken 2 bis 5 entspricht. Seewind und Landwind sind Brisen, die durch thermische Einflüsse an der Küste verursacht werden; tagsüber weht der auflandige Seewind, nachts der ablandige Landwind. Ursache ist die unterschiedliche Erwärmung der Küstenzone durch Sonnenstrahlung.
Dünung: Schwingung der Wasseroberfläche, in die eine Windsee nach dem Nachlassen oder Aufhören der Windeinwirkung übergeht. Es bilden sich lange, gleichmäßige und flachgewölbte Wellen. Dünung kann auch

Vorläufer von neuem Wind oder Anzeichen entfernter Windgebiete sein. Dünung und Windsee bilden zusammen den Seegang.

Fetch: Der Fetch ist die Windwirkstrecke, also die Strecke freien Seeraums, auch Windbahn genannt, über die der Wind ungehindert einwirken kann. Je länger der Fetch ist, um so höher sind die Wellen.

Flaute: Kurze Periode, in der der Wind abflaut und die See sich etwas beruhigt; sie dauert nicht so lange wie eine Windstille.

Gewitterbö: Ein Gewitter ist oft die Begleiterscheinung einer Kaltfront; feuchtwarme Luft bewegt sich nach oben, es bilden sich typische Gewitterwolken, unter denen mit Böen zu rechnen ist.

Kaventsmann: So nennen Seeleute besonders hohe Wellenungetüme, die meist vereinzelt auftreten, wenn sich verschiedene, starke Wellensysteme (Dünung, Windsee und Strom) überlagern. Sie übersteigen die durchschnittliche Wellenhöhe bei weitem. Wenn sie in unmittelbarer Nähe brechen, gerät jedes Segelboot in Gefahr.

Kreuzsee: Ein Seegang, der durch zwei sich kreuzende Wellenrichtungen entsteht. In freiem Wasser kann eine Kreuzsee zum Beispiel durch eine Windsee entstehen, die eine Dünung kreuzt, aber auch durch Strom quer zu einer der beiden.

Orkan: Orkan (auch Hurrikan oder Taifun) entspricht Beaufort 12 mit Windstärken ab 64 Knoten. Die Sicht ist stark herabgesetzt, die See ist vollständig weiß, die Luft ist von Gischt und Schaum erfüllt.

Seegang: Die Wellenbewegung der See, die durch Windsee oder durch Dünung, oft auch durch beide verursacht wird. Auch Strom beeinflußt den Seegang. Setzen Windsee und Strom in die gleiche Richtung, flacht der Seegang ab; setzen sie in entgegengesetzte Richtung, wird der Seegang steiler. Überlagern sie sich aus unterschiedlichen Richtungen, entsteht eine Kreuzsee.

Starkwind: Starkwind entspricht Beaufort 6 mit Windgeschwindigkeiten von 22 bis 27 Knoten. Es beginnen sich große Wellen zu bilden, deren Kämme brechen und größere Schaumflächen hinterlassen.

Steifer Wind: Steifer Wind entspricht Beaufort 7 mit Windgeschwindigkeiten von 28 bis 33 Knoten. Die See ist bereits sehr grob, und der beim Brechen der Wellenkämme entstehende Schaum beginnt in Windrichtung davonzufliegen.

Stürmischer Wind: Stürmischer Wind ist eine Bezeichnung, die der Windstärke 8 auf der Beaufort-Skala entspricht, etwa 34 bis 40 Knoten mittlere Windgeschwindigkeit. Mäßig hohe Wellenberge; Schaum legt sich in ausgeprägten Streifen in die Windrichtung.

Sturm: Sturm entspricht Beaufort 9 mit Windgeschwindigkeiten von 41 bis 47 Knoten. Das sind mittlere Windgeschwindigkeiten; doch im Sturm ist immer mit Böen viel größerer Stärke zu rechnen.

Umspringen: Beim Durchzug einer Front springt die Windrichtung plötzlich um; die Windrichtung ändert sich bis zu 180°. Die Windstärke bleibt gleich oder wird sogar größer. Dabei entsteht oft eine Kreuzsee.

Wind: Eine Bewegung von Luftmassen zwischen zwei Punkten der Atmosphäre, an denen ein Luftdruckunterschied vorhanden ist. Der Wind weht aus dem Gebiet höheren Drucks in das Gebiet tiefen Drucks. Die Winde auf der Erdoberfläche können zeitweise (örtliche Störungen), periodisch (Monsun) oder dauernd wehen (Passat).

Windsee: Bewegung der Wasseroberfläche, die durch den Wind erzwungen wird. Sie zieht in Windrichtung und setzt mit Beginn des Windes ein. Bei Beaufort 8 werden die Wellen schon hoch, Schaum zieht in dichten Streifen in die Windrichtung; bei Beaufort 9 erscheint die See im ganzen weiß, es entstehen sehr hohe Wellenberge mit überbrechenden Kämmen.

Wirbelsturm: Der Wirbelsturm ist ein vor allem in tropischen Gewässern auftretender Orkan, auch Zyklon genannt, von relativ geringem Durchmesser, aber zumeist verheerenden Wirkungen. In der Karibik heißt er Hurrikan, in Ostasien Taifun und an der Nordwestküste Australiens „Willy-Willy". Nur im Südatlantik und im Südostteil des Pazifik gibt es keine Wirbelstürme.

Die Meteorologie des Tiefs

Eines sei von vornherein klar: In diesem Kapitel werden nicht die atmosphärischen Erscheinungen diskutiert, deren detaillierte Beobachtung unsere Mittel und Möglichkeiten im Kampf gegen schweres Wetter überschreitet, auch wenn wir ihre Auswirkungen direkt spüren. Die Meteorologie ist ein allzu weites und unsicheres Feld, um so kurz abgehandelt zu werden. Ich möchte nur einmal summarisch die in der Natur ablaufenden Mechanismen aufzeigen, die Ursache für die wichtigsten atmosphärischen Störungen sind, auf die wir an der Küste oder auf hoher See treffen.

Schwache und starke Winde

Neben Land- und Seewind, die durch die unterschiedliche Erwärmung von Land und Wasser in den Küstenbereichen entstehen, neben schwachen Luftströmungen, die durch unterschiedliche Dichte der Luft hervorgerufen werden, neben den Passatwinden, die in bestimmten Zonen der Ozeane regelmäßig wehen, neben den Monsunen, die einige Gebiete der Erde im halbjährlichen Wechsel der Richtungen beherrschen, interessieren uns für die Praxis vor allem jene Winde, die ich hier einmal unter drei Begriffe fassen möchte:
● **die Bö,** die von einer Wolkenfront oder einer einzelnen Wolke (im allgemeinen einem Cumulonimbus) verursacht wird, aus der manchmal Gewitterschauer niedergehen, auf jeden Fall aber heftige Windstöße, wenn nicht gar Böenwalzen zu erwarten sind;
● **starke bis stürmische Winde,** die aus dem Ungleichgewicht zweier Luftmassen mit unterschiedlicher Temperatur entstehen, wobei sich die Kaltluft unter die warme Luft schiebt, der Wind kräftig zunimmt, aus unterschiedlichen Richtungen und mit unterschiedlicher Stärke weht (er wird böig) und schließlich umspringt, wobei er zwar schwächer wird, aber sehr böig bleibt (die Ursachen werden wir später sehen);
● **außergewöhnliche Störungen** wie Stürme, tropische Wirbelstürme, Orkane usw., die die gleichen Ursachen haben wie die Starkwinde, aber länger

andauern, so daß wir von „entfesselten Elementen" sprechen.

Sie heben die Augenbraue und haben eine Zwischenfrage zu Punkt zwei: Wie soll man das verstehen – Luftmassen, die wie aus freien Stücken unsere schöne Segelbrise in schweres Wetter verwandeln?

Was heißt Luftmasse?

Eine Luftmasse ist ein riesiger atmosphärischer Körper, der gewöhnlich einige hunderttausend Kubikkilometer füllt und den Wärme- und Feuchtigkeitsgrad der Region annimmt, über der er sich formt. Die Luftmasse, die im südlichen Nordatlantik entsteht, ist warm und feucht, jene, die sich über Sibirien bildet, ist kalt und trocken. Diese gigantischen Luftblasen würden uns überhaupt nicht stören, wenn sie in ihrem Entstehungsgebiet blieben. Doch leider zirkulieren sie munter um die Oberfläche der Erde. Und indem sie sich fortbewegen, beeinflussen sie das Klima und verändern das Wetter in den Regionen, über die sie hinwegziehen. Und dies bevorzugt dort, wo wir gewöhnlich mit unseren Booten segeln.

Hohe Dünung in der Tasman-See, fotografiert von Ruth Wharram von Bord des 10,80 m langen Katamarans Tangaroa, *den James Wharram entwarf und baute.*

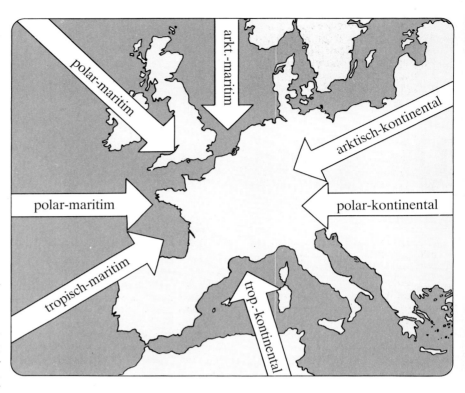

Ursprung der Luftmassen

Obwohl diese Klassifizierung nicht aus dem Vokabular der Berufsmeteorologen stammt, kann man feststellen, daß die Luftmassen, die uns in Westeuropa interessieren, vor allem fünf verschiedene Ursprünge haben:

● **Arktische Kaltluft**

Es handelt sich um ursprünglich kalte und trockene Luft, die in knapp 48 Stunden zwischen Spitzbergen und Grönland hindurch bis in unsere Breiten vordringt, wenn ein festes Tief über Skandinavien liegt. Über dem Meer erwärmt sie sich und wird ein wenig feuchter und deshalb instabil; Cumulus- und Cumulonimbuswolken können sich entwickeln. Bei uns wird es frisch. Besonders an den Küsten entstehen Schauer, auch Gewitter und heftige Böen. Liegt im Nordosten ein weiteres Tief, kann die Luftmasse aus dem polaren Hoch bis ans Mittelmeer fließen und zum Beispiel aus dem Rhônetal heraus an der provenzalischen Küste und im gesamten Seeraum des Golfe du Lion einen starken Mistral erzeugen.

● **Maritime Polarluft**

Diese Luftströmung stammt zumeist aus Nordamerika und betrifft uns häufiger als die erste. Auf dem langen Weg über den Atlantik ist sie feuchter und wärmer geworden als jene Luft, die aus dem Polarhoch auf direktem Weg zu uns gelangt. Sie ist auch stabiler. Cumulus- und Cumulonimbuswolken verursachen Schauer an den Küsten. Der Wind weht weniger stark, und im allgemeinen herrscht gute Sicht, wenn nicht tropische Luftmassen Störungen verursachen. Zu beachten ist, daß maritime Polarluft auch den Meridianen folgt und bei uns durch Landablenkung als Südwestwind erscheinen kann. Die vom Meer erwärmte Luftmasse kühlt sich im Winter über Land wieder ab und verursacht an den Küsten Regen oder Nebel.

● **Kontinentale Polarluft**

Diese kalten und ziemlich trockenen Luftmassen sind gewöhnlich sehr stabil. Sie gelangen bis in unsere Regionen, wenn über Nordrußland und Finnland eine Antizyklone (Hochdruckgebiet) liegt, und bringen winters wie sommers frisches, aber klares Wetter mit sich, außer an den Mittelmeerküsten, wo Wolkenbildung und Niederschlag auftreten können.

● **Maritime tropische Luft**

Diese feuchtwarme Luft stammt aus dem südlichen Nordatlantik und gelangt zu uns durch die vom Azorenhoch erzeugten Strömungen. Sie stabilisiert sich, wenn sie an ihrer Basis im Kontakt mit dem Kontinent erkaltet. An unseren Küsten erscheint sie als Stratus, wobei im Winter Nebel und im Sommer Gewitter die Folge sein können. Trifft sie auf polare Kaltluft, so entstehen Störungen.

● **Kontinentale tropische Luft**

Diese heißen Luftmassen stammen aus Nordafrika oder Kleinasien und sind vor allem im Winter im Mittelmeerraum Ursache wirbelsturmartiger Störungen. Im Sommer verursachen sie durch ihre Instabilität jene Wärmegewitter, die man an der französischen Mittelmeerküste zwischen zwei Mistralstößen beobachten kann.

Das Vollschiff Sobraon *läuft unter reduzierter Segelfläche vor den beständigen Westwinden des Südpazifiks. In diesen Breiten schaffte es häufiger Etmale von 400 Seemeilen. (Nach einem Gemälde von Surling)*

Kalte Luftmasse	Warme Luftmasse
im allgemeinen instabil	im allgemeinen stabil
frische, unregelmäßige Winde	schwache, regelmäßige Winde
gute Sicht	mäßige Sicht
Cumulus-Wolken	Stratus-Wolken
Regen, Gewitter	Nieselregen, Nebel

Leider sind aber die Bewegungen in der Atmosphäre viel zu komplex, als daß wir alle Wettererscheinungen nur als leicht bestimmbare Auswirkungen der großen Luftströmungen verstehen könnten. Ihr Ursprung, ihre Temperatur, ihr Feuchtigkeitsgrad, ihr Weg sind tatsächlich jedesmal anders; sie werden vom Land und vom Wasser, über die sie hinwegziehen, ebenso beeinflußt wie von anderen Luftmassen, die ihre Richtung und Geschwindigkeit mitbestimmen. Vor allem müssen wir immer daran denken, daß die gigantischen Luftmassen sich mit anderen, auf die sie treffen, nicht vermischen; durch ihren Temperatur- und Dichtekeitsunterschied bilden sie vielmehr Fronten. Und dieses kriegerische Wort Front genügt im allgemeinen, daß sich dem Skipper und seiner Crew die Stirn in Sorgenfalten legt.

Stabile Luftmasse

Warmluft / Warmluft

Die gesamte Luftmasse hat die gleiche hohe Temperatur, so daß ein Gleichgewicht entsteht.

Stabile Luftmasse

Kaltluft / Kaltluft

Die gesamte Luftmasse hat die gleiche niedrige Temperatur, so daß ein Gleichgewicht entsteht.

Stabile Luftmasse

Warmluft / Kaltluft

Der obere Teil der Luftmasse ist wärmer, also leichter als der untere, schwerere Teil, so daß ein Gleichgewicht entsteht.

Instabile Luftmasse

Kaltluft / Warmluft

Der obere Teil der Luftmasse ist kälter, also schwerer als der untere, leichtere Teil, so daß ein Ungleichgewicht entsteht.

Die Sturmzentren im Nordatlantik

Das Gebiet zwischen Europa und Nordamerika wird im wesentlichen von zwei meteorologischen Erscheinungen beherrscht:
● dem nahe bei Island liegenden Tiefdruckgebiet im Norden
● dem nahe bei den Azoren liegenden Hochdruckgebiet im Süden.

Von ihrer Ausdehnung und Struktur hängt die Polarfront ab – die Grenze zwischen den kalten Luftmassen der Arktis und den warmen tropischen Luftmassen. Je nach Jahreszeit kann man im großen und ganzen zwei unterschiedliche Situationen beobachten:
● *Im Sommer* ziehen sowohl das Islandtief als auch das Azorenhoch weit nach Norden. Die Polarfront etabliert sich nördlich des 60. Breitengrades. Die Zugrichtung der Tiefs liegt oberhalb der britischen Inseln, sie treffen uns nur mit ihren Randerscheinungen. Die vorherrschenden Hochs bescheren uns gewöhnlich schönes Wetter, eben Sommerwetter.
● *Im Winter* liegen das Islandtief und das Azorenhoch südlicher, so daß die Polarfront bis an den Südausgang des Kanals reicht. Die Konflikte, die aus dem Aufeinandertreffen so unterschiedlicher Luftmassen (der polaren Kaltluft und der tropischen Warmluft) in unseren Breiten entstehen, verursachen unbeständiges Wetter bei vorherrschenden Westwinden. Der Himmel ist bedeckt, Starkwind und Sturm sind häufig, die Temperatur ist niedrig.

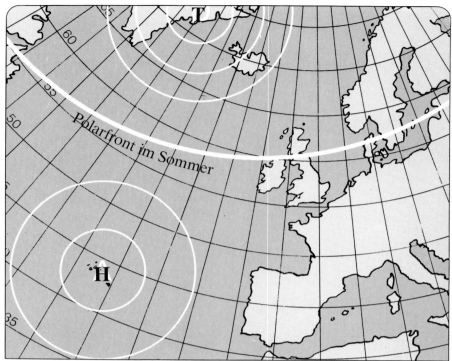

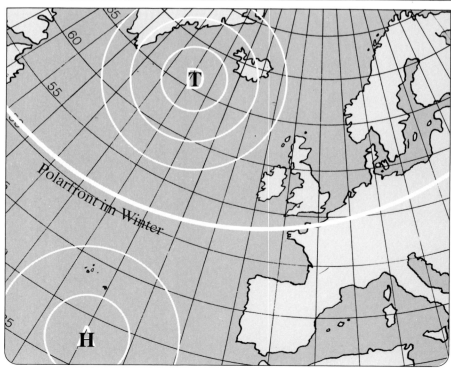

Der Autor am Ruder seiner Ketsch Pitcairn.

Die Linien, die verschiedene Orte auf der Erdoberfläche verbinden, an denen zur gleichen Zeit derselbe Luftdruck herrscht, heißen Isobaren. Niedriger Druck zeigt an, daß man sich dem Zentrum eines Tiefs nähert. Je dichter die Isobaren liegen, um so stärker ist das Druckgefälle und um so stärker ist auch der Wind. Das unten wiedergegebene Barogramm, das vom 7. bis 10. September 1978 während eines Orkans auf den Neufundlandbänken auf dem Fischtrawler Steph *aufgezeichnet wurde, zeigt einen spektakulären (und zum Glück ebenso seltenen) Druckabfall: 38,5 Hektopascal (hPa) in zwanzig Stunden.*

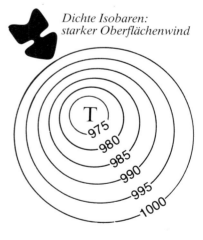

Dichte Isobaren: starker Oberflächenwind

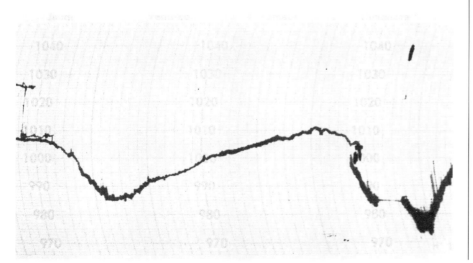

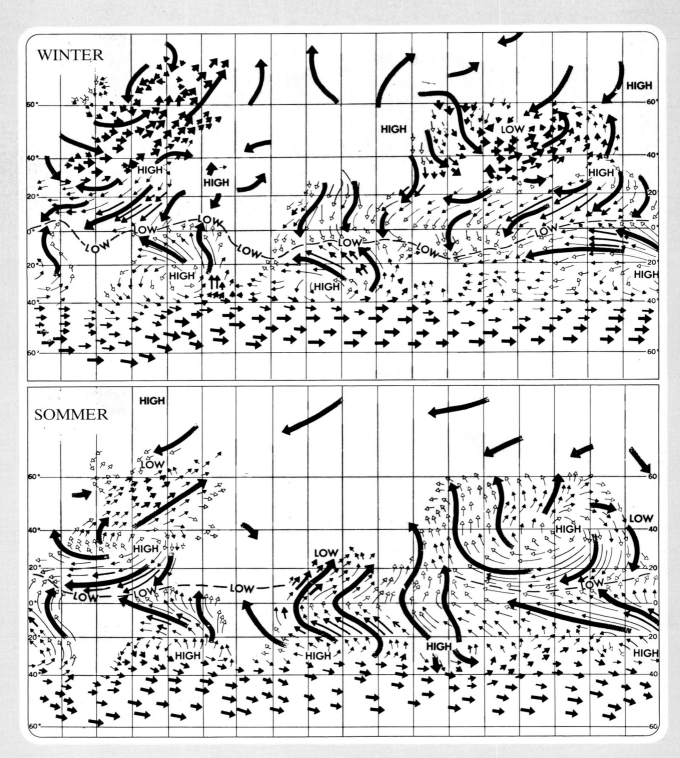

Die beiden Karten auf der linken Seite sind Auszüge aus HO Nr. 9 des US Naval Oceanographic Office. Sie zeigen die allgemeine Richtung der Oberflächenwinde im Winter und im Sommer auf der Erde (kurze Pfeile, je nach Windstärke mehr oder weniger dick) und die Zugrichtung der großen Luftmassen (lange Pfeile). Ebenso zeigen sie die prinzipielle Verteilung der Hochdruck- (high) und der Tiefdruckzonen (low).

Die Fronten

Jedermann weiß, daß man mit Front die Grenze zwischen zwei Luftmassen bezeichnet: In der dreidimensionalen Atmosphäre ist es die Fläche zwischen zwei aufeinanderstoßenden Luftmassen, die sich auf der Erde als Linie abbildet. Laufen die Windachsen beider Systeme parallel, verlagert sich die Grenze nicht, und das nennt man eine stationäre Front (die Armeen beobachten sich, ohne zu mucksen). Sind die Druckunterschiede gering, können unter Umständen beide ihren Weg ziehen, ohne sich zu bekriegen. Aber in der Mehrzahl der Fälle zögert der Generalstab nicht lange, sondern läßt sogleich zum Angriff blasen.

Zwei Möglichkeiten: Gleitet die kalte Luftmasse unter die warme und hebt sie dabei nach oben, haben wir eine Kaltfront. Schiebt sich umgekehrt Warmluft über eine kalte Luftmasse und verdrängt diese, handelt es sich um eine Warmfront.

In beiden Fällen bringt der Konflikt gewöhnlich schlechtes Wetter mit sich.

Hochdruck, Tiefdruck

Es heißt, daß die ungleiche Erhitzung der Erdoberfläche die Ursache sei für die Bewegung der Luftmassen von Nord nach Süd oder umgekehrt – je nachdem, welche Temperatur sie haben, wie hoch sie liegen und auf welcher Halbkugel. So verliefe jedenfalls ihre Zugrichtung, wenn die Erde sich nicht drehen würde. Aber unter der Einwirkung der Erddrehung (Corioliskraft) drehen sich die Luftmassen in sich selbst, so daß Hochdruckzonen oder Antizyklone und Tiefdruckzonen oder Depressionen entstehen.

Auf der Nordhalbkugel dreht sich der Wind um eine Antizyklone (ein Hoch) im Uhrzeigersinn und im umgekehrten Sinn um eine Depression (ein Tief), hier aber viel schneller. In unseren Breiten ziehen die Hochdruckgebiete, grob gesagt, von West nach Ost und wechseln sich mit den Tiefs, die sie erzeugen und in ihre Zugrichtung mit sich reißen, ab.

Regel: Da sich auf der Nordhalbkugel der Wind in einem Tief entgegen dem Uhrzeigersinn dreht, liegt sein Kern immer rechts vom Beobachter, wenn er sich mit dem Gesicht zum Wind aufstellt.

Die Ähnlichkeit zwischen einem Tiefdruckgebiet auf einem Satellitenfoto, einem Sternenwirbel in einer weit entfernten Galaxis und einem Wirbelstrom im Meer ist schon sehr erstaunlich. Es besteht eine merkwürdige Analogie in der natürlichen Kreiselbewegung (von oben nach unten).

Entstehung und Entwicklung eines Tiefs

Alles klar! Unsere beiden Armeen stehen sich von Angesicht zu Angesicht an der Frontlinie gegenüber. Auf ein Signal geht eine von beiden zum Angriff über: Das ist wie eine Schlachtlinie, die auf einer Länge von mehreren hundert Kilometern gegen den Feind loszieht. Am Anfang ist die gegnerische Linie noch gerade, doch dann deformiert sie sich unter den Stößen des Angreifers immer stärker. Zunächst sind es nur Wellen in der Frontlinie, dann bildet ein Vorstoß einen Brückenkopf in den gegnerischen Reihen, und schließlich beginnen die Kämpfer im Kreise umeinander zu rotieren. An dem am weitesten vorgeschobenen Punkt der Attacke bildet sich ein Wirbel. Und dieser Wirbel dreht sich immer schneller: Der infernalische Tanz des Windes beginnt. Es ist höchste Zeit zum Reffen!

So kann man die Entstehung eines Tiefs schematisch darstellen. Sehr vereinfacht, undifferenziert und nur zweidimensional. In der Wirklichkeit hat die Entstehung eines Tiefs unendlich viele Varianten, mal beschleunigt sie sich, mal verlangsamt sie sich, mal teilt sich ein Tief, mal schließen sich mehrere Störungen zusammen, mal verschwindet es oder taucht plötzlich wieder auf, ohne daß jemand sein Wiedererscheinen vorhersagen kann. Was natürlich auch die Wahl unserer Manöver und unserer Taktik komplizierter macht.

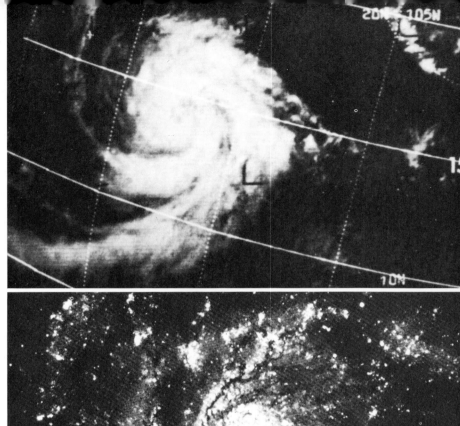

Entstehung und Entwicklung einer Störung an der Polarfront

1 *Das nahe Atlantikgebiet: Im Norden liegt die Masse der Polarluft (kalt), im Süden die tropische Luft (warm). Ihre Grenze bildet die Polarfront. Es besteht Gleichgewicht: Alles ist ruhig, nur wenig Wind.*

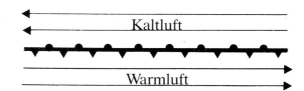

2 *Beginn des Konflikts: Eine der beiden Luftmassen fühlt sich zu beengt. Sie drückt auf die Front und deformiert sie (in unseren Breiten findet die Aktion wegen der Erdrotation immer rechtsherum statt).*

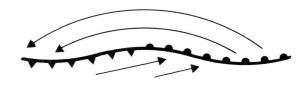

3 *Die Front teilt sich in die Kaltfront, die die warme Luft vor sich her jagt, und die Warmfront, die das Gleiche tut. Mit der Wirbelbewegung entsteht ein Tiefkern, um den sich der Wind im Sinne der Verfolgung, also entgegen dem Uhrzeigersinn, dreht.*

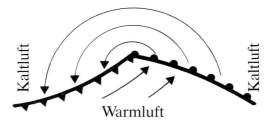

4 *Später holt die Kaltfront die Warmfront immer mehr ein, so daß eine Okklusion entsteht. Indem die Kaltfront nach Ost und dann nach Nordost zieht, holt sie die Warmfront vom Tiefkern her ein. Dazu muß sie ihre Zuggeschwindigkeit immer mehr steigern.*

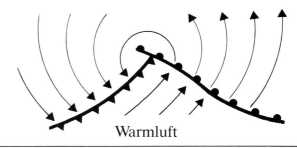

5 *Die okkludierte Front (Vermischung beider Fronten) zeigt nach Süden. Der Wind ist merklich stärker geworden. Er wird erst wieder schwächer, wenn sich Warm- und Kaltluft stabilisiert haben, indem sich das Tief allmählich auffüllt. Zu beachten ist, daß die gesamte Störung während dieses Kampfes zunächst nach Ost, dann nach Nordost gezogen ist.*

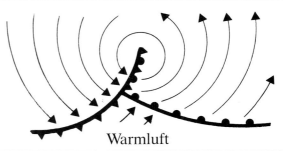

Entstehung und Entwicklung einer klassischen Depression. Die dünnen Pfeile geben Richtung und Stärke des Windes (in Knoten) an, der dicke Pfeil die allgemeine Zugrichtung des Tiefs. Zum Foto rechts: 40 Knoten Wind auf der STEPH GOUEL von Patrick Stéphany.

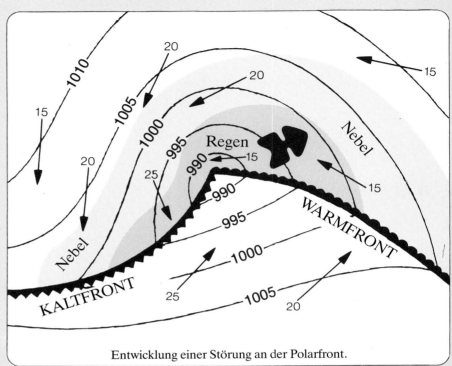

Entwicklung einer Störung an der Polarfront.

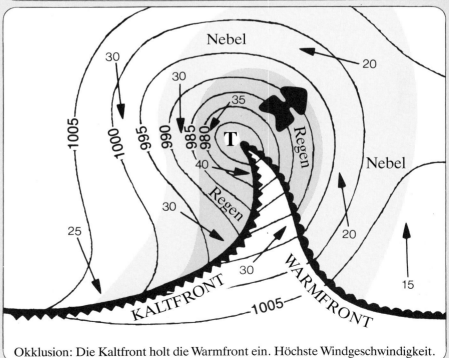

Okklusion: Die Kaltfront holt die Warmfront ein. Höchste Windgeschwindigkeit.

Es gibt zahlreiche meteorologische Handbücher. Ich empfehle Ihnen, sie gründlich zu studieren, bevor Sie auf See gehen. Denn so schwierig auch die Begriffe zu verstehen sind, die sich auf die unsichtbaren Turbulenzen in der Atmosphäre beziehen, so wichtig sind sie doch zur Bestimmung des Wetters, zur Vorhersage der Windstärke oder der Stärke und Zugrichtung eines sich nähernden Tiefs. Und sie sind notwendig, um aus den Berichten der Wetterämter bessere Schlüsse ziehen zu können.

Ich könnte hier nur recht summarisch einige Anhaltspunkte geben. Doch sie werden uns im nächsten Kapitel, das die Routenplanung bei schwerem Wetter behandelt, nützlich sein. Denn die Böen, die Schauer und die hochgehenden Wellen, die unser Boot, das in eine atmosphärische Störung geraten ist, packen, zwingen uns zum Ausarbeiten einer Strategie, die auf der Beobachtung der augenblicklichen meteorologischen Situation beruht. Und auf einer Vorschau auf die Entwicklung in den nächsten Stunden.

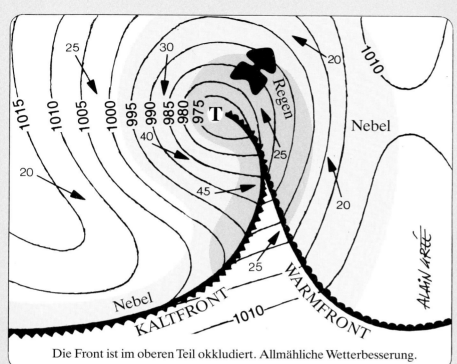

Die Front ist im oberen Teil okkludiert. Allmähliche Wetterbesserung.

Einige Anhaltspunkte

Ohne uns auf weitere Details dieser vertrackten Mechanismen einzulassen, notieren wir einige Punkte, die für die nördliche Hemisphäre gelten:
- Eine Störung ist gewöhnlich 500 oder 600 Seemeilen lang und 200 bis 300 Seemeilen breit. Oft ist sie aber auch viel größer.
- Sie wird fast immer von einem Tief begleitet, einer Art Trichter tiefen Drucks, um den der Wind entgegen dem Uhrzeigersinn dreht. Je tiefer der Druck ist, um so stärker ist der Wind.
- Am gefährlichsten sind Tiefdruckgebiete geringer Ausdehnung, aber rasch abfallenden Drucks.
- Die Tiefs ziehen von West nach Ost.
- In der Nähe des Kerns herrschen häufig veränderliche Winde.
- Im Westteil eines Tiefs ist der Wind kalt und weht aus dem nördlichen Sektor.
- Er dreht um den Kern und wendet sich nach Ost.
- Vor dieser Kaltluft liegt die Kaltfront. Sie hebt die vorausgehende Warmluft an, und dabei entwickeln sich mit Regen gefüllte Nimbostratus- oder Cumulonimbuswolken.
- Eine Okklusion entsteht, wenn die Kaltfront die Warmfront einholt und vom Kern her aufrollt. Ihre Begleiter sind immer Regenwolken.
- Die Kaltfront vereinigt sich mit der Warmfront zunächst im Tiefkern. Die Jagd der Fronten vergrößert den Druckunterschied, so daß sich der atmosphärische Gradient (die Druckausgleichskraft) erhöht und damit der Wind verstärkt.
- Existiert nur eine einzige Front, so heißt sie Okklusionsfront. Der Wind wird schwächer, das Tief hat sich aufgefüllt, die Störung ist bald beendet. Wenigstens solange, wie ihr nicht eine zweite Störung auf ihrem Weg nach Osten folgt. Was leider die Regel ist.

Die Wahl der Route

Im vorigen Kapitel haben wir die Ursprünge der großen atmosphärischen Störungen auf der Oberfläche unseres Planeten erfaßt, die Beeinflussung unseres regionalen Klimas durch die Lage des Azorenhochs und des Islandtiefs beobachtet und die Entstehung und Entwicklung der Depressionen durch das Aufeinandertreffen der beiden Luftmassen unterschiedlicher Dichte dargestellt.

Wir kennen also die Mechanismen, die für die Bildung und Entwicklung eines klassischen Tiefs verantwortlich sind, und können deshalb zu analysieren versuchen, welche Möglichkeiten einem Segler bleiben, der sich einem heraufziehenden Tief gegenübersieht. Die Wahl der Route wird abhängen von der Stärke des Windes und dem Zustand der See, von der Position des Bootes im Verhältnis zur Zugrichtung des Tiefs, von der Art und Entfernung der umgebenden Küsten und natürlich auch vom Ziel der Reise.

1

● **Wind und See.** Sie sind von größter Bedeutung; denn von der Windstärke und vom Zustand der See hängt ganz wesentlich die Taktik des Schiffsführers ab. Bei Windstärke 7 bis 8 wird es eine Yacht guter Bauart unter normalen Umständen nur schwer haben, wenn sie weiter hoch am Wind segelt: starke Krängung, allgemeine Unbequemlichkeit, scheinbarer Wind stärker als wahrer Wind, ermüdende Vorschiffsarbeit, hartes Einsetzen des Bugs in die Seen oder des Kiels ins Wellental. In schwerer See kommen nur wenige Segelboote bei einem Kurs von weniger als 40 Grad zum scheinbaren Wind überhaupt voran. Denn um über die steilen Wellen hinwegzukommen, braucht man Kraft. Und diese Kraft (sprich Fahrt) erreicht man nur durch Übertakeln des Bootes. Was das Risiko einer Havarie heraufbeschwört; denn das Material ermüdet unter solcher Dauerlast schnell. Wir werden später noch darauf zurückkommen.

Außer wenn man durch die Umstände gezwungen wird (gefährliche Leeküste, Anlaufen eines Schutzhafens, Beibehalten des Kurses aus übergeordneten Gründen), ist es immer besser, ein paar Grad vom Wind abzufallen. Der Zugewinn an Komfort zahlt sich für die Mannschaft aus, besonders wenn das schlechte Wetter sich über mehrere Tage hinzieht. Man sollte auch nicht vergessen, daß ein Wind von Stärke 7 auf einem Boot, das mit 6 Knoten gegenan läuft, einen scheinbaren Wind von 40 Knoten ergibt; auf einem Raumschotkurs reduziert sich der Wind sofort auf weniger als 30 Knoten. Das ist gleich ein ganz anderes Segeln.

● **Die Lage des Tiefs** im Verhältnis zum Boot. Nur selten ist ein Tiefdruckgebiet stationär. In unseren Regionen ziehen sie ungefähr in nordöstlicher Richtung (im allgemeinen östlich über den Atlantik, dann mit ein wenig nördlicher Ablenkung, wenn sie auf den europäischen Kontinent treffen). Also muß man unbedingt ermitteln, wo der eigene Standort ist im Verhältnis
1. zum Zentrum des Tiefs;
2. zur Zugachse des Tiefs;
3. zu den weniger gestörten Randzonen.

Und so könnte sich die Situation möglicherweise in den nächsten Stunden entwickeln: Eine Besserung ist möglich, wenn das Boot in der Zugrichtung des Tiefs liegt; liegt es vor dem Tief, wird aber zunächst noch eine Verschlechterung eintreten. Die Erfahrung zeigt uns, daß die stärksten Böen beim Aufzug der Kaltfront auftreten und daß bei ihrem Durchzug kräftige Winddrehungen zu erwarten sind, auf die man sich am besten schon vorher vorbereitet.

PITCAIRN bei Starkwind auf Höhe der Insel Berlenga mit Kurs auf die Mündung des Rio Tejo während einer schnellen Umsegelung der iberischen Halbinsel im Jahre 1978. 35 Knoten Wind von achtern.

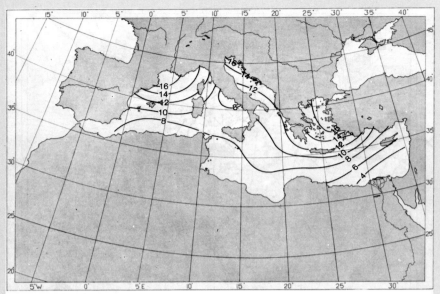

Mittelmeer: Die mittlere jährliche Häufigkeit von Windstärke 6 und mehr, angegeben in Prozent. Die windreichsten Gebiete sind der Golf von Lyon, die nördliche Adria und die Ägäis.

3

● **Lage der Küsten.** Die Nähe oder Ferne vom Land muß die Entscheidungen des Schiffsführers stark beeinflussen. Einmal, weil es möglicherweise sicheren Schutz bietet, dann weil es in Lee des Bootes oder in Richtung seines Kurses ebensogut Gefahr bedeuten kann. In beiden Fällen gilt: Wenn ein Zweifel hinsichtlich der Position des Bootes besteht, ist es immer ratsam, einen Kurs zu wählen, der auf die freie See führt.

Die Regel heißt: Bevor der Sturm richtig loslegt, muß man seine Position genau bestimmen und sich ihrer auch weiterhin immer versichern, indem man alle Möglichkeiten wahrnimmt, die gegißte Position zu bestätigen, sei es durch die Peilung von Landmarken, durch Loten oder durch Funkpeilung.

4

● **Das Ziel der Reise.** Die Erfahrung zeigt, daß eine erfahrene Mannschaft, die in einiger Distanz von einem Schutzhafen von schwerem Wetter überrascht wird, im allgemeinen ihren einmal eingeschlagenen Kurs solange wie möglich weiter verfolgt, wobei sie natürlich auf eine Wetterbesserung setzt. Am Anfang steht oft die Unterschätzung von Windstärke und Seegang zugunsten einer möglichst geringen Abweichung vom eingeschlagenen Kurs. Dieses nur zu leicht verständliche Verhalten kann aber manchmal dazu führen, daß man sich dem gefährlichen Sektor des Tiefs erst recht nähert und damit die Lage verschlechtert. Nur eine genaue Beobachtung des Tiefs kann dazu führen, daß man sich seinem Zentrum nicht unwissentlich nähert. Wir werden bald sehen, wie das geht.

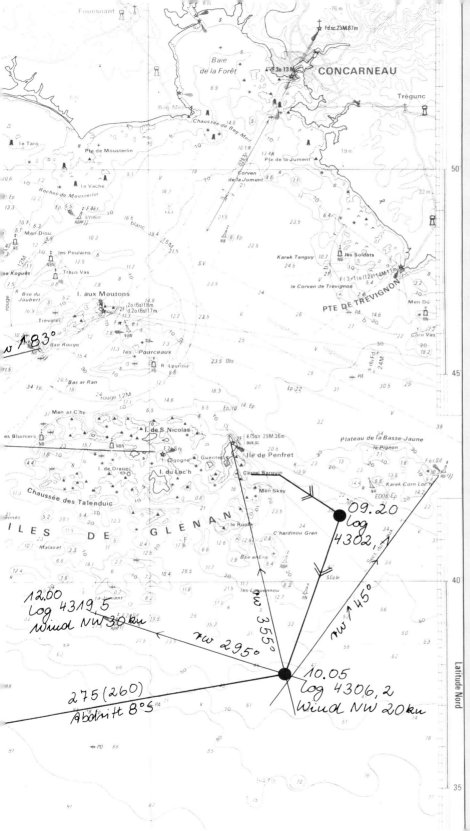

Beispiel für die Route einer Segelyacht vor der bretonischen Küste bei auffrischendem Wind. Der Kurs wird ständig gekoppelt, und der gegißte Schiffsort wird, sobald sich eine Möglichkeit bietet, durch Peilungen verifiziert. (Ausschnitt aus der französischen Seekarte Nr. 6791)

Die Kurswahl

Vorbemerkung: Das Folgende ist vereinfacht und stark formalisiert dargestellt. Wir nehmen an, es handle sich um eine „ideale" meteorologische Situation und denken uns ein Tief klassischer Art, das sich genauso verhält, wie es im Lehrbuch beschrieben wird. Anders ausgedrückt, ein Tief ganz für sich allein, wie man es in Wirklichkeit nur unter den günstigsten Umständen antrifft; regelmäßig in seiner Ausdehnung, traditionell in seiner Entwicklung, lehrbuchhaft in seiner Zugrichtung von West nach Ost und isoliert aus seiner Umgebung, so daß jede Störung von außen ausgeschlossen ist.

Dabei ist es ziemlich gleichgültig, ob ein so beschriebenes Stereotyp häufiger oder nur sehr selten vorkommt. Wichtiger ist es, sich darüber im klaren zu sein, daß eine solche atmosphärische Störung Naturgesetzen gehorcht, die seine Entstehung und seine Entwicklung steuern. Dann gestattet die folgende Tafel, die die wichtigsten Punkte herausstellt, eine Annäherung an die Wirklichkeit, die professionelle Meteorologen vielleicht als vereinfacht (wenn nicht gar als irreführend) bezeichnen werden, die dem Anfänger jedoch einige Basisinformationen für eine gründlichere Auseinandersetzung mit der Materie liefern kann. Zumindest ist dies meine Absicht.

Wie man einem Tief ausweicht
(nur auf der Nordhalbkugel anzuwenden)

Die Tafel (siehe unten) geht von einer stark vereinfachten Situation aus und stellt kein unfehlbares taktisches Modell dar. Die Analyse, die sie beinhaltet, beruht auf den Merkmalen eines klassischen Tiefs, die für diese Übung mit dem Ziel der Vereinfachung standardisiert wurden. Es wird angenommen, einzige Absicht des jeweiligen Bootes sei es, sich so rasch wie möglich den schlimmsten Auswirkungen des Tiefs zu entziehen, was man in der Realität so klar nur selten antrifft, was aber hier doch zu einigen klaren Aussagen über die eigentlich viel komplizierteren Wege der meteorologischen Phänomene führt.

Zur Benutzung der Tabelle: Gemäß der jeweiligen Situation, in der sich das Boot befindet (linke Seite der Tabelle), sind verschiedene Kurse möglich, auf denen es dem Tief entkommen oder doch wenigstens unter günstigeren Umständen begegnen kann.

			Augenblickliche Situation			
Nummer auf der Scheibe oben	Richtung, aus der der wahre Wind weht	Im Verhältnis zum Kern des Tiefs befinden Sie sich	Der Kern des Tiefs liegt also von Ihnen aus	Also befinden Sie sich in folgender Situation	Als nächstes werden Sie folgende Situationen erleben	Wenn Sie am Ort bleiben, entwickelt sich das Barometer folgendermaßen
1	Ost	Nordnordost	Südsüdwest	Der Tiefkern zieht südlich vorbei, kann aber auch auf Sie zu kommen	Fall Nr. 2, dann 3	Leichtes Fallen, Stillstand, dann Steigen
2	Nordost	Nordnordwest	Südsüdost	Das Tief zieht ab, die Zeit arbeitet für Sie (a)	Fall Nr. 3	Mehr oder weniger schnelles Steigen je nach Distanz zum Kern des Tiefs
3	Nord	Westnordwest	Ostsüdost	Geduld, bald kommt besseres Wetter (a)	Außerhalb des Tiefs (a)	Steigt, aber schneller als bei Nr. 2
4	Nordwest	Westsüdwest	Ostnordost	Sie sind auf der Rückseite des sich entfernenden Tiefs (a)	Außerhalb des Tiefs (a)	Steigt, aber noch schneller als bei Nr. 3
5	West	Südsüdwest	Nordnordost	Sie sind hinter der Kaltfront. Achtung: Winddrehungen!	Fall Nr. 4	Steigt, wenn die Kaltfront durch ist, vorher Stillstand
6	Südwest	Südsüdost	Nordnordwest	Die Kaltfront läßt nicht mehr lange auf sich warten, wenn sie noch nicht da ist	Fall Nr. 5, dann 4	Stillstand, vor dem Durchzug der Kaltfront
7	Süd	Ostsüdost	Westnordwest	Sie müßten eigentlich in der Zone der Warmfront liegen	Fall Nr. 6, dann 5, dann 4	Leichtes Fallen, später identisch mit 5 und 6
8	Südost	Ostnordost	Westsüdwest	Sie befinden sich genau in der Zugrichtung des Tiefs (b)	Fall Nr. 7, dann 6, dann 5	Rasches Fallen, später ebenso schnelles Steigen

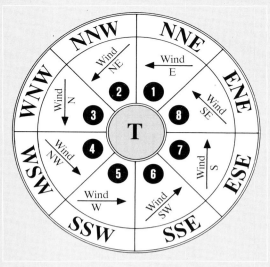

Anmerkungen zur untenstehenden Tafel:

(a) Dies gilt nur, wenn kein neues Tief hinter dem von uns behandelten heranzieht. Was leider häufig der Fall ist. Dann muß man die Übung mit den neuen Ausgangspunkten wieder von Anfang an durchgehen.
(b) Wenigstens solange das Tief seine Zugrichtung nach Nordost nicht aufgibt; aber dann entspricht es auch nicht mehr dem „idealen" Tief.
(c) Die Rede ist hier vom Kurs des Bootes unter Segeln zum Wind, der im Augenblick anliegt. In den folgenden Stunden, wenn das Boot sich fortbewegt und der Zug des Tiefs die Parameter verändert, ergeben sich neue Möglichkeiten für die Kurswahl.
(d) Dieser Raumschotkurs kann sogar bis zu raumachterlich gehen.
(e) In unseren Breiten rechnet man mit einer mittleren Zuggeschwindigkeit eines Tiefs von 15 bis 25 Knoten.
(f) Segeln Sie lieber so gut wie möglich weiter statt beizudrehen.

Taktische Möglichkeiten

Wenn Sie sich entschließen, vor dem Wind abzulaufen (c)	Wenn Sie raumschots auf Steuerbordbug laufen (c)	Wenn Sie auf Steuerbordbug am Wind segeln (c)	Wenn Sie raumschots auf Backbordbug segeln (c)	Wenn Sie auf Backbordbug am Wind segeln (c)	Die günstigste Taktik (c)	Nummer auf der Scheibe oben
Ihre Route führt parallel zur Zugachse des Tiefs (das nach Osten zieht), Sie erreichen allmählich bessere Wetterverhältnisse	Sie segeln genau auf das zukünftige Zentrum des Tiefs zu. Die Situation wird sich in den nächsten Stunden verschlechtern	Sie ermüden Boot und Besatzung, indem Sie direkt in Zugrichtung des Tiefs segeln	Mit Sicherheit die beste Taktik, um schnell dem „idealen" Tief aus dem Weg zu gehen. Es zieht südöstlich von Ihnen vorbei, und Sie profitieren von einem Hoch; Wind und Seegang werden zunehmend milder (a)	Sie segeln parallel zum Tief, das südlich vorbeizieht	Raumachterlich (f), Backbordbug	1
				Sie entfernen sich vom Tiefkern, haben aber mehr Mühe als auf Raumschotkurs	Raumschots, Backbordbug	2
	So verlängern Sie eine ungünstige Situation. Wird das Tief stationär, segeln Sie direkt auf sein Zentrum zu	Sie segeln parallel zum Tief			Raumschots (d), Backbordbug	3
Sie segeln hinter der Kaltfront und ihren Starkwinden her		Sie verlängern eine schlechte Situation, statt ihr auszuweichen			Raumschots (d), Backbordbug	4
Sie segeln vor oder mitten in den Böen der Kaltfront		Vorsicht vor dem scheinbaren Wind in der Kaltfront			Raumschots (d), Backbordbug	5
Die Kaltfront holt Sie ein. Sie erleben Fall 5, dann 4	Gleiche Situation, aber schnellerer Durchzug der Kaltfront	Sie werden bald auf die Kaltfront mit ihren Böen treffen, die am Wind besonders hart sind			Raumschots, Backbordbug	6
Sie segeln direkt auf das zukünftige Zentrum des Tiefs zu	Sie segeln auf den Tiefkern, zumindest auf die Kaltfront zu		Sie segeln dem Tief nach Süden weg, ohne beiden Fronten zu entkommen	Gute Wahl, die Sie vom Tief wegführt	Am Wind (f), Backbordbug	7
Der Tiefkern wird direkt über Sie hinwegziehen (e)	Sie segeln direkt auf den Tiefkern zu	Dem Tiefkern entwischen Sie, aber nicht den beiden Fronten	Der Tiefkern zieht genau in Ihre Richtung, Sturmgefahr	Vielleicht entwischen Sie dem Tiefkern, aber nicht den Fronten	Raumachterlich (f), Backbordbug	8

Kalkulator, mit dem man die Position des Bootes im Verhältnis zum Kern des Tiefs feststellen kann als Funktion der Richtung des vorherrschenden Windes und des Luftdrucks.

1

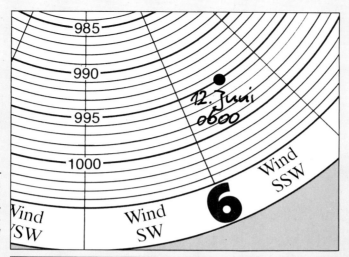

Anwendung des Kalkulators: Situation des Bootes am 12. Juni, 06.00 Uhr morgens: Luftdruck 995 hPa, Wind Südwest.

2

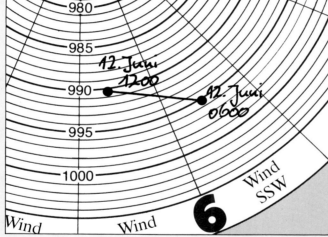

12.00 Uhr am gleichen Tag: Der Luftdruck ist auf 990 hPa gefallen, während der Wind auf Südwest gedreht hat.

3

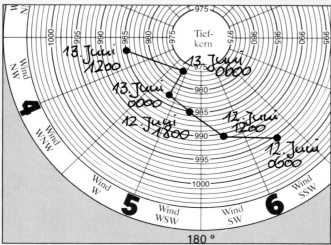

Am nächsten Mittag um 12.00 Uhr (Luftdruck 985 hPa, Wind NW) zieht der Tiefdruckkern in nordöstlicher Richtung ab.

Kalkulator des relativen Schiffsorts

In Ergänzung der Tabelle, die sich mit der Kurswahl angesichts des Kerns eines idealisierten Tiefs befaßt, schlage ich Ihnen eine einfache grafische Figur vor, mit deren Hilfe Sie die Entwicklung der Situation in der Zeit darstellen können. Für die praktische Anwendung dieser Scheibe benötigen Sie zwei Werte, die zu einem gegebenen Zeitpunkt zugleich auf dem Boot verfügbar sein müssen:

- die Richtung des wahren Windes,
- den Luftdruck.

Werden diese Werte regelmäßig auf die angegebene Art und Weise auf das Gitter der Scheibe übertragen, liefern sie immer den relativen Schiffsort im Verhältnis zum Tiefdruckkern (auch wenn beide ihre Lage verändern) parallel zum Schiffsort und zur Route auf der Seekarte.

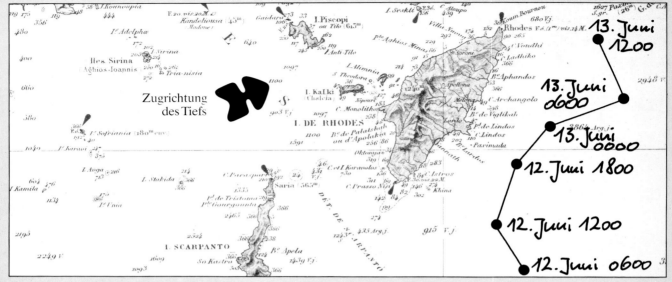

Die zwischen dem 12. Juni, 06.00 Uhr, und dem 13. Juni, 12.00 Uhr, abgesegelte Route – einmal auf der Seekarte und zum anderen auf dem Kalkulator; alle Beobachtungen fanden zur gleichen Zeit statt. Der grafische Unterschied zwischen beiden Routen ist deutlich zu erkennen.

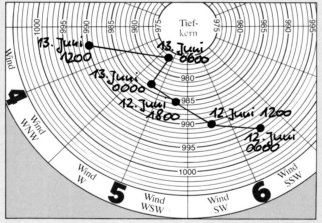

Anmerkungen: Die scheinbare Route von einem Punkt zum nächsten wird in Relation zum Tief aufgetragen, nicht in Relation zur örtlichen Geographie. Da der Tiefdruckkern schneller als das Boot zieht, kann man auf der Grafik tatsächlich eine scheinbare Route in Richtung West beobachten, obwohl die Grundrichtung des Kurses auf der Seekarte doch in Wahrheit in Richtung Nordost weist.

In Verbindung mit der Tabelle auf den vorletzten Seiten kann man mit der Gitterscheibe von Stunde zu Stunde die Lage des relativen Schiffsorts zum Tiefdruckkern korrigieren und dann die jeweils günstigste Option für den folgenden Kurs berechnen. Natürlich ist dies nur auf der Nordhalbkugel anwendbar.

Anwendbar ist die Methode selbstverständlich auch nur dann, wenn man auf ein einzelnes, isoliertes Tief mit idealen Merkmalen trifft, also mit um den Kern geschlossenen Isobaren. Aber auch wenn man auf See nur selten damit arbeiten kann (denn jedes Tief sieht anders aus), wird man doch allein schon durch solche Übungen an Land, zum Beispiel in der Segelschule, auf die Bewältigung schwieriger Wettersituationen vorbereitet. Und damit lernt man auch, sich ihrer Entwicklung in der Zeit besser anzupassen.

Hohe Cirren stellen die Vorhut der Warmfront. Wie ein Schirm schieben sich die weißen, schattenlosen, geriffelten Wölkchen langsam näher; sie bestehen aus Eiskristallen und zeigen, daß sich in großer Höhe Kaltluft über die bodennahe Warmluft schiebt. Ihre zerrissenen Formen weisen darauf hin, daß in den oberen Etagen der Troposphäre starker Wind weht. Man nennt dies einen „Aufzug". Pendelt sich die Windfahne bei fallendem Barometer auf Südwind ein, wird das schlechte Wetter bald mit seinen ersten Böen eintreffen. (Foto: Conservatoire du Littoral)

Die Wettervorhersage

Das zukünftige Wetter läßt sich — wie die Dreierwette beim Pferderennen — auf sehr verschiedene Weise vorhersagen. Der eine benutzt vielleicht ein magisches Pendel, der andere eine Wünschelrute und ein Dritter liest aus dem Rauch verbrannter Wetterstatistiken der letzten zwanzig Jahre. Fügt man noch das geeichte rheumatische Ziehen und eine Prise Froschlaich hinzu, erhält man mit Sicherheit Ergebnisse, die das besterhaltene Delphische Orakel vor Neid erblassen lassen.

Im Vergleich zu solchen trickreichen Methoden erscheint die übliche Wettervorhersage geradezu simpel; denn sie kennt im Prinzip nur zwei Möglichkeiten:
1. Das Nachlesen von Informationen, die von den nationalen oder internationalen Wetterämtern erarbeitet und auf vielfältige Weise verbreitet werden (übers Radio, übers Telefon oder über Wetterkarten).
2. Die eigene Beobachtung, die ganz wesentlich auf der Entwicklung des Luftdrucks, der Wolken und des Seegangs basiert.

Beides muß eigentlich immer Hand in Hand gehen; denn die erste Quelle ist oft zu allgemein und nicht detailliert genug für unser kleines Segelrevier, und umgekehrt betreffen unsere Beobachtungen nur ein beschränktes Gebiet und ergeben für die gesamte Region keine brauchbaren Werte. Einerseits verursachen die Reliefformen des umliegenden Landes häufig ein Mikroklima, das die Vorhersagen für eine gesamte Küsten- oder Seezone als falsch erscheinen läßt, und andererseits erfaßt der beschränkte Horizont eines einzelnen Beobachters bei weitem nicht alle Aspekte einer meteorologischen Situation. Der einzelne kann zum Beispiel nicht jene noch weit entfernten Wettererscheinungen erkennen, die sich über kurz oder lang auf die örtliche Situation auswirken werden. Befinden wir uns beispielsweise in der Zugbahn eines Tiefs, das mit einer Zuggeschwindigkeit von 25 Knoten in unsere Richtung über den Atlantik zieht, ist es durchaus möglich, daß wir keinerlei Vorzeichen seines Heraufziehens wahrnehmen, bevor es zu spät ist. Nur Informationen, wie sie von Wettersatelliten oder Wetterschiffen geliefert werden, können uns frühzeitig vor dem nahenden Tief warnen.

Die offiziellen Informationen

Der Wettervorhersagedienst, im letzten Jahrhundert zum Nutzen der Seeschiffahrt in ganz Europa eingeführt, hat heutzutage einen Grad von Zuverlässigkeit erreicht, der mit dem Glücksspiel, mit dem auch professionelle Prognosen jahrzehntelang verglichen werden konnten, nichts mehr gemein hat. Ich erinnere mich noch, wie der Wetterdienst am 6. Juli 1969, also vor nicht einmal 20 Jahren, für die französische Atlantikküste schönes Wetter vorhersagte, während zugleich vor Quessant ein Tief aufzog. Es traf viele Yachten, die für einen voraussichtlich schönen Sommersonntag die Häfen verlassen hatten. Man kann sich ihre Überraschung vorstellen, als am späten Vormittag ein Unwetter mit Windstärken von 10 Beaufort die Bretagne überfiel; zahlreiche Boote gingen verloren. Das starke Tief war mit ungewöhnlicher Schnelligkeit heraufgezogen und der Wachsamkeit der Meteorologen entgangen.

Seitdem haben vor allem verbesserte Wettersatelliten für genauere und vollständigere Informationen über die Entwicklung des Wetters gesorgt. Beigetragen zur Verbesserung der Vorhersagen hat auch die Tatsache, daß heute die Beobachtungen der lokalen Wetterstationen auf der ganzen Welt zentral gesammelt und mit Hilfe von Computern ausgewertet werden; permanente Direktverbindungen rund um den Globus versetzen den Wetterdienst jedes einzelnen Landes in die Lage, die wahrscheinliche Entwicklung des Wetters für die einzelnen Regionen genau vorherzusagen, wobei sich die Fehlerquote ständig verringert. Nur ein weiteres Ausdünnen des Beobachtungsnetzes kann noch zu Fehlern in der Analyse führen, deren Folgen ebenso katastrophal sein könnten wie im Juli 1969.

Doch trotz der unbestreitbaren Fortschritte sollten wir uns auf die offiziellen Wettervorhersagen nicht allein verlassen; denn es dauert manchmal noch allzu lange, bis die Informationen uns erreichen.

Wettervorhersage im Radio

Alle Radiostationen verbreiten zu regelmäßigen Zeiten Wettermeldungen, die aber meist sehr allgemein gehalten sind; besser sind die nationalen Sender, bei uns der Deutschlandfunk, in Großbritannien die BBC, in Frankreich France-Inter. Die genauesten Informationsquellen sind jedoch die Seewetterberichte der Küstenfunkstellen, die an Bord über einen Grenzwellenempfänger (Marineband) zur Verfügung stehen. Die Vorhersagegebiete und die Frequenzen und die Zeiten der Durchsagen entnehmen wir am besten dem „Nautischen Funkdienst, Bd. III", der vom Deutschen Hydrographischen Institut (DHI) in Hamburg herausgegeben wird; er verzeichnet auch weltweit alle ausländischen Sendestationen und die zum Verständnis nötigen Worte in den gebräuchlichen europäischen Sprachen. Ebenso vom DHI herausgegeben werden jährlich der „Jachtfunkdienst" (in zwei Teilen: für Nord- und Ostsee und für das Mittelmeer) und der „Wetter- und Warnfunk", ein für den Bordgebrauch praktischer Faltkarton, der auch einige ausländische Sender enthält. *(Der Übersetzer)*

Aufbau der Wettervorhersage

Die Seewetterberichte der Küstenfunkstellen sind die besten Informationsquellen, die uns an Bord zur Verfügung stehen. Sie sind immer gleich aufgebaut: Am Anfang steht der Hinweis auf eine eventuelle Wind- oder Sturmgefahr; dann folgen die Stationsmeldungen und eine Übersicht über die Wetterlage mit Angabe der Tief- und Hochdruckgebiete, ihrer Lage, Zugrichtung und Zuggeschwindigkeit. Die eigentliche Vorhersage umfaßt den Zeitraum der nächsten 12 Stunden und die Aussichten für den folgenden Tag (die nächsten 24 Stunden).

Am besten trägt man alle diese Angaben in Vordrucke ein, die manchen Logbüchern beigeheftet sind, die man aber auch über den Handel beziehen oder sich selbst anfertigen kann.

Starkwind- und Sturmwarnung

Für unsere Zwecke am wichtigsten ist es, daß wir so schnell wie möglich vor heraufziehendem schwerem Wetter gewarnt werden. Auch für diese Zwecke ist ein Grenzwellenempfänger am besten geeignet. Alle Küstenfunkstellen senden eine Wind- oder Sturmwarnung, sobald sie ihnen vorliegt, auf der Grenzwellen-Frequenz 2182 kHz und wiederholen sie dann im Anschluß an die beiden nächsten Funkstillen (die ersten drei Minuten nach jeder vollen und halben Stunde), begleitet von der Aufforderung, auf die normale Arbeitsfrequenz der jeweiligen Küstenfunkstelle umzuschalten. Also empfiehlt es sich, in den Zwischenräu-

PITCAIRNs Kartentisch mit dem Funktelefon. In der Küstenfahrt macht uns ein laut schellender Wecker darauf aufmerksam, daß bald ein neuer Wetterbericht ins Logbuch einzutragen ist. Auf hoher See müssen wir uns auf unseren eigenen Wetterverstand verlassen.

men zwischen den normalen Wetterberichten die internationale Seenot- und Anruffrequenz 2182 kHz zu Beginn jeder vollen Stunde abzuhören.

Telefonische Beratung

Wer bereits zu Hause die voraussichtliche Wetterentwicklung in seine Törnplanung einbeziehen will (oder wer sich in dieser Disziplin üben möchte), hört entweder den Deutschlandfunk oder fragt den Fernsprechansagedienst der Post ab; in diesem Fall läßt man sich am besten unter der Telefonnummer (040) 11509 den Seewetterbericht des Seewetteramtes Hamburg durchgeben. Der automatische Anrufbeantworter, dessen Daten täglich mehrmals aktualisiert werden, liefert die Wetterlage, die Vorhersage für die nächsten 12 Stunden und die Aussichten für den nächsten Tag (allerdings sind die Vorhersagegebiete auf die den deutschen Küsten näherliegenden Gebiete von Nord- und Ostsee beschränkt), außerdem die Stationsmeldungen in der üblichen Reihenfolge. Ähnliche Ansagedienste gibt es auch in anderen Ländern.

Natürlich kann man sich auch telefonisch vom nächsten Wetteramt im Binnenland beraten oder sich den dort vorliegenden jüngsten Seewetterbericht vorlesen lassen. Eine Wetterberatung oder sogar eine Törnberatung erhält man beim Seewetteramt Hamburg selbst; dies ist der beste Service, über den wir als Segler verfügen können. (Allerdings sind alle Auskünfte, die von Wetterämtern gegeben werden, gebührenpflichtig.) — Wer darüber hinaus über ein UKW-Seefunk-Telefon verfügt, kann auch unterwegs telefonische Auskünfte einholen, den Revierfunkdienst in Anspruch nehmen oder den UKW-Kanal 16 abhören; aber wer solch ein Gerät an Bord hat, weiß auch in der Regel damit umzugehen, so daß sich hier nähere Angaben erübrigen.

Außerdem findet man bei vielen Hafenmeistereien täglich einen Aushang mit dem Revierwetterbericht und der

Je schneller der Druck fällt oder steigt, wenn man die Isobaren im rechten Winkel schneidet, um so stärker ist die Windströmung. Also muß man um so stärkere Winde erwarten, je dichter die Isobaren beieinanderliegen.

amtlichen Wetterkarte, und auch Rettungskreuzer sowie Fahrzeuge der Wasserschutzpolizei, des Zolls und der Marine zeichnen den Seewetterbericht auf und geben einem Skipper, der ihn selbst verpaßt hat, gerne Auskunft. — Eine Möglichkeit, vor dem Auslaufen an einen ausführlichen Wetterbericht zu kommen, ist also immer vorhanden, und wenn wir sie nicht nutzen, handeln wir leichtsinnig. *(Auf deutsche Verhältnisse übertragen — Übersetzer)*

Wetterkarten

Der Seewetterbericht, den wir mitgeschrieben oder auf Kassette aufgezeichnet haben, enthält so viele einzelne Informationen, daß sie das normale Vorstellungsvermögen übersteigen. Insbesondere, wenn wir seine Angaben mit unseren eigenen Beobachtungen vergleichen wollen, empfiehlt es sich, aus den vorgegebenen Daten eine Bordwetterkarte zu zeichnen. Auch dafür gibt es Vordrucke, und mit deren Hilfe schafft es nach einiger Übung jeder. (Wie man das macht, entnimmt man am besten den entsprechenden Lehr- und Handbüchern.)

In den letzten Jahren ist eine beinahe schon revolutionäre Neuheit auf den Markt gekommen: der Bordwetterkartenschreiber, der zwar noch recht teuer ist, aber von seinen Abmessungen und vom Stromverbrauch her auf beinahe jeder seetüchtigen Yacht seinen Platz finden könnte. Dieser Wetterkartenschreiber löst alle bisherigen Probleme der Wetterversorgung —

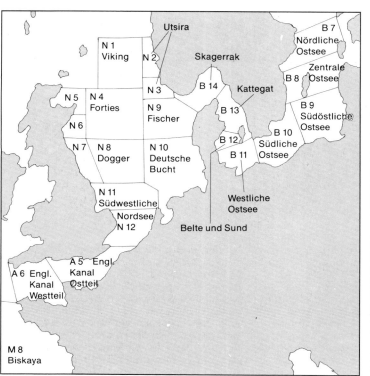

Links: Die Vorhersagegebiete der deutschen Küstenfunkstellen für Ost- und Nordsee und Biskaya. – Unten: Wetterkartenschreiber.

sogar die Sprachschwierigkeiten in ausländischen Gewässern; denn die auf den Karten verwendeten Symbole sind international und nicht mißzudeuten. Man erhält auf der Karte zahlreiche Stationsmeldungen, die Lage von Hochs und Tiefs mit den zugehörigen Isobaren und den Verlauf der Fronten – wenn man es wünscht, auch vorausberechnet für die nächsten ein bis drei Tage.

Genauer und günstiger können wir es nicht mehr haben, wenn – ja, wenn dieses System für die meisten Segler nicht noch allzu teuer wäre. So sollten wir uns denn darauf verständigen, daß für Küstensegler ein Grenzwellenempfänger zu den unbedingt notwendigen Ausrüstungsgegenständen gehört. Wichtig ist, die Wetterberichte regelmäßig abzuhören, damit wir die Entwicklung der auf uns zuziehenden Tiefs im Auge behalten können. Empfangen wir eine Wind- oder Sturmwarnung, rechnen wir am besten stets mit einer unvorhergesehenen Entwicklung zum Schlechteren und bereiten unser Schiff dementsprechend vor.

Eigene Beobachtungen

Die Wetterberichte der Seewetterämter geben einen allgemeinen Überblick über die Wetterlage in den Küstenregionen, aufgeteilt nach Vorhersagegebieten. Diese Vorhersagegebiete umfassen Seegebiete von etwa 100 bis 200 Seemeilen außerhalb der Küstenlinien. Kann uns eine solch globale Vorhersage reichen?

Zwei Anmerkungen

● Die Wetterinformationen sind bereits veraltet, wenn sie formuliert werden, und wenn sie uns über den Äther erreichen, sind sie oft 3 bis 5 Stunden alt. Der früheste Wetterbericht des Deutschlandfunks um 0100 nachts beschreibt die Lage von 1900 Uhr des Vorabends; auch die Stationsmeldungen sind dann schon 5 Stunden alt. Die Küstenfunkstellen sind im allgemeinen schneller; bei ihnen beträgt die Zeitverzögerung nur 1 bis 2 Stunden. Dieser Unterschied ist für uns schon sehr wichtig; denn eine Vorhersage, die auf frisch erhobenen Daten basiert, kommt unter Umständen zu ganz anderen Ergebnissen, als wenn sie sich auf 5 bis 6 Stunden veraltete Angaben stützen müßte.

● Die Vorhersagegebiete sind so groß, und die Stationen, deren Daten verarbeitet werden, liegen so weit auseinander, daß für ein einzelnes Gebiet (z. B. Deutsche Bucht) nur sehr allgemeine Vorhersagen gemacht werden können. Örtlichen Gegebenheiten, durch die sich möglicherweise die Windgeschwindigkeit abschwächt oder verstärkt oder durch die sich eventuell sogar die Zugrichtung einer Störungsfront ändert, können sie nicht Rechnung tragen.

Aus beiden Gründen oder einfach auch nur, weil er außerhalb der küstennahen Vorhersagegebiete segelt, sollte jeder Skipper eigene Informationen sammeln, angefangen mit der Beobachtung der direkten Umgebung. Darüber hinaus braucht er Hilfsmittel, die ihm eine eventuelle Störung anzeigen, die hinter dem Horizont auf ihn lauert.

Die Tendenz des Luftdrucks

Die Beobachtung der Barographenkurve liefert kostbare Hinweise auf die Entwicklung des Wetters.

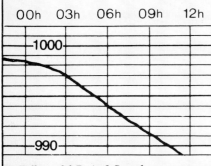

Fall um 3 hPa in 3 Stunden: Stürmischer Wind ist zu erwarten.

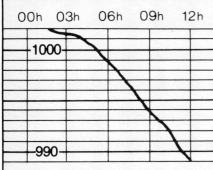

Fall um 5 hPa in 3 Stunden: Das Tief ist stark.

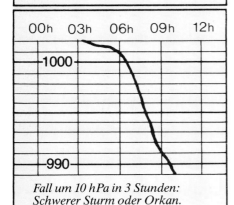

Fall um 10 hPa in 3 Stunden: Schwerer Sturm oder Orkan.

Beobachtung des Barometers

Ein Barometer gehört einfach auf unsere Yacht; am besten ist eines, das die Werte aufzeichnet, ein Barograph, wenn die Bordkasse eine solche Ausgabe erlaubt. Bisher hat sie aber noch niemand bereut. Denn so interessant es ist, den Luftdruck in einem gegebenen Augenblick zu kennen, wertvoller ist doch die Kenntnis seiner Veränderung innerhalb einer bestimmten Zeitspanne (die Meteorologen bezeichnen den im Verlauf von drei aufeinander folgenden Stunden festgestellten Druckunterschied als „Tendenz").

Die Grafik, die der Barograph liefert, läßt jederzeit ein direktes Ablesen der Tendenz zu. Um diesen Wert mit einem normalen Barometer zu erhalten, ist es ratsam, den Barometerstand vor dem Auslaufen und unterwegs abzulesen und entweder ins Logbuch oder in ein eigens dafür entworfenes Formular einzutragen. Die Eintragungen werden unter normalen Umständen mindestens alle sechs Stunden, bei Gefahr schweren Wetters jede Stunde vorgenommen. Auf PITCAIRN verfüge ich zwar über einen Barographen, notiere aber dennoch den Barometerstand bei jeder neuen Eintragung ins Logbuch, und das heißt unterwegs praktisch jede Stunde – gleichgültig ob auf hoher See oder in der Küstenfahrt.

Warum die Tendenz notieren?

Je rascher das Barometer fällt, um so stärkere Winde können wir erwarten (einige Spezialfälle einmal ausgenommen). Einen Fall von 3 hPa in drei Stunden betrachtet man als Hinweis auf eine mögliche Verschlechterung des Wetters. Fällt das Barometer um 5 hPa (immer in drei Stunden), muß man mit einem starken Tief rechnen, in dem stürmische Winde (Beaufort 8 und mehr) wehen können. Bei mehr als 5 hPa handelt es sich nicht nur um stürmischen Wind, sondern um ein meteorologisches Phänomen größerer Intensität: Sturm, schwerer Sturm oder gar Orkan sind zu erwarten.

Ist das Barometer also ein zuverlässiger Berater? Überhaupt nicht. Jeder erfahrene Skipper hat schon beobachten können, daß ein Fallen des Luftdrucks um 3 hPa in drei Stunden, selbst wenn er dann noch einige Stunden weiter fällt, nicht immer eine Verschlechterung des Wetters anzeigt. Umgekehrt habe ich schon öfter 24 Stunden lang anhaltende stürmische Winde erlebt, ohne daß der Luftdruck sich auch nur um ein Hektopascal verändert hätte (besonders im östlichen Mittelmeer). Aus der „Tendenz" läßt sich keine absolute Regel ableiten (das wäre allzu schön!). Damit wir sicher sein können, daß fallender Luftdruck ein heraufziehendes Tief anzeigt, müssen wir auch Himmel und See beobachten: Heraufziehender Cirrostratus oder eine anomale Dünung sind Hinweise, auf die wir besonders achten sollten.

Die aufmerksame Beobachtung des Himmels, der Entwicklung der Wolkensysteme und des Seegangs gehört zu den Aufgaben des Hochseeseglers.

Beobachtung von Himmel und See

Erinnern wir uns zunächst, daß ein Tiefdrucksystem immer von einem bestimmten charakteristischen Wolkensystem begleitet wird:

● Die Vorhut, in Zugrichtung vor dem Tiefdruckgebiet gelegen, auch als „Aufzug" bezeichnet. Der Wind ist meist mäßig und weht aus Süd bis Südost, am Himmel sieht man hohe Wolken: Cirrus, Cirrocumulus und Cirrostratus.

● Das Zentrum, auch „Kern" genannt, mit Wolken mittlerer Höhe in einer einheitlichen Decke, hinter der die Sonne verschwindet: Altostratus oder Altocumulus, dann immer dichterer und dunklerer Nimbostratus. Darunter ziehen Wolkenfetzen in geringer Höhe über die See. Die Sonne wird von diesen Regenwolken vollständig abgedeckt.

● Die Nachhut mit einzelnen Quellwolken: Cumulus und Cumulonimbus, die sich in der Nähe halbhoher Nebelbänke vertikal erheben.

● Der Warmsektor liegt südlich des Tiefdruckkerns zwischen der Warmfront und der Kaltfront, die die erstere einzuholen versucht; der Himmel ist normalerweise mit tiefziehendem Altocumulus oder Stratocumulus bedeckt; die Luft ist sehr feucht, aber meist regnet es nicht.

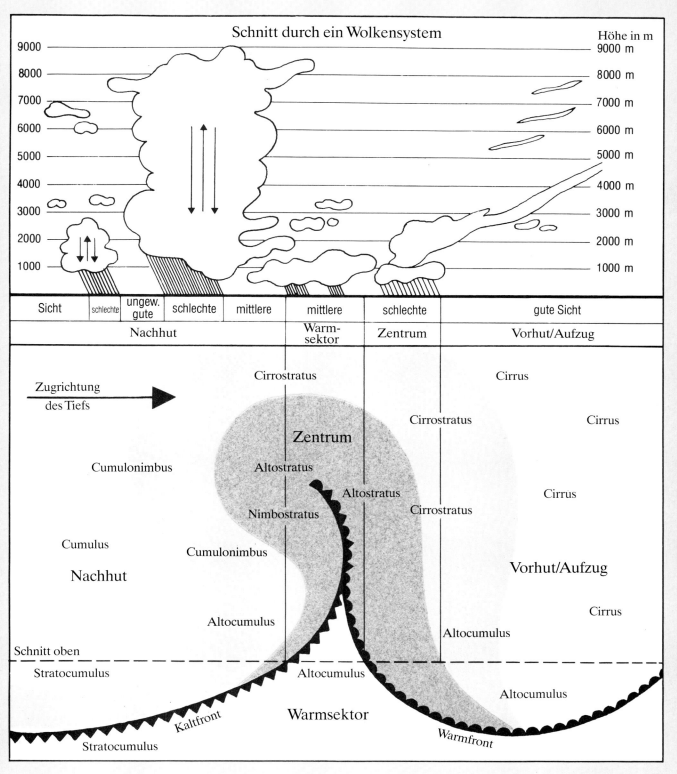

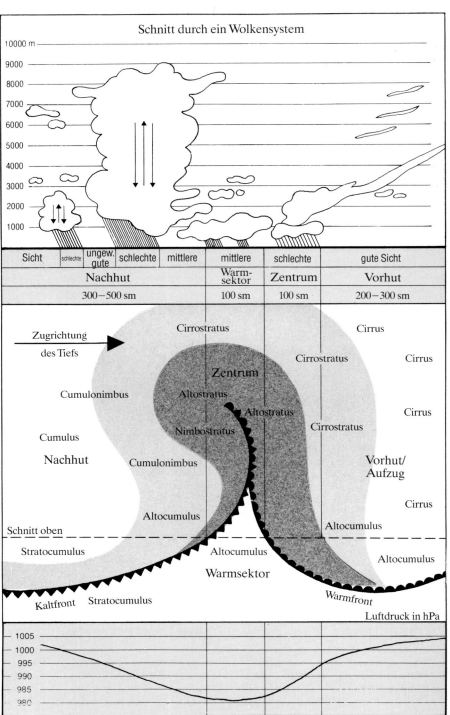

Ein solches Wolkensystem erstreckt sich gewöhnlich über mehrere hundert Kilometer und zieht, je nach Lage und Dichte der es umgebenden Luftmassen, mit einer Geschwindigkeit von 15 bis 40 Knoten nach Osten oder Nordosten. Was bedeutet, daß sich das gesamte System innerhalb von 24 Stunden beinahe bis zu 1000 Seemeilen verlagern kann. Ein Beobachter, der sich mitten in der Zugrichtung befindet und der die charakteristische Struktur eines Tiefdrucksystems kennt, verfügt über sichere Anzeichen für eine Vorhersage, einfach durch Beobachten der Veränderungen am Himmel beim Durchzug der verschiedenen Phasen des Wolkensystems. Am wichtigsten ist es natürlich, den „Aufzug", die Vorhut, zu erkennen – der Rest folgt von alleine.

Die Reede von Marigot im Norden von Saint Martin in den Kleinen Antillen. Der Passat treibt Cumuluswolken vor sich her, unter denen die Böen häufig 50 Knoten erreichen.

Das Wetter beim Durchzug eines Tiefs

Entsprechend dem Querschnitt durch ein Tiefdrucksystem auf der gegenüberliegenden Seite können wir nacheinander folgende Situationen erleben:

1 Schönes Wetter: Es ist ein wenig frisch, am Himmel sind einige wenig entwickelte Cumuluswolken zu sehen. Das Barometer zeigt mittleren Druck an, schließlich beginnt es leicht zu fallen.

2 Cirrus: Faserige Wolken, aus weißen Streifen gebildet, zerzaust und ausgefranst an ihren Enden. Sie ziehen sehr hoch am Himmel auf (6000 bis 13000 m) und kündigen das Heranziehen einer warmen Luftmasse an. Ist ihr Aufzug von einem merklichen Abfall des Luftdrucks begleitet, während der Wind aus südlichen Richtungen weht, kann man sicher sein, daß sich mit großen Schritten ein Tiefdruckgebiet nähert.

3 Halo um die Sonne: Ein weiterer Vorbote schlechten Wetters. Charakteristisch für ein Halo sind Ringe um Sonne oder Mond, die dadurch entstehen, daß deren Licht in den feinen Eiskristallen, aus denen die Cirrus- und Cirrostratuswolken bestehen, gebrochen wird. Ein Halo ist auch fast immer Anzeichen stärkerer Winde.

4 Cirrostratus: In gleicher Höhe wie der Cirrus ziehen Cirrostratuswolken rasch herauf und legen sich wie eine milchige Decke über den gesamten Himmel. Sonne oder Mond scheinen gerade noch hindurch; Halo oder Nebensonnen sind noch schwach zu erkennen. Der Wind hat auf Südwest gedreht, das Barometer fällt weiter. Wir befinden uns bereits kurz vor der Warmfront, die auf uns zu zieht.

5 Altostratus: Mit seinen unregelmäßigen Formen deckt er Sonne oder Mond noch mehr ab, so daß wir sie nur noch wie durch eine Milchglasscheibe sehen. Altostratus ist eine Wolkenbildung mittlerer Höhe. Auf hoher See ist jetzt die letzte Chance für eine Standlinie mit Hilfe der Sonne; nicht mehr lange, und der Himmel verdunkelt sich mit den ersten Regengüssen. Noch fällt der Luftdruck weiter, und der Wind — immer noch schwach bis mäßig — kommt weiterhin aus Südwest, während der Horizont im Westen bereits tintenschwarz zu werden beginnt. Das Boot (Schwerwettersegel) und die Besatzung (Sicherheitsgurte) sind auf schweres Wetter eingerichtet.

6 Nimbostratus: Im Zuge der Wolken, die den Durchzug eines Tiefs begleiten, markieren die Nimbostratuswolken den Abschluß der Vorhut. Mit ihnen erreicht uns der Hauptteil des Tiefdrucksystems, verborgen hinter dunklen, sehr tief hängenden Wolkenformationen undeutlicher Form. Heftiger Regen fällt aus diesem Wolkentypus, die ersten Böen aus Südwest oder West folgen bald. Aus gleicher Richtung schieben sich noch weitere, tiefliegende Stratuswolken unter die Wolkendecke. Der Luftdruck fällt nur noch leicht, und die Temperatur steigt um so mehr, je weiter wir hinter die Warmfront in die tropische Luftmasse des Warmsektors geraten. Der Wind frischt stark auf. Nach einem Aufzug, der ungefähr einen halben Tag gedauert hat, befinden wir uns jetzt mitten in der Schlacht. Noch einige Stunden, in denen sich der Luftdruck (mehr oder weniger, je nach der Position des Bootes) stabilisieren kann. Dann zieht die Kaltfront herauf.

7 Kaltfront: Nachdem es mehr oder weniger kurz aufgeklart war, verdunkelt sich der Himmel unter mächtigen Cumulonimbuswolken. Der Luftdruck bleibt zuerst konstant, dann fällt er stark. Plötzlich springt der Wind auf Nordwest um und nimmt kräftig zu; Schauer, auch Gewitterschauer prasseln nieder, und es wird zunehmend böig.

Der Starkwind kann 24 Stunden anhalten, länger noch, wenn das Tief stationär wird. Mit dem Heraufziehen einer zweiten Front kann er sich auch zum Sturm (10 Beaufort) auswachsen. Und wenn uns die dritte Front erreicht... Ich wünsche es niemandem. Und dann, hinter der Front, folgt bald schönes Wetter. Die Sonne erwärmt nicht nur die Körper, sie besänftigt auch die Gemüter.

Foto links:
Schönwetter-Cumulus in mittlerer Höhe; die Wolkenformen verändern sich unablässig.

Foto rechts:
Cumulus bildet sich in aufsteigender Luft über dem Land und löst sich in der Nacht auf. Es herrscht schönes Wetter.

Foto links:
Cirrocumulus (in einer Höhe zwischen 6000 und 7000 m) ist häufig im Südsektor eines Tiefs anzutreffen. Die Lage ist instabil.

Foto rechts:
Altocumulus formt sich in einer Höhe zwischen 2000 und 5000 m. Es sind die großen „Schäfchenwolken", die nie lange anhalten und wechselhaftes Wetter ankündigen.

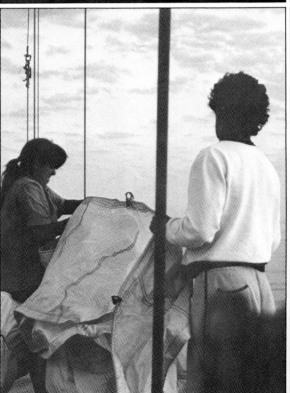

Foto rechts:
Cirrostratus, eine milchigweiße Decke, die aus Eiskristallen besteht, in denen sich häufig in großer Höhe ein Halo um die Sonne bildet.

Foto links:
Cirren, leicht und zerfasert, formen sich oberhalb von 7500 m. Wenn sie von Westen her aufziehen, sind sie häufig Schlechtwetterboten.

Foto rechts:
Stratocumulus, eine Masse unregelmäßig geformter Wolken, in denen sich hellere und dunklere Flecken abwechseln. Der meistverbreitete Wolkentyp; bei weiterer Verdichtung wird es regnen.

Foto links:
Altocumulus als geschlossene Decke (hier an der Küste der Normandie). So verdichtet, kündigen diese Wolken häufig Schauer und Gewitter an.

Foto links:
Aus Cumulonimbus fallen oft Gewitter oder Schauer (manchmal auch als Hagel oder Schnee), die von heftigen Böen begleitet werden.

Foto rechts:
Stratus legt sich als grauer, bleierner Schleier, der häufig auch die Form von Nebel annimmt, über die See. Beschränkte Sicht, manchmal auch Nieselregen.

Foto links:
Nimbostratus ist eine dichte Schichtwolke, die sehr tief herabhängt. Langanhaltender Regen ist zu erwarten. Diese Wolkenformation gehört zum Zentrum jedes Tiefdrucksystems.

Foto rechts:
Cumulonimbus formt sich; jede einzelne Wolke kann ein Gewitter bringen. Heftige Fallböen, die manchmal Sturmstärke erreichen, sind zu erwarten.

Durchzug eines Tiefs
(im Falle einer Okklusionsfront fällt der Warmsektor fort)

Auf dem Foto ist eine Bank von Altocumuluswolken an der Küste von Korsika zu erkennen. Der abendliche Wetterbericht hatte stürmische Winde (8) aus Ost angekündigt, und am frühen Morgen waren die ersten Böen auf PITCAIRN zu spüren.

Reihenfolge	Station	Luftdruck	Wind	Temperatur	Feuchte	Wolken	Wettererscheinungen	Sicht
1	Aufzug der Warmfront	Erst stark, dann nur noch leicht fallend	Südwind mittlerer Stärke, später auf Südwest drehend und bis auf Windstärke 8 auffrischend	Ansteigend	Nimmt spürbar zu	Cirrus, dann Cirrostratus, Altostratus, Nimbostratus. In der Warmfront: Cirro- u. Altocumulus	Halo, dann Niederschlag	Ständige Verschlechterung
2	Durchzug des Warmsektors	Konstant oder nur noch leicht fallend	Mäßiger bis starker Wind aus Südwest oder West	Konstante hohe Temperatur	Hoch	Stratus, Stratocumulus	Regen, auch Nebel möglich	Schlecht bis sehr schlecht
3	Durchzug der Kaltfront	Erst stark fallend, dann mäßig bis stark ansteigend	Starkes Umspringen auf Nordwest, heftige Böen	Stark absinkend, dann konstant	Sinkend, dann rasche Austrocknung der Luft	Cumulonimbus, dann Cumulus	Erst kräftiger Regen mit Gewitter, dann nur noch einzelne Schauer	Sehr gut zwischen den Schauern

Der Sturm vom 2. und 3. September 1883

„Die traurigsten Meldungen treffen von allen Orten an der Küste ein. Immer wieder signalisiert man den Einsturz von Gebäuden und häufig den Verlust von Menschenleben.

In der Adour-Mündung hat der italienische Schoner WALTON seinen Besammast verloren und ist dann gestrandet. Vor der Gironde-Mündung ist ein österreichischer Dreimaster gestrandet und trotz aller Rettungsversuche mit allen Männern und Gütern verlorengegangen. Bei Saint-Sébastien hat der englische Dampfer GORTIA Schiffbruch erlitten. Nur ein Teil der Besatzung konnte gerettet werden.

Bei Saint-Pierre (Quiberon) wurde das französische Schiff PRINTEMPS auf die Klippen geworfen, so daß sein Kiel abriß. Auf den Sandbänken von Olonne erlitt der französische Dreimaster HORTENSE Schiffbruch und brach auseinander. Die Besatzung wurde gerettet. Bei Roscoff signalisiert man den Verlust des Kutters MARIE-DES-ANGES. Die Besatzung konnte nicht gerettet werden.

Das Schiff POURVILLE aus Dieppe sprang ebenfalls leck, zwei Opfer sind zu beklagen. Ebenfalls meldet man den Verlust mehrerer Fischereifahrzeuge aus Dives, Luc-sur-Mer usw.

Auch aus England hört man von zahlreichen Schadensfällen. Die JONES, ein großes Fischereifahrzeug, ist gesunken, und zwölf Besatzungsmitglieder sind ertrunken. Beinahe zur gleichen Zeit, am 1. September, brach ein ungewöhnlich starker Sturm über Neufundland herein. Man spricht von zahlreichen Verlusten unter den Fischereifahrzeugen auf den Bänken. Mehr als vierundzwanzig Fischer haben ihr Leben gelassen.

Wenn man von all diesen und weiteren Unglücksfällen hört, können einem vielleicht die aufopferungsvollen Handlungen jener Seeleute, die im Dienste der Rettungsgesellschaft stehen, ein wenig Trost spenden. Gerne geben wir die Meldungen, die uns unter dem Datum des 4. September erreichten, in ihrer lakonischen Art wieder:

Le Pouligneu bei Croisic, 3. September. Der französische Dreimaster BRETAGNE, von Saint-Nazaire nach Mayotte, strandete auf den Klippen von Pornichet. 14 Menschen vom Rettungsboot gerettet.

Quiberon, 3. September. Mehrere Fischereifahrzeuge in Gefahr. 15 Menschen mit dem Boot der Zentralen Rettungsgesellschaft gerettet.

Audierne, 3. September. Das Rettungsboot fuhr zur Zeit der größten Sturmstärke aus, um Fischereifahrzeugen in Seenot zu helfen.

Sables-d'Olonne, 3. September. Der Französische Dreimaster L'ESPERANCE auf den Klippen von Cours-Marins gestrandet. Zehn Menschen mit dem Ruderboot gerettet."

Über diesen verheerenden Sturm wurde so, wie wir es hier wiedergeben, in „Le Yacht" vom 8. September 1883 berichtet. Dieses Echo aus der Zeit vor hundert Jahren mag uns daran erinnern, daß die Seefahrt unter Segeln im letzten Jahrhundert Risiken mit sich brachte, von denen sich heute kaum noch jemand eine Vorstellung machen kann.

Ich glaube, daß wir gut daran tun, uns gelegentlich dessen zu erinnern.

Wenn die Seen sich mit solcher Gewalt auf die Küste werfen, bringt der Versuch, im Hafen Schutz zu suchen, Gefahren mit sich, die wir lieber vermeiden sollten. Die offene See ist für uns dann sicherer.

Das Meer und die Wellen

Was die Atmosphäre und die Ozeane in Bewegung versetzt, hat auf vielfältige Art und Weise miteinander zusammenhängende Ursachen. So hat man feststellen können, daß in den tieferen Breiten die allgemeine Zirkulation der Winde um das Azorenhoch in die gleiche Richtung setzt wie die Wasser des Golfstroms, während im Süden dieser Zone der Nordostpassat die Wellen von Nordafrika bis zur Karibik vor sich her treibt. Ganz zu schweigen von den legendären Roaring Forties der hohen Südbreiten, wo im Prinzip die Winde, ohne Unterbrechung, das Meer unterhalb der drei kontinentalen Südkaps um die Erde treiben. Theoretisch mag das richtig sein; doch wie alle theoretischen Verallgemeinerungen erweist es sich in der Praxis als falsch. So habe ich zum Beispiel Westwinde in der Zone des Nordostpassats angetroffen, und die großen Segelschiffe, die im letzten Jahrhundert von Europa kamen, hätten wohl kaum Kap Hoorn runden können, wenn Aeolus nicht von Zeit zu Zeit Ausnahmen von der Regel zugelassen hätte.

Aber was ist es denn, was die See zum Rollen bringt? Jeder weiß sicherlich, daß außer durch Ebbe und Flut, große Strömungen oder seltene Erdbeben das Wasser auch durch die Wirkung des Windes auf seine Oberfläche in Bewegung versetzt wird. Wenn man sich über die Auswirkungen des Windes auf die See Klarheit verschaffen will, ohne erst wissenschaftliche Abhandlungen über das sehr komplexe

Phänomen zu lesen, braucht man charakteristische Kriterien. Es sind dies: Kräuselsee, Welle und Dünung. Drei Erscheinungsformen der bewegten See, die sich nach der von der Luft auf die Wasseroberfläche übertragenen Energie unterscheiden.

Die Kräuselsee. Die See ist ruhig bis spiegelglatt. Eine leichte Brise weht über einem meist eng begrenzten Seegebiet: Unter ihrem Druck belebt sich die Wasseroberfläche mit leichten Kräuselwellen. Sie setzen sich mit geringer Geschwindigkeit in Windrichtung fort. Sobald der Windhauch einschläft, absorbieren die Beharrungskräfte des Wassers (seine Viskosität) sehr rasch die vorübergehende Wellenbewegung: Die See erscheint bald wieder wie ein glatter Spiegel.

Die Wellen. Wenn eine Brise mit mehr als 3 oder 4 Knoten über einen größeren Bereich der See zieht, entstehen nicht mehr nur leichte Kräuselwellen; die regelmäßige Brise ist vielmehr in der Lage, die Meeresoberfläche in Bewegung zu versetzen. Es entstehen höhere Wellen, die sich in einem größeren Bereich schneller fortpflanzen. Das sind aber nicht die einzigen Unterschiede zu den Schönwetterwellen: Wenn der Wind einschläft, merkt man, daß die von ihm hervorgerufene Wellenbewegung nicht sogleich verschwindet. Ändert sich die Windrichtung, läuft die Welle zunächst in der alten Richtung weiter, und dann nennt man es Dünung.

Die Dünung. Also handelt es sich dabei um einen Zustand der See, der eine vom Winddruck erzeugte Welle zum Ursprung hat, die sich außerhalb der Zone atmosphärischer Turbulenz über eine gewisse Strecke fortsetzt, die wiederum abhängig ist von der ihr innewohnenden kinetischen Energie. Je stärker der Wind weht, um so höher ist die Welle und um so kräftiger ist die aus ihr entstehende Dünung.

Seemännisch korrekt heißt die Welle „See" (so auch in Begriffen wie Seegang, Grundsee oder Hecksee). Wichtig ist nur zu merken, daß eine Welle immer durch direkte Windeinwirkung entsteht, während die Dünung ihr entferntes Echo, nach Beendigung der Windeinwirkung, ist.

Das Zusammenwirken beider kann, in einem Sturmtief weitab von allen Küsten, jene außergewöhnlichen

Beim Ablaufen vor grober, kabbeliger See sollte man am Großbaum besser einen zusätzlichen Niederhalter anbringen, damit das Großsegel nicht an der Salingnock schamfilt. (Foto: Jean-Yves Baudry)

Wellenungetüme, Kaventsmänner genannt, hervorrufen, deren Gewalt wir fürchten und die, wenn sie über unserem Boot brechen, eine ernsthafte Gefahr darstellen.

Die See unter dem Wind. Wir haben es ja schon gesagt: Einem ausreichend bemannten Fahrzeug wird auf See der Wind selbst selten zur realen Gefahr, es sei denn im Falle der Havarie oder schlechter Manöver. Ein blockiertes Segel, eine ungewollte Halse oder auch nur ein Zuviel an Segeltuch können ein Boot tatsächlich in eine schwierige Situation bringen. Man riskiert dabei zum Beispiel, daß das Boot platt aufs Wasser gedrückt wird, daß der Großmast bricht oder daß ein Besatzungsmitglied verletzt wird. Aber in neun von zehn Fällen schafft uns der Zustand der See die größeren Probleme. Denn es mag einem zwar gelingen, den Wind als Verbündeten zu gewinnen, um voranzukommen, zum Manövrieren oder zum Stabilisieren des Bootes; aber ich kann mir keine Situation vorstellen, in der die Wellen uns beim Segeln behilflich sind. Ihr Anrennen gegen das Boot verursacht vielmehr – neben Kollision und Strandung – die schwersten Schäden an Rumpf und Rigg.

Es ist schon erstaunlich, wie wenig die meisten Segler über dieses Thema wissen. Doch dieses Nichtwissen hat seine Ursache in den dürftigen Informationen in den meisten Segelbüchern. Es werden immer nur die gleichen, schon beinahe klassischen Skizzen reproduziert, dazu Angaben über Wellenperioden, Wellenlängen oder Wellengeschwindigkeit, nicht zu vergessen die legendäre Orbitalbewegung der Wasserteilchen, die manchmal als Kreis, manchmal auch als Ellipse beschrieben wird. Praktischerweise übergeht man dabei zumeist die Überlagerung von Primär- und Sekundärwellen mit Stillschweigen, obwohl doch gerade sie einen Bootsrumpf so hart mitnehmen und unseren Magen zu konvulsivischem Zucken bringen. Vor allem die Unregelmäßigkeit dieser Überlagerungsphänomene aus einer Vielzahl von Wellen, die einmal in gleicher Richtung, aber mit unterschiedlicher Geschwindigkeit voranschreiten, dann aber auch sich aus verschiedenen Richtungen kreuzen, macht ein aufgewühltes Meer so gefährlich. Die Wellenbewegungen auf seiner Oberfläche sind wie Instrumente eines symphonischen Orchesters: Isoliert hat jede Note eines harmonischen Akkords nur eine begrenzte Wirkung. Erst in der Aneinanderreihung oder besser Überlagerung der Töne entsteht die Gewalt des Orchesters.

Doch bevor wir nun untersuchen, wie die Wellen des Ozeans ihre Kräfte vereinen, um sich auf uns zu werfen, zeichnen wir erst noch das schematisierte Porträt einer Welle – einer Welle vom Standardtyp, ohne besondere Kennzeichen, einer statistischen Welle. Doch seien wir vorsichtig, dies ist ein Muster von gewissem Alter, dessen Profil mit einer wirklichen Welle nur den Namen gemein hat, das man aber leider immer noch nicht aus dem Verkehr zu ziehen gewillt ist.

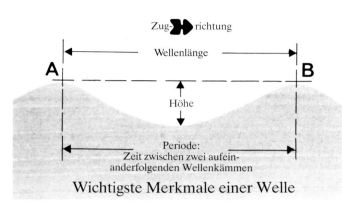

Wichtigste Merkmale einer Welle

Zustand der See		
Skala	Bezeichnung	Wellenhöhe in m
0	ruhige See	0
1	gekräuselte See	0–0,1
2	schwach bewegte See	0,1–0,5
3	leicht bewegte See	0,5–1,25
4	mäßig bewegte See	1,25–2,5
5	rauhe See	2,5–4
6	sehr rauhe See	4–6
7	hohe See	6–9
8	sehr hohe See	9–14
9	außergewöhnlich hohe See	mehr als 14

Porträt einer Welle

Einigen wenigen wissenschaftlichen Begriffen kann man nicht ausweichen, wenn man eine schwierige See verstehen und zugleich seine Manöver so einrichten möchte, daß man den gefährlichsten Situationen aus dem Weg geht. Wir beschränken uns auf das Unumgängliche und handeln es so kurz wie möglich ab. Eine Welle wird also durch die folgenden sechs Parameter bestimmt:

● Die Richtung, in der sie sich auf der Meeresoberfläche fortpflanzt. Im Unterschied zu Winden und Strömungen werden Wellen, und die Dünung, die aus ihnen resultiert, nicht von der Erdrotation – der Corioliskraft – beeinflußt. Sie pflanzen sich in gerader Richtung des Windes fort, der sie hat entstehen lassen. Nur ein Hindernis (eine Insel oder Küste) kann sie von ihrer Richtung ablenken. Es entsteht eine Brechung oder Beugung. Diese Richtungsbeständigkeit erklärt das Entstehen von Kreuzseen.
● Die Periode entspricht dem Zeitunterschied zwischen zwei aufeinanderfolgenden Wellenkämmen, an einem festen Beobachtungsort gemessen. Sie wird immer in Sekunden ausgedrückt und bleibt bei der Dünung konstant, gleich wie tief sie auch ist.
● Die Länge ist die waagerechte Distanz zwischen zwei aufeinanderfolgenden Wellenkämmen.
● Die Höhe ist der senkrechte Abstand zwischen Wellenkamm und Wellental.
● Die Geschwindigkeit entspricht der Schnelligkeit der Fortpflanzung des Wellenkamms. Je nach Windstärke und Wassertiefe liegt die Wellengeschwindigkeit zwischen 9 und 45 Knoten.
● Das Profil oder ihre Steilheit wird charakterisiert durch den Winkel zwischen Wellenkamm und Wellental. Das Wellenprofil wird als Verhältnis von Wellenlänge und Wellenhöhe in Prozent ausgedrückt. Gefährlich wird eine Welle, wenn das Verhältnis 14 % übersteigt.

Soweit die begriffliche Beschreibung einer Welle. Doch wozu können uns diese Definitionen nutzen? Nun, damit wir alle die gleiche Sprache sprechen, wenn wir jenen Gegner genauer

Die „neue Welle" überschwemmt auch schon die Kais von Saint-Tropez.

beschreiben wollen, dessen Schlachtreihen so unablässig auf unser Boot einstürmen.

Der Wellenzug

Andauernder Wind, etwa in einem Tiefdruckgebiet, gibt einen Teil seiner Energie an das Meer ab. Dessen Oberfläche modelliert sich unter dem Druck der Böen, und so entsteht eine Folge von Wellen, die wir als Wellenzug bezeichnen. Aber der Wind bläst nie in immer der gleichen Stärke – die Ausschläge des Anemometers können davon Zeugnis ablegen –, und die gleiche Unregelmäßigkeit spiegelt sich auch in den Wellenzügen. Anders als es in den Handbüchern im allgemeinen zu lesen ist, entstehen auch durch die jeder einzelnen Welle innewohnende Eigenschwingung unendlich viele verschiedene Wellenprofile, die beim Blick auf die bewegte See den Eindruck des Konfusen hinterlassen. Kleine Wellen erheben sich ununterbrochen auf dem Rücken der größeren und setzen sich auf ihre Art fort, wobei sie die alte Welle überlagern und deren Profil verändern. So kommt es, daß unter der Einwirkung eines gleichbleibenden Windes sogar Wellen mit unterschiedlicher Länge, Periode oder Höhe entstehen.

Doch das Wichtigste ist nicht einmal die Vielfältigkeit der Wellenformen, das sind ihre charakteristischen Unterschiede. Die Geschwindigkeit, mit der sich eine Welle fortpflanzt, wächst tatsächlich mit der Wellenlänge und der

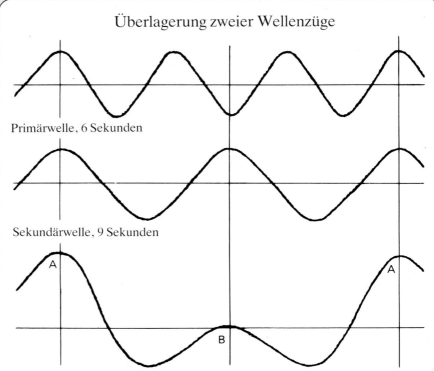

Überlagerung zweier Wellenzüge

Primärwelle, 6 Sekunden

Sekundärwelle, 9 Sekunden

Überlagerung beider Wellenzüge
(Bei A ergänzen sich die Wellenberge, bei B gleichen sich Wellenberg und -tal aus.)

Wellenperiode, so daß die kürzeren Wellen ununterbrochen von den längeren eingeholt werden.

Bei diesem Überholmanöver findet allerdings keine Vereinigung statt. Vielmehr überlagern sich die Wellen in der Form, daß sich die Höhe der neuen, schnelleren Wellen der Höhe der eingeholten Wellen teilweise hinzufügt. Diesen Vorgang nennt man Interferenz. Und dabei bildet sich dann auch gelegentlich eines jener berühmten Wellenungetüme, das um ein Mehrfaches höher sein kann als die vorherrschenden Durchschnittswellen — in vielen Berichten vom Segeln in schwerem Wetter ist ja die Rede davon.

Gleitet eine solche Welle unter das Boot, setzt es einen Augenblick lang seinen Vorwindkurs fort und gerät dann nach 100 oder 200 m in eine turbulent aufschäumende See. Es kann auch sein, daß man diesen Schaum auf ihrem Kamm schon beim Herannahen der Monstersee sieht. Das ist das Zeichen dafür, daß sie sich gleich auflösen wird. Rudergänger kennen dieses Phänomen gut: Danach halten sie Ausschau aus dem Augenwinkel, wenn sie ihr Boot über eine sturmgepeitschte See führen. Sie müssen vermeiden, unter die besonders steile Böschung einer See zu geraten, die kurz vor dem Brechen steht. Denn dies ist für jede Yacht die größte Gefahr.

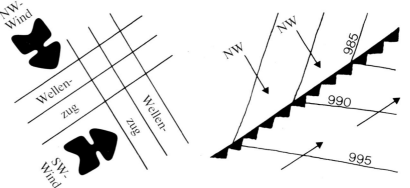

Kreuzseen beim Durchzug der Kaltfront

Wenn nach dem Durchzug der Kaltfront die Windsee aus NW die Dünung aus SW überlagert, kann das Segeln in der daraus resultierenden Kreuzsee manchmal schwierig werden.

PITCAIRN in der Karibik nördlich von Grenada. Unter Segeln macht sie auch bei stürmischem Wind genug Fahrt, um den Brechern ausweichen zu können. – Zur Karte unten: Stürmischer Wind aus Südwest steht während der Äquinoktialstürme gegen die Strömung der Loire; die Wellen werden an der Küste reflektiert und abgelenkt, so daß eine unangenehme und ziemlich steile Kreuzsee entsteht.

Kreuzseen

Wir wissen also, daß die Wellen durch die Einwirkung des örtlichen Windes auf die See entstehen und daß sie mit wachsender Windstärke und zunehmender Dauer der Einwirkung höher werden. Wir wissen auch, daß die Wellen, einmal aus ihrem „Ursprungswind" entlassen – er wirkt nicht länger mehr auf sie ein –, einen großen Teil ihrer Energie behalten und ihren Weg ohne Richtungswechsel weiterziehen. Tatsächlich geht die Abschwächung eines Wellensystems auf der Meeresoberfläche so langsam vor sich, daß eine Dünung, die einem starken Sturmtief entstammt, hundert, ja tausend Seemeilen ziehen kann, wenn auf ihrem Kurs nicht ein natürliches Hindernis liegt.

Und gerade darin liegt eine der Ursachen für die grobe See, deren Wirkung wir so fürchten. Denn was geschieht denn eigentlich, wenn ein Tiefdrucksystem über eine bestimmte Seestrecke hinwegzieht? Es entfesselt über der Meeresoberfläche starke, aus unterschiedlichen Richtungen wehende Winde, die den Linien der Isobaren in einem bestimmten Winkel folgen. Da wir wissen, daß die Wellen weiter in Richtung des Windes ziehen, der sie hat entstehen lassen, muß die Dünung in bestimmten Bereichen des Tiefs mit der aktiven Windsee in Konflikt geraten. Daraus resultiert eine Überlagerung von Wellen verschiedener Länge, Höhe und Zugrichtung, die noch zu dem vorhin beschriebenen Phänomen der Überlagerung verschiedener Wellensysteme in einem in eine Richtung ziehenden Wellenzug hinzukommt. Das ergibt ein nicht mehr beschreibbares Durcheinander von Wellen, aber auch jene berühmten pyramidenförmigen Wellenungetüme, die sich wie aus dem Nichts beim Zusammentreffen zweier Wellenkämme aufsteilen.

Im allgemeinen besitzen diese Pyramidenwellen nur geringe Bewegungsenergie, da die Überlagerung zweier sich kreuzender Seen nur eine träge Wassermasse bildet. Bei stürmischem Wind (Beaufort 8) können diese Kreuzseen aber immer eine Höhe von 2 bis 3 m erreichen und demnach den Rudergänger ganz schön naß werden lassen, ohne doch dem Rumpf etwas anhaben zu können. Die Gefahr wächst mit dem Zusammentreffen mehrerer Überlagerungen, wenn zum Beispiel zwei sich in einem Wellenzug überlagernde Wellen im gleichen Augenblick auf den Wellenkamm einer aus einer anderen Richtung ziehende Dünung treffen. Dieses Zusammentreffen dreier Wellen kann unter bestimmten Umständen unverhofft zum Entstehen einer außergewöhnlich hohen und steilen Monstersee führen.

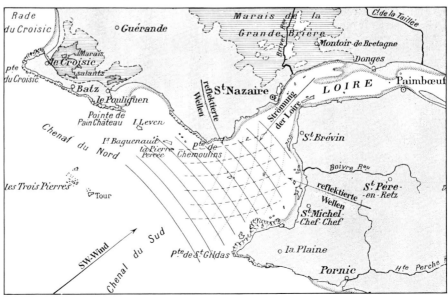

Wenn grünes Wasser an Bord steigt, müssen alle beweglichen Sachen festgezurrt sein. Für die Besatzung heißt die Devise: „Eine Hand für sich selbst..." – manchmal auch beide. – Die Karten rechts zeigen das Ansteigen des Meeresbodens in der Biskaya und im westlichen Mittelmeer. Besonders die Abbruchkanten sind bei schwerem Wetter wegen ihres Seegangs verrufen.

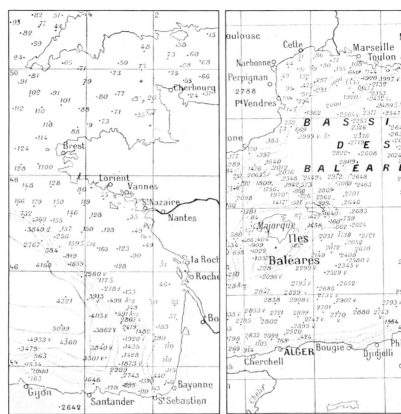

Monsterseen

Monsterseen, Kaventsmänner oder Freakwaves wurden sie von jenen getauft, die sie selbst erlebten. Im Horrorkabinett der großen Ozeane haben sie einen der besten Plätze. Erinnern wir uns, was Miles Smeeton schon vor vielen Jahren in einem seiner Bücher schrieb:

„John war in die Kajüte hinuntergegangen, und Beryl saß am Ruder; den Kompaß hatte sie ununterbrochen im Auge, verfolgte aber ebenso genau Wind und Wellen. Sie hatte sich gerade daran gewöhnt; der Wind war noch immer sehr stark. Gelegentlich drang die Sonne durch die Wolken, und manchmal war Beryl regelrecht in Sonnenlicht gebadet. Eine See war gerade unter Tzu-Hang hindurchgezogen und hatte sie etwas vom Kurs abgebracht. Beryl korrigierte ohne Schwierigkeit. Im Wellental drehte sie sich zum Kielwasser um. Direkt hinter dem Boot erhob sich eine Wand aus Wasser, so breit, daß man die Enden nicht sehen konnte, so hoch und so steil, daß Beryl sogleich begriff: Tzu-Hang würde da niemals hinaufklimmen können! Diese See bricht nicht wie ihre Vorläufer, sondern das Wasser stürzt in Kaskaden an ihrer Vorderseite herunter. Wie ein Blitz durchzuckt Beryl der Gedanke: ‚Nichts zu machen, ich bin nicht ausgewichen.' Dieses letzte Bild der Welle, das auch das letzte ihres Lebens hätte sein können, wird in ihrem Geist immer lebendig bleiben. Wenig später fühlt sie, wie sie aus der Plicht geschleudert wird. Dieses einzigartige Gefühl hat sie immer noch, als sie im Wasser wieder zu sich kommt, ohne zu wissen, ob sie zwischendurch in die Tiefe gerissen worden war."*

---

* *Auszug aus Miles Smeetons erstem und berühmtestem Buch „Once is enough". Beryl und Miles Smeeton erlebten dieses Kentern über Kopf im Jahre 1957 800 sm westlich von Kap Hoorn. Mit an Bord war John Guzzwell, ein bekannter Einhandsegler.*

Was weiter geschah, ist bekannt: TZU-HANG machte ihren legendären Purzelbaum und wiederholte ihn einige Monate später in den gleichen Breiten, als sie ein zweites Mal Kap Hoorn zu runden versuchte. Aber keine unnötige Erregung: Monsterseen dieser Art gibt es nur in den hohen südlichen Breiten, wo Wind und Wellen, praktisch ohne auf ein Hindernis zu stoßen, rund um die Erde stürmen können; in unseren Breiten sind solche Erscheinungen sehr, sehr selten.*

Vergleichbar hohe Seen entstehen im Nordatlantik tatsächlich nur zur Zeit der Winterstürme am Rande des Kontinentalsockels. Oder wenn zwischen Mai und Oktober ein Orkan tro-

---

* *Man hat herausgefunden, daß eine Tiefseewelle erst bei einer Wassertiefe von mindestens der halben Wellenlänge zustande kommt. Anders gesagt: Eine Welle von 80 m Länge kommt erst bei einer Wassertiefe von mehr als 40 m so richtig ins Rollen.*

pischen Ursprungs mit seiner letzten Kraft die europäischen Küsten erreicht. Auch das ergibt ungewöhnliche Wellenungetüme. Betrachten wir aber die Zonen geringerer Tiefe, vor allem die Linie, an der der Meeresboden aus großer Tiefe zum Kontinentalsockel ansteigt. Der Grund erhebt sich dort sehr rasch aus einer Tiefe von mehreren tausend Metern auf einige hundert Meter, manchmal sogar auf nur ein paar dutzend Meter, drückt so die Wellenzüge zusammen und verändert die Struktur der Oberflächenwellen. Die Wellenhöhe wächst im gleichen Maße, wie sich die Wellenlänge verkürzt. Zugleich werden die Wellenkämme steiler und instabiler, so daß sie, wenn sich die Wellen überlagern, leichter brechen. Untiefen mitten in den Ozeanen haben die gleichen Folgen. Auch deshalb sollte man selbst auf hoher See immer genau den Schiffsort kennen, damit man nicht in der Nähe einer solchen Stelle, an der der Meeresboden plötzlich stark ansteigt, von einem Tief erwischt wird.

So manche große Meeresbucht hat aus den gleichen Gründen einen schlechten Ruf. Eine lange Dünung aus West, dazu ein Sturmtief aus gleicher Richtung — sie können sich mit ähnlicher Geschwindigkeit bewegen — kann in der Biskaya gefährlichen Seegang verursachen. Der üblen Untiefe von Rochebonne sollte man dann so schnell wie möglich entfliehen. Doch selbst die größten Brecher erreichen niemals die Höhe jener Monsterseen, die der Wind allein in den hohen südlichen Breiten verursacht. Nur Flutwellen nach einem Seebeben sind vergleichbar, aber sie gehören nicht in eine Abhandlung über schweres Wetter, das in der Atmosphäre seinen Ursprung hat. Dennoch erscheinen sie ebenso plötzlich und sind ebenso steil. Und das ist die größte Gefahr für unsere Boote; denn je steiler die Wellen sind, um so eher brechen sie.

Eine entfesselte See, in die wohl niemand mit seinem Boot hineingeraten möchte. Das bemerkenswerte Foto entstand im Januar 1980 unweit der Iles Sanguinaires vor der Westküste von Korsika während eines Sturms von 10 bis 11 Beaufort. Die zerzausten Wellenkämme brechen auf ganzer Länge unter der Gewalt der Böen und weil die Seen bei Annäherung an die Küste steiler geworden sind. (Foto: Michel Jacquelin)

Wellencharakteristika in tiefem, freiem Wasser, abhängig von der Windstärke und der Winddauer

Windstärke	Dauer der Windeinwirkung auf die See	Wellenperiode in Sekunden	Signifikante Wellenhöhe in Meter	Geschätzte Wellenlänge in Meter	Geschätzte Wellengeschwindigkeit in Knoten	Geschätzte Brecherhäufigkeit in Prozent	Windwirkstrecke (Fetch) in Seemeilen auf offener See
Beaufort 7	2 Std.	2,7 s	1,50 m	12 m	8,2 kn	12,5 %	8 sm
	4 Std.	4,1 s	2,70 m	26 m	12,3 kn	10,7 %	18 sm
	8 Std.	4,9 s	3,80 m	37 m	14,8 kn	10,3 %	50 sm
	10 Std.	5,7 s	4,50 m	51 m	17,2 kn	8,8 %	65 sm
	12 Std.	6,0 s	4,80 m	56 m	18,0 kn	8,6 %	80 sm
	18 Std.	7,1 s	5,30 m	76 m	21,5 kn	6,7 %	140 sm
	24 Std.	8,0 s	5,80 m	100 m	24,0 kn	5,8 %	195 sm
	36 Std.	9,1 s	6,10 m	129 m	27,5 kn	4,7 %	350 sm
	48 Std.	10,1 s	6,40 m	159 m	30,9 kn	4,0 %	550 sm
Beaufort 8	2 Std.	3,4 s	2,10 m	18 m	10,2 kn	11,7 %	9 sm
	4 Std.	4,5 s	3,40 m	32 m	13,5 kn	10,6 %	20 sm
	8 Std.	5,8 s	5,40 m	52 m	17,4 kn	10,4 %	55 sm
	10 Std.	6,4 s	6,00 m	64 m	19,4 kn	9,8 %	70 sm
	12 Std.	6,7 s	6,60 m	70 m	20,1 kn	9,4 %	90 sm
	18 Std.	8,0 s	7,30 m	100 m	24,0 kn	7,3 %	160 sm
	24 Std.	8,9 s	7,90 m	124 m	26,5 kn	6,4 %	210 sm
	36 Std.	10,3 s	8,70 m	165 m	30,9 kn	5,3 %	400 sm
	48 Std.	11,3 s	9,10 m	199 m	34,1 kn	4,6 %	600 sm
Beaufort 9	2 Std.	4,1 s	2,60 m	26 m	12,3 kn	10,0 %	10 sm
	4 Std.	5,4 s	4,50 m	45 m	16,4 kn	10,6 %	25 sm
	8 Std.	6,5 s	6,90 m	66 m	19,5 kn	10,4 %	60 sm
	10 Std.	7,1 s	7,90 m	79 m	21,3 kn	10,0 %	80 sm
	12 Std.	7,7 s	8,80 m	92 m	23,0 kn	9,6 %	100 sm
	18 Std.	9,0 s	10,40 m	126 m	27,0 kn	8,2 %	180 sm
	24 Std.	10,2 s	11,60 m	162 m	30,6 kn	7,2 %	270 sm
	36 Std.	11,7 s	12,40 m	214 m	35,1 kn	5,8 %	450 sm
	48 Std.	12,9 s	12,90 m	260 m	38,5 kn	5,0 %	680 sm
Beaufort 10	2 Std.	4,4 s	3,50 m	36 m	13,2 kn	9,7 %	11 sm
	4 Std.	5,7 s	5,40 m	51 m	17,1 kn	10,6 %	27 sm
	8 Std.	7,0 s	8,40 m	76 m	21,1 kn	11,0 %	70 sm
	10 Std.	7,7 s	9,70 m	92 m	23,2 kn	10,5 %	90 sm
	12 Std.	8,1 s	10,80 m	102 m	24,6 kn	10,6 %	120 sm
	18 Std.	9,8 s	13,10 m	150 m	29,2 kn	8,7 %	200 sm
	24 Std.	11,0 s	14,70 m	189 m	32,9 kn	7,8 %	300 sm
	36 Std.	12,9 s	16,00 m	260 m	38,6 kn	6,1 %	500 sm
	48 Std.	14,2 s	16,80 m	315 m	42,6 kn	5,3 %	750 sm
Beaufort 11	2 Std.	5,5 s	3,70 m	47 m	16,6 kn	7,9 %	12 sm
	4 Std.	6,1 s	6,20 m	58 m	18,4 kn	10,5 %	30 sm
	8 Std.	7,9 s	10,00 m	97 m	23,7 kn	10,7 %	75 sm
	10 Std.	8,2 s	11,20 m	105 m	24,7 kn	10,3 %	100 sm
	12 Std.	9,1 s	12,90 m	129 m	27,5 kn	10,0 %	130 sm
	18 Std.	10,4 s	15,50 m	169 m	31,4 kn	9,2 %	220 sm
	24 Std.	11,6 s	17,40 m	210 m	34,7 kn	8,3 %	330 sm
	36 Std.	13,6 s	19,20 m	289 m	40,5 kn	6,6 %	550 sm
	48 Std.	15,0 s	20,40 m	351 m	45,2 kn	5,8 %	800 sm

Die Werte dieser Tabelle sind verschiedenen Schriften unterschiedlicher Herkunft entnommen (vor allem HO Nr. 9, 603 und 604 der US-Navy) und beziehen sich auf eine Wasserfläche, die mitten im Ozean, weit ab von allen Küsten, von denen der Wind her weht, liegt und ausreichend tief ist (die Wassertiefe ist größer als die halbe Wellenlänge).

Die Periode, die Wellenhöhe und die Windwirkstrecke (Fetch) entstammen wissenschaftlichen Untersuchungen; ich habe sie nur zusammengetragen, die Maße vom angelsächsischen System (Fuß und Zoll) in Meter umgerechnet und entsprechend der Windwirkdauer in tabellarische Form gebracht.

Die Wellenlänge wurde nach der klassischen Formel berechnet (Wellenperiode im Quadrat, multipliziert mit 1,56). Gleiches gilt für die Wellengeschwindigkeit (Wellenperiode mal 3,03). Beide Werte, ebenso der Prozentsatz der Brecher, sind also geschätzt; es sind Annäherungswerte, die man nicht verallgemeinern sollte. Dennoch kann man sich an Hand dieser Werte eine Vorstellung von den Wellen machen, die auf freier See von einem Tiefdrucksystem hervorgerufen werden.

Zu beachten ist noch, daß die angegebene Wellenhöhe der Durchschnittshöhe des höchsten Drittels der Wellen entspricht (ein Wert, den man üblicherweise als „signifikante Wellenhöhe" bezeichnet). Das sind aber nicht die maximal möglichen Wellenhöhen. — Mehr Einzelheiten zu diesem Thema folgen in unserem nächsten Kapitel.

Pitcairn vor der portugiesischen Küste. Vor der See ablaufend kommt sie auf den kräftigsten Wellenbergen mit 14 kn ins Surfen.

Ausfahrt des Rettungsboots (aus der Sammlung „Scènes de la Vie Maritime" von Vincent Besnier).

Apokalyptische Vision: Abschreckender Anblick der sich auf den Neufundlandbänken brechenden See zu Beginn des Orkans, der die STEPH im September 1978 südöstlich von Saint-Pierre et Miquelon überfiel. – Rechte Seite: Der Skipper Emile Gaillard einige Jahre vor dieser Katastrophe.
(Fotos: Georges Maisonneuve)

Die Brecher

Brecher auf hoher See waren schon immer das Salz in der Suppe sensationshungriger Schreiber. Wenn es dem Erzähler nur irgendwie möglich ist, sie als Monstrum darzustellen, symbolisiert die brechende See wie nichts anderes höchste Gefahr und abschreckendste Urtümlichkeit, die beim Losschlagen eines Sturms die Nußschale von Schiff mit mächtiger Faust packt. Riesige Wasserberge stürzen sich auf unsere zerbrechlichen Nachen — und beherrschen die Phantasie des Möchtegern-Abenteurers.

In das gleiche Horn möchte ich hier nicht stoßen. Monique und ich haben zusammen auf unseren beiden Booten Distanzen zurückgelegt, die zweimal um den Erdball reichen, und zwar in den verschiedensten Regionen und zu unterschiedlichen Jahreszeiten, und noch nie sind wir von einem dieser Frankensteine unter den Wellen angegriffen worden. Nicht einmal von einem seiner nahen Verwandten. Unter unseren Bekannten findet sich übrigens ein gutes Dutzend Weltumsegler, die im allgemeinen das Gleiche sagen, selbst wenn sie damit den Glanz ihres Ruhmes trüben sollten, den andere mit Sensationsberichten so erfolgreich aufpoliert haben.

Sicher, es gibt die wilde See. Und ebenso sicher bilden sich Brecher auf allen Meeren der Welt. Ich habe trotz allem genug davon einkassiert, um zu wissen, wie man sie erlebt und welche Schrecken sie im Rückblick hervorrufen, wenn sie in der Phantasie immer größer werden, immer abrupter auftauchen und das Boot zum Wrack zu schlagen drohen. Doch wenn man beginnt, sich mit aller Umsicht auf schweres Wetter vorzubereiten, ist es

dumm und sinnlos, gewiß vorhandene Gefahren zum Monstrum aufzublähen.

Erinnern Sie sich: Vor nicht einmal zwanzig Jahren bekamen Segler, die den Atlantik auf der simplen Passat-Autobahn-Route zu überqueren wagten, Lorbeerkränze geflochten. Heute machen sich jährlich Hunderte von Booten auf diesen Weg, um die Vorstadt Karibik zu besichtigen, und kehren dann ruhig über die Azoren wieder zurück, als handle es sich um einen Weekendtrip nach Hamburg oder Amsterdam. Auch die jüngsten Weltumsegelungen unter weniger mildem Himmel haben, wenn auch vielleicht nur wegen ihres zumeist glücklichen Ausgangs, den Mythen von den Schrecken der Roaring Forties und Fifties und der Wildheit Kap Hoorns einigen Abbruch getan. Und das, obwohl einige Schriftsteller immer noch ohne Dämonisierung jener Meeresregionen nicht auszukommen glauben. Aber auch die weniger dämonisierenden Berichte liegen vor, und sie lesen sich durchaus glaubwürdig.

Was für die Umsegelung des legendären Kap Hoorn gilt, stimmt ebenso für unsere Küstenregionen und küstennahen Seegebiete. Die Schwierigkeiten, die die Kap-Hoorniers des vorigen Jahrhunderts erwarteten, entsprangen im Prinzip der Tatsache, daß ihre Schiffe zu jeder Jahreszeit, also auch im südlichen Winter, Feuerland umrunden mußten. Sie fuhren gegen See und Wind seit ihrer Abfahrt von Europa, ohne Zwischenhafen, mit einer Takelage und mit Rümpfen, die dafür nicht gut geeignet waren, ohne die Navigationsausrüstung, die Kleidung, den Komfort oder auch nur den medizinischen Schutz, über den wir heute verfügen. Ganz zu schweigen von den Möglichkeiten mechanischen Antriebs, mit dessen Hilfe sich unsere Boote heute im Notfall aus einer Flaute oder aus den Klauen eines Gegenwinds befreien können. Heute segeln wir um Kap Hoorn in der günstigen Jahreszeit, in der Mehrzahl der Fälle von West nach Ost, also vor dem Wind. Die wenigen Boote, die in umgekehrter Richtung zu segeln wagen, hüpfen von Hafen zu Hafen an der Küste entlang und warten auf eine günstige Gelegenheit für die letzte Etappe. Eine Ausnahme war BRITISH STEEL, mit der Chay Blyth 1970 einhand gegen den Wind um die Welt segelte und den wir wegen dieser bis heute nicht wieder erreichten Leistung bewundern.

Wir müssen bei unserer täglichen Segelei ähnlich taktieren, indem wir zum Beispiel vermeiden, im Winter bei ungünstiger Wettervorhersage zu segeln, die Nordsee, den Kanal, die Biskaya

oder den Golf von Lion bei schwerem Wetter zu überqueren, zwischen vorgelagerte Inseln bei Wind und Strom gegenan einzusegeln — kurz, indem wir die elementaren seemännischen Sicherheitsregeln beachten. Und indem wir uns erinnern, daß der Fastnet-Sturm 1979 sicherlich nicht so viele Opfer gefordert hätte, wenn die Yachten nicht auf einem festgelegten Regattakurs gewesen wären.

Beim Fahrtensegeln haben wir es leichter: Wenn wir unseren sicheren Schutz nur in der Gewißheit handigen Wetters auf See verlassen und wenn wir einen Törn bei Ankündigung stürmischer Winde unterbrechen, laufen wir keine Gefahr, daß uns Brecher in die Plicht steigen. Später, mit größerer Erfahrung im Hochseesegeln, können wir auch bei mehr Wind draußen bleiben. Aber es müssen schon mehrere, außergewöhnlich ungünstige Umstände zusammentreffen, bevor in unseren Regionen zwischen April und Oktober die See außerhalb von Barren und anderen Untiefen ein dem zuvor beschriebenen Anblick vergleichbares Aussehen annimmt.

Treffen solche Voraussetzungen zu, dann können wir von brechender See, von Brechern reden. Versuchen wir aber erst einmal, die Ursachen dafür zu verstehen. Die Theorie bestätigt (aber wir zweifeln ein wenig daran), daß mit dem Höherwerden der Wellenberge die Kämme steiler, die Wellentäler spitzer werden. In dem Maße, wie sich der von den beiden Wellenabhängen gebildete Winkel schließt, erhöht sich die Fortpflanzungsgeschwindigkeit des Wellenbergs. Und diese höhere Geschwindigkeit unterstützt wiederum die Zuspitzung des Kammes und begünstigt seine Instabilität. Die Welle befindet sich dann in der Lage eines Läufers, dessen Beine nach hinten gezogen werden, während die Schultern einen starken Vortrieb haben. Der Läufer wird stolpern, die Welle auch. Und der Brecher ist da.

Wann bricht die Welle?
Über Untiefen und natürlich auch am Rand des Festlandsockels. Das kennen wir ja schon. In tiefem Wasser ist die Untersuchung dieses Phänomens nicht einfach. Die Mehrzahl der Wissenschaftler beschränkt sich denn auch darauf, das Brechen der Wellen an Land zu beschreiben, wenn die Dünung auf die Küste donnert. Außerhalb von Küste und Untiefen scheint für sie das Phänomen nicht zu existieren. Folgt man ihnen, so schäumt auf hoher See die Welle nur, bricht aber wegen ihrer schwachen Kammbildung nicht. Verwirrt wird man sich des Grabens zwischen den Theoretikern an ihren Schreibtischen und uns armen Praktikern bewußt, die von den Keulenschlägen eines Phänomens hart mitgenommen werden, das in den Festschriften jener Fachleute nicht einmal auftaucht. Das ist frustrierend. Und einfach störend für einen Segler, der solche Schläge nicht nur einstecken will, sondern etwas mehr über Ursache und Wirkung erfahren möchte.

Versuchen wir also ein wenig Klarheit zu gewinnen.

1
Fiktive und reale Bewegung einer Welle

Der Durchzug einer Welle verursacht auf der Wasseroberfläche zwei unterscheidbare Bewegungen:

● Die Fortpflanzung der Welle auf der Meeresoberfläche. Ähnlich den akustischen Wellen, die sich im Raum fortpflanzen, indem sie die Luftmoleküle in Schwingung versetzen, zirkulieren die Wellen im Wasser, indem sie die Teilchen des Oberflächenwassers erfassen, in dem sie sich fortbewegen. Die Gesamtheit dieser vertikalen Bewegung verursacht die Illusion des Wellenzugs, obwohl sich doch die Wassermassen selbst nicht oder kaum vorwärts bewegen.

● Die Bewegung der Wassermasse, verursacht durch die bewegten Wasserteilchen. Dies ist eine wirkliche Bewegung und von beträchtlichem Interesse, kennt man doch die mächtige Kraft, die von diesen vorübergehend aus ihrer Siesta aufgeweckten Wassermassen ausgeübt wird. Jedes Wasserteilchen beschreibt unter dem Einfluß einer Welle eine kreisförmige Bewegung oder, je nach Windstärke und Wassertiefe, eine mehr oder weniger ellipsenförmige. Eine auf der Wasser-

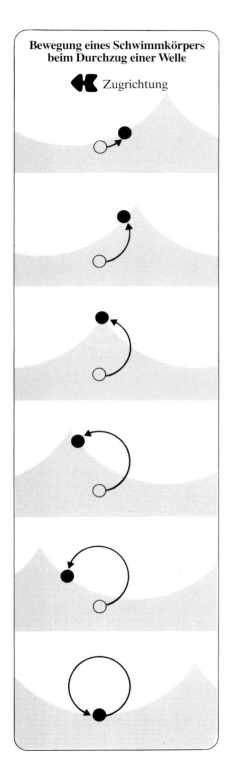

Bewegung eines Schwimmkörpers beim Durchzug einer Welle

Zugrichtung

Foto gegenüberliegende Seite: Die Welle schäumt, nachdem sie unter dem Rumpf hindurchgezogen ist (Foto von Philippe Nelis). Im Augenblick, in dem die Wassermassen das Boot erreichen, muß es mit dem Heck senkrecht dazu gehalten werden, um ein Querschlagen nach Luv zu vermeiden; dem ist allerdings um so schwieriger entgegenzuarbeiten, als das Ruder in den Turbulenzen des Wellenkamms nicht besonders wirksam ist. – Die nebenstehende Schemazeichnung zeigt, warum die horizontale Bewegung des Wassers beim Überqueren eines Wellenkamms in der Tat so wichtig ist.

oberfläche schwimmende Glaskugel eines Fischers kann uns dazu Anschauungsunterricht geben. Wie verhält sich diese Kugel beim Durchzug einer Welle? Zunächst einmal rutscht sie gegen die Zugrichtung der Welle vom Tal zum Kamm hinauf, wird dann über den Kamm nach vorne wieder hintergetragen und kommt ungefähr an ihrem Ausgangspunkt wieder an.

Erste Anmerkung: Das bewegte Wasser selbst begleitet also nicht die Wellen auf ihrem Kurs zum Horizont (man stelle sich zum Vergleich ein Weizenfeld im Winde vor), sondern die Wassermasse macht innerhalb einer Welle – außer der Vertikalbewegung, die den Wechsel im Oberflächenniveau begleitet – beim Durchzug des vorderen Wellenhangs zunächst eine leichte Bewegung nach hinten und dann eine leichte Bewegung nach vorn bis zur Höhe des Wellenkamms.

Zweite Anmerkung: Obgleich die Wasserteilchen, die von der in tiefem Wasser zirkulierenden Welle mitgerissen werden, gewöhnlich einen geschlossenen Kreis beschreiben (siehe die Zeichnung auf der folgenden Seite), erweitert sich dieser Kreis doch in einer beschleunigten Bewegung, wenn der Wellenkamm sich vergrößert. Die so geformte Ellipse ist nicht regelmäßig: Jedes Teilchen schreitet, statt an seinen Ausgangspunkt zurückzukehren, tatsächlich ein wenig voran, wenn es seine Kreisbewegung erst einmal vollzogen hat.

Diese Feststellung ist wichtig, denn sie deutet an, daß eine komplexe Mechanik die Wassermassen beim Durchzug einer Welle bewegt. Und daß den Teilchen unterschiedliche Geschwindigkeiten und unterschiedliche Bewegungsrichtungen innewohnen, je nachdem, an welchem Punkt der Orbitalbewegung sie sich befinden. So stellt man denn fest, daß die horizontalen Bewegungen innerhalb einer Welle unterschiedlich sind und daß sie sich außerdem in der oberen Phase der Kreisbewegung beschleunigen, also während ihrer Vorwärtsbewegung. Die bekannteste Folge dieser Beschleunigung ist, daß dadurch Wellen mit hohen Kämmen instabiler werden, bis sie schließlich brechen.

Doch das ist nicht das einzige.

2
Gegenläufige Oberflächenbewegung

Die See ist leicht bewegt, das Boot liegt unter frischer Brise auf gutem Kurs, und das Speedometer zeigt 7 Knoten an. Das ist Segeln! Das Wetter scheint schön bleiben zu wollen, und das Schlauchboot läuft leicht an seiner Fangleine zwanzig oder dreißig Meter hinter dem Heck her. Diese leichte Folgsamkeit ist aber nicht immer so: Das Beiboot kann der Fahrt nur wenige Gramm Schleppwiderstand entgegensetzen, oder es kann die Fahrt um einen ganzen Knoten mindern. Das hängt nur von seiner Position auf dem Kamm oder im Tal der durch die Verdrängung des Segelboots erzeugten Welle ab. Skipper von Verdrängerbooten haben diese Beobachtung wohl alle schon gemacht: Liegt das Beiboot auf der Rückseite der Heckwelle, ist die Fangleine wie eine Bogensehne gespannt. Nur mit Hilfe einer Winsch kann man es heranziehen, und ich möchte nicht zuschauen, wenn einem Besatzungsmitglied, das das Boot allein mit Muskelkraft heranziehen möchte, die Fangleine durch die Finger rutscht.

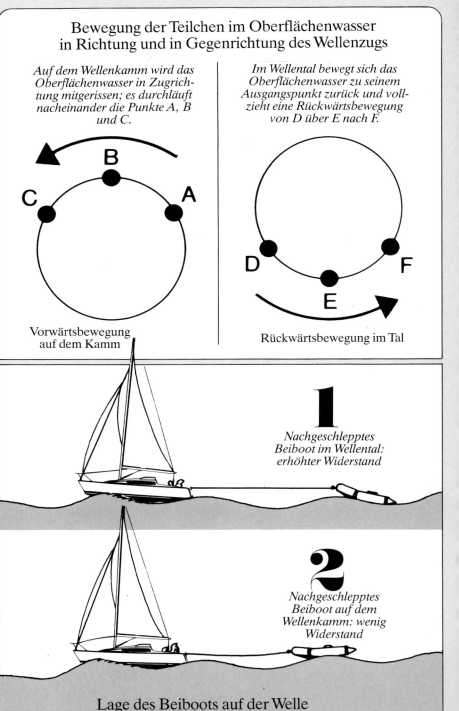

Bewegung der Teilchen im Oberflächenwasser in Richtung und in Gegenrichtung des Wellenzugs

Auf dem Wellenkamm wird das Oberflächenwasser in Zugrichtung mitgerissen; es durchläuft nacheinander die Punkte A, B und C.

Im Wellental bewegt sich das Oberflächenwasser zu seinem Ausgangspunkt zurück und vollzieht eine Rückwärtsbewegung von D über E nach F.

Vorwärtsbewegung auf dem Kamm

Rückwärtsbewegung im Tal

1 *Nachgeschlepptes Beiboot im Wellental: erhöhter Widerstand*

2 *Nachgeschlepptes Beiboot auf dem Wellenkamm: wenig Widerstand*

Lage des Beiboots auf der Welle

Gleitet aber das Beiboot auf dem Vorderhang des Wellenkamms, wird seine Fahrt durch die beschriebene Bewegung der Wasserteilchen begünstigt. Es surft auf der Heckwelle – die Fangleine hängt manchmal sogar durch –, ohne daß es die Fahrt der Yacht verlangsamt. Die Schleppleine läßt sich mit zwei Fingern regulieren. Dank dieses Experiments, das sich beim Fahrtensegeln täglich wiederholen läßt, kann man die Spannungen, die auf der Meeresoberfläche beim Durchzug einer Welle vorhanden sind, beobachten. Denn die von einem Verdrängerrumpf hervorgerufenen Wellenbewegungen besitzen die gleichen Eigenschaften wie eine Windsee: Es handelt sich um eine Wasserwelle, die mit Bootsgeschwindigkeit voranzieht und etwa dreißig Meter hinter dem Heck (also in einem gewissen Abstand von ihrem Ursprungsort) ein gleiches System der Orbitalbewegung erzeugt:

PITCAIRN *auf dem Rückweg von English Harbour nach Guadeloupe nach einer anstrengenden Antigua-Woche. Im Kanal zwischen beiden Inseln baut sich unter einem Wind von 35 Knoten regelmäßig eine hohe See auf. In den häufigen Schauern registrierte das Anemometer Böen viel größerer Windstärke, während die Besatzung sich vom lauwarmen Regen duschen ließ. Weil die Überfahrt nur kurz war, führten wir das Beiboot an der Leine achteraus. Auf der Heckwelle kam es ins Surfen, ohne daß die Leine, wie man auf dem Bild sieht, straff gespannt ist.*

1. Vorwärtsbewegung des Oberflächenwassers in der Umgebung des Wellenkamms, die sich auf das Beiboot als Vortrieb überträgt;
2. Rückwärtsbewegung im Wellental, die sich als Widerstand bemerkbar macht.

Dies ist übrigens ein anschauliches Beispiel, wo sonst nur immer trockene Theorie herhalten muß. Es erlaubt uns auch, um so besser die Kräfte zu untersuchen, denen ein Bootsrumpf unter der Einwirkung einer Welle ausgesetzt ist – nicht nur, wenn sie infolge des Ungleichgewichts im Kamm bricht.

Die in gegenläufiger Richtung wirkenden Kräfte, die auf die Oberfläche der See einwirken, können für das Boot aber auch kritisch werden: indem sie seinen Kurs beeinflussen (Longitudinalwirkung) oder indem sie es sogar zum Kentern bringen (Lateralwirkung). Beide Kräfte wirken auf das Boot ein, wenn es anluvt und quer zur Welle zu liegen kommt. Dieses Risiko entsteht dann, wenn es zu wenig Fahrt macht. Wir werden darauf in den Kapiteln, die der Kursführung bei schlechtem Wetter gewidmet sind, bald zurückkommen.

Bewegung der Wasserteilchen beim Durchzug einer Welle

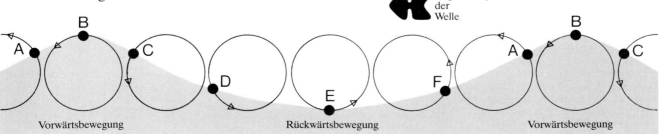

Die Schemazeichnung macht deutlich, wie in den verschiedenen Bereichen einer Welle Kräfte mit unterschiedlicher Bewegungsrichtung auf den Rumpf einer Yacht einwirken. Im Beispiel wird das Heck auf dem Wellenkamm nach vorne gestoßen, während zugleich die rückwärts drängenden Wasserteilchen den Bug abbremsen.

3

Wirkung auf den Rumpf

Diese unterschiedlichen Bewegungskräfte auf der Oberfläche der See wirken auf den Rumpf eines Bootes ungefähr wie Rollböden in einer Kirmesbude, die einmal in die eine und dann wieder in die andere Richtung laufen (vergleiche die Zeichnung oben rechts). Ein Boot, dessen Schwimmwasserlinie ungefähr halb so lang ist wie der Abstand zwischen zwei aufeinanderfolgenden Wellenkämmen — also die halbe Wellenlänge hat — und das in Zugrichtung der Welle fährt, ist an Bug und Heck jeweils entgegengerichteten Kräften ausgesetzt: Auf dem Wellenkamm wird das Heck durch die Vorwärtsbewegung der Wasserteilchen beschleunigt, während der Bug im Wellental im Rückfluß der Teilchen abgebremst wird. Wie lang die Strecken sind, auf denen sich die Wasserteilchen vorwärts bzw. rückwärts bewegen, hängt von der Höhe der Welle ab, wobei man sagen kann, daß die Differenz zwischen beiden Bewegungen ungefähr dem Doppelten der Wellenhöhe entspricht.

*Diese Fotos wurden von der Laufbrücke eines Geleitschiffes von 1500 t bei mittlerer Windgeschwindigkeit von 7 bis 8 Beaufort gemacht. Die brechende See, die sich auf den Bug wirft und ihn abbremst, war nur etwa 6 m hoch. Nach Ansicht der Offiziere besaß sie jedoch eine ungewöhnliche Kraft.
(Foto: Jean Starinsky)*

Ein Beispiel: Distanz zwischen zwei Wellenkämmen: 20 m; Schwimmwasserlinie des Bootes: 10 m; Wellenhöhe: 2 m. Die Wassermassen bewegen sich auf dem Wellenkamm ungefähr 2 m in Zugrichtung und im Wellental um etwa 2 m in Gegenrichtung. Differenz zwischen der Bewegung des Oberflächenwassers auf dem Wellenkamm am vorangetriebenen Heck und dem abgebremsten Bug im Wellental: 4 m. Ohne Gegenruder würde das Boot leicht querschlagen.

Nebenbei bemerkt: In diesem Fall, in dem das Verhältnis zwischen Wellenlänge und -höhe gering ist (10 %), würde der Kamm noch brechen. Die hier genannten Kräfte betreffen allein die Bewegung der Wasserteilchen in der Welle. Teilweise können sie die Tendenz zum Anluven erklären, wenn ein Boot den Wellenhang hinunterläuft, auch ohne daß die Welle bricht, oder die Tendenz zum Querschlagen. Das Ausbrechen nach Luv gehört im Mittelmeer bei Starkwind zum täglichen Brot des Rudergängers, weil wegen der kürzeren Wellenlänge in diesem Meer die gefährlichen Zonen gegenläufiger Strömungen näher zueinander rücken. Das oben beschriebene Schema wirkt noch direkter auf den Kiel im Drehpunkt des Bootes. Nur mit einer Taktik kann man der Gefahr des Querschlagens entgegenwirken: indem man sich in der Achse der Zugrichtung der größten Wellen hält und soviel Fahrt macht, daß aus dem Gieren entgegenwirken kann. Das müssen meiner Ansicht nach wenigstens 4 Knoten sein, doch ich operiere in solchen Situationen selber lieber mit 6 Knoten Fahrt. An der passenden Stelle werden wir noch ausführlicher darauf eingehen.

Jeder merkt schnell, wann es schwierig wird, den einmal gewählten Kurs zu halten, wenn die See sich aufzubäumen beginnt. Nur wenige Boote halten, selbst wenn sie übertakelt werden, allein unter Segeln einen guten Kurs am Wind. Der Motor ist eine wertvolle Hilfe zur Unterstützung der Segel. Ich habe schon oft erfahren, daß man in schwerer See mit Segel oder Motor allein nicht mehr als 45 Grad zum Wind schafft (oder nur einen Knoten Fahrt über Grund, und dann noch mit einer Abdrift wie eine alkoholisierte Krabbe), während ihre gekoppelten Kräfte gute 5 Knoten Fahrt bei 28 bis 30 Grad am scheinbaren Wind ergaben. Auch wenn man dann auf den Wellenbergen gelegentlich ein paar nasse Ohrfeigen und in den Tälern harte Schläge einstecken muß, die sich anfühlen, als ob der Rudergänger ins Wasser gerammte Pfähle nicht zu umsegeln in der Lage sei.

Auf offenem Meer kommt man auf den im tieferen Wasser viel breiteren Wellenrücken wesentlich besser voran, die Wasserberge gleiten viel sanfter unter dem Rumpf hindurch, unter normalen Umständen, also wenn keine Brecher auftreten. Die größere Wellenlänge – immer mehr als 30 m, wenn der Wind nach einigen Stunden Beaufort 9 erreicht – schützt im Prinzip unser Boot vor den widerstreitenden Kräften, die mit der Bewegung der Wasserteilchen auf den Rumpf einwirken. Aber nur im Prinzip. Denn wenn sich viele Wellensysteme unterschiedlicher Periode überlagern, verbinden sich die berüchtigten Rolltreppeneffekte zu noch heimtückischeren Bewegungskräften auf der Wasseroberfläche. Auch wenn die Spezialwerke diese Oberflächenbewegungen nicht erwähnen, so führt doch die einfache Analyse der Orbitalbewegung der Wasserteilchen zu den mechanischen Erscheinungen, die wir noch detaillierter betrachten wollen. Und zu einem Verständnis der instabilen Wellenkämme, die wir so fürchten.

Radarbeobachtung und aufmerksame Wachführung sind die sichersten Mittel, um bei schwerem Wetter die Gefahr von Kollisionen zu vermindern. Denn der Stärkere hat immer recht... (Foto: Conservatoire du Littoral)

4

Brechende Seen

Erinnern wir uns kurz, was die Theorie sagt: Eine Welle bricht, wenn ihr Längen-Höhen-Verhältnis den als kritisch angesehenen Wert von 14 % übersteigt. Und bei großer Wassertiefe, das heißt, bei einer Tiefe von mehr als der halben Wellenlänge, erreicht eine einzelne Welle (Windsee oder Dünung) nach der Tabelle auf S. 68 eine solche Steilheit überhaupt nicht. Doch Vorsicht: eine „einzelne" Welle! Wir wissen doch, daß eine Welle nie alleine kommt. Sie kommen in Gruppen, die zudem noch unablässig von schnelleren Sprintern eingeholt werden. Eine Kreuzsee, und schon verwandelt sich der „klassische" Ablauf in ein heilloses Durcheinander.

Mit der Überlagerung durch ein weiteres Wellensystem ändert sich das bisherige Verhältnis zwischen Wellenlänge und Wellenhöhe, indem der zweite Wellenkamm sich auf den ersten setzt und damit eine höhere Gesamtwelle erzeugt, deren gemeinsamer Kamm dann instabil wird. Das Profil des Wellentals hängt im Augenblick des Brechens von der Überlagerungsstruktur beider Wellensysteme ab. Jeder Fall ist anders: Eine Kreuzsee produziert punktuell hohe Wasserberge, während bei sich überlagernden Wellensystemen, die mit unterschiedlicher Geschwindigkeit in gleicher Richtung ziehen, oft auf breiter Front die Kämme brechen.

Die Schemazeichnungen auf den Seiten 62 und 81 zeigen die Auswirkungen, wenn die verschiedenen Bewegungsrichtungen unterschiedlicher Wellensysteme miteinander in Konflikt geraten. Während die sich überlagernden Wellenprofile in der Tat ein Relief bilden, das sich aus ihren einzelnen Komponenten zusammensetzt, stellt sich das Ineinander der unterschiedlichen Oberflächenspannungen viel komplizierter dar. Die Kräfte können sich kumulieren, sich annullieren oder sich in dicht nebeneinander gelegenen Zonen manifestieren und damit den Rumpf unseres Bootes aus dem Gleichgewicht bringen.

> **Folgerungen:**
>
> Auf die Gefahren, die bei der Überlagerung zweier großer Wellen auf hoher See immer vorhanden sind, sollte man sofort reagieren:
> ● der Gefahr des Brechens ihrer Kämme, die von einer kurzzeitigen Verstärkung der Wellenhöhe ausgeht;
> ● dem dichteren Aneinanderliegen der Flächen mit vorwärts- oder rückwärtsgerichteter Bewegung der Wasserteilchen, denen der Rumpf beim Durchgang einer Überlagerungswelle ausgeliefert ist;
> ● der Möglichkeit, daß beides gemeinsam und zur gleichen Zeit auf den Bootsrumpf einwirkt.

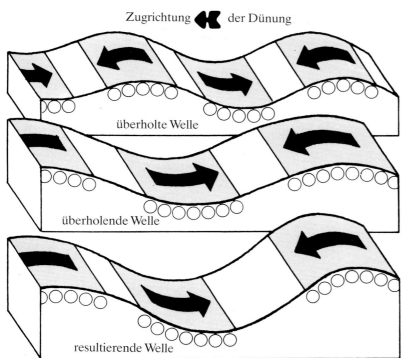

Zugrichtung der Dünung

überholte Welle

überholende Welle

resultierende Welle

Schemazeichnung links: Wenn sich zwei Wellen überlagern, ändert sich sowohl das Profil der neu entstehenden Welle (unten) wie auch das System der Oberflächenbewegungen. Die neutralen Zonen (hell) werden einmal verlängert, dann aber auch wieder gefährlich verkürzt: Während der Bug schon im Bereich des Vortriebs ist, wird das Heck noch abgebremst.

Ich finde es schade, daß diese mysteriöse Bewegung der Wasserteilchen die Ozeanographen nicht stärker interessiert. Vielleicht sind die Fahrzeuge, auf denen sie ihre Beobachtungen durchführen, zu groß, als daß sie die verborgenen Bewegungen einer in Aufruhr befindlichen See spüren könnten. Mich hatte gerade das Verhalten von Booten, die ich bei schwerem Wetter gesteuert habe, in die Sackgasse solcher Fragen geführt: Warum beschleunigt ein Rumpf auf dem Wellenkamm, warum wird er im Wellental abgebremst, warum verspürt er einmal den unwiderstehlichen Drang zum Anluven, ohne daß doch im geringsten der Wind dafür verantwortlich sein kann, warum legt sich das Boot unter gleichen Bedingungen ein anderes Mal so plötzlich aufs Ohr?

Das Vorhandensein der Rolltreppen im Meer, die mein Boot ein ums andere Mal einfingen, wurde mir vor rund zehn Jahren bewußt, bei einer erinnerswerten Überquerung des Ägäischen Meeres, rund um den Peloponnes bis zur türkischen Küste. Bei achterlichem Wind und Meltemi in Jahrhundertstärke. Die Wellen waren nicht höher als 3 bis 4 Meter – was für das Mittelmeer schon gar nicht schlecht ist –, und der Segeldruckpunkt lag dank des am Schothorn sehr hoch geschnittenen Sturmsegels ziemlich hoch. Doch schien das Boot in jedem Wellental abzubremsen, als ob es im Windschatten segelte, während es im Bereich des Wellenkamms wie unter dem Einfluß einer Bö wieder an-

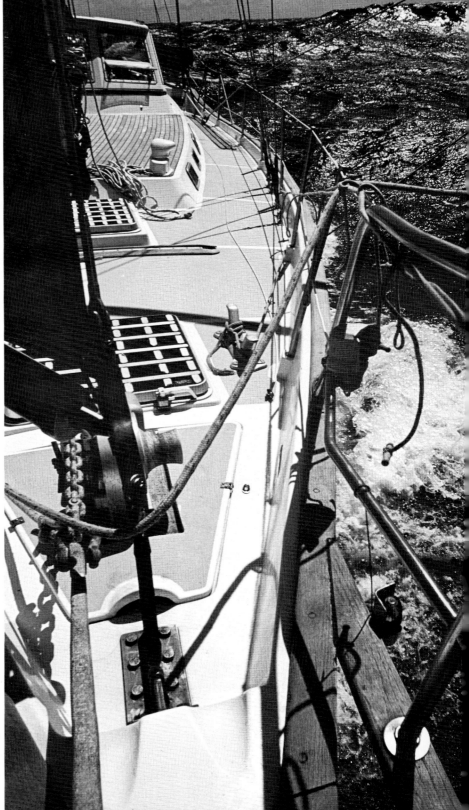

Wiederum der Angriff eines Brechers, diesmal auf den Tanker THEODORA *zwischen Florida und Le Havre im März 1957. In der Wand zur Offiziersmesse, die fünf Meter über der Wasserlinie liegt, zerbrachen zwei Bullaugen (Foto J. M. Trauffler). – Links: Der Schoner meines Freundes Claude Clerté,* HAUT-COUTELIN, *bei stürmischem Wind auf Höhe der Jungferninseln.*

zog. Irritiert fuhr ich, nachdem ich diese Erfahrung ein paar Stunden lang gemacht hatte, unter Motor weiter, erlebte aber auch dabei das gleiche Phänomen. Dann begann ich mich zu fragen, ob nicht Conor O'Brien, der Skipper der legendären SAOIRSE, recht gehabt habe mit seiner Behauptung, daß bei einer hochstehenden Besegelung die Wellenhöhe keine starke Windabdeckung erzeugen könne.

Merkwürdige Einzelheit: Bei besonders langer Einwirkung starken Windes und bei einem langen Fetch – Länge der Windwirkstrecke ohne Hindernis – werden Geschwindigkeit und Länge der Wellen schneller größer als ihre Höhe. Während die Kämme großer Wellen eingeebnet werden, besteht eine ärgerliche Tendenz zur Entwicklung neuer, kleinerer Wellen auf ihren Rücken. Im gleichen Maße verringern sich die Risiken von Brechern bei ansteigendem Grund.

„So erklärt man sich, daß man auf dem Atlantik zur Zeit der großen Stürme Wellenperioden von 20 Sekunden antreffen kann (was im tiefen Wasser einer Wellenlänge von 620 m entspricht), während es im Mittelmeer schon sehr ungewöhnlich ist, wenn Wellenperioden, selbst bei bedeutender Dünung, von mehr als 13 Sekunden auftreten (was einer Wellenlänge von 260 m entspricht). Bei Stürmen gleicher Stärke sind Brecher also im Mittelmeer wahrscheinlicher als im Atlantik; denn bei gleicher Wellenhöhe sind die Wellenlängen dort doch im Durchschnitt deutlich kürzer."*

Ich habe es, glaube ich, schon erwähnt: Auf hoher See ist das Meer nicht dann am unruhigsten, wenn die stärksten Winde wehen. Ebenso beobachtet man, daß Böen von mehr als 60 Knoten Windgeschwindigkeit bei längerem Andauern die Wellenkämme geradezu abflachen, auch wenn sie nicht von Regen begleitet sind. Gerade umgekehrt: Auf den Ozeanen türmen sich die Wellen bei nachlassenden Winden besonders hoch und werden aggressiv. Hat zum Beispiel 30 bis 40 Stunden lang ein Wind von 41 bis 50 Knoten geweht und geht er dann auf 20 oder 25 Knoten zurück, dann scheint die Dünung (denn es handelt sich dabei durchaus schon um Dünung) erst so richtig ihren Buckel krumm zu machen, als ob sie vom Winddruck befreit sei. Dann achte man besonders auf Wellenzüge, die sich überlagern! Sie sind auch deshalb noch gefährlicher, weil die plötzlich für den Winddruck zu klein gewordene, reduzierte Segelfläche uns nicht erlaubt wird, so schnell, wie es nötig ist, den angriffslustigen Wellenkämmen auszuweichen.

Ich habe es Ihnen ja gesagt: Der Wind ist oft unser Verbündeter. Also müssen wir seine Komplizenschaft zu nutzen wissen.

*Zitat aus dem bemerkenswerten Buch „Météorologie marine" (Seewetterkunde) von René Mayençon, einem der wenigen Spezialisten, der die Bildung von Brechern auf hoher See überhaupt erwähnt.

Foto: Pierre Vincensini

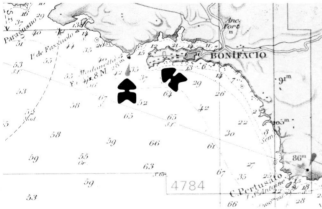

Sturm in der Enge von Bonifacio

Ein ungewöhnliches Foto vom Anfang des Jahrhunderts zeigt das Brechen einer Monstersee an der Einfahrt nach Bonifacio (Südspitze von Korsika). Man kann sich die Gewalt einer solchen Welle vorstellen, wenn man weiß, daß der Leuchtturm la Madonetta, an dem die See explodiert, sich 30 m über das Meeresniveau erhebt. Ich bin in diesen Gewässern, auch im Winter, mehrfach bei Starkwind gesegelt und kann mir das Chaos, das an diesem Tag in der Meerenge herrschte, vorstellen. Ich erinnere mich auch, daß in einem dieser wilden Stürme, am 15. Februar 1855, L<small>A</small> S<small>EMILLANTE</small> auf die Klippen der Lavezzi-Inseln geworfen wurde und dabei 750 Soldaten und Seeleute ihr Leben ließen.

5
Wellenhöhen

Im Jahre 1837 standen sich in einer stürmischen Debatte – so darf man es wohl nennen – Arago und Dumont d'Urville gegenüber. Ersterer nannte als Obergrenze eine Wellenhöhe von 6 bis 8 Meter, gemessen zwischen Kamm und Wellental, während der berühmte Seefahrer d'Urville vor dem Kap der Guten Hoffnung auf hoher See Wellen von 30 Meter Höhe beobachtet zu haben vorgab. Und nach diesem Zahlenduell schärfte jeder Kapitän in geeigneter Wetterlage seine Pupille, um mit seinem Zeugnis die Akten anzureichern. Missiessy traf so 40 Jahre später eine enorme See an, in der die Wellen 13 bis 14 Meter erreichten. Dann Scoresby, der aus seinen Wanten 13 Meter maß, Bertin 11,50 Meter, Rouch 11 Meter an Bord der POURQUOI-PAS im Jahre 1910. Larisch veröffentlichte später eine Serie von Beobachtungen (1926), die eine maximale Wellenhöhe von 11 Metern im Nordatlantik und von 14 Metern im Südatlantik verzeichnete.

> Die Schlußfolgerung, zu der diese Seeleute kamen, trifft sich mit den jüngsten wissenschaftlichen Beobachtungen:
> - Wellen von 10 m Höhe treten sehr selten auf;
> - Wellen von 15 m sind ganz außergewöhnlich und nur auf hoher See anzutreffen;
> - gelegentlich können in bestimmten Regionen Wellen von noch größerer Höhe auftreten, aber dies sind ganz seltene und sehr ungewöhnliche Erscheinungen.

Den Beweis liefert die respektable Untersuchung in den „United States Naval Institute Proceedings" vom August 1934, die detailliert die Beobachtungsreihe wiedergibt, die der Korvettenkapitän R. P. Whitemarsh von der Marine der Vereinigten Staaten durchführte. An Bord der RAMAPO maß er im Nordpazifik im Verlauf eines sehr heftigen Sturms eine Welle von 34 Meter Höhe bei 68 Knoten Wind. Andere exakt gemessene Wellen besaßen Höhen von 25, 26, 33 und 36 Metern.

Ungefähr zur gleichen Zeit veröffentlichte Vaughan Cornish, der den größten Teil seines Lebens dem Studium dieses Themas gewidmet hatte, sein Buch „Ocean Waves", ein Werk, in dem er die wissenschaftliche Beobachtung mehrerer Wellen von über 20 Meter Höhe anzeigt, während eine stereoskopische Fotografie einer Welle von 24,90 Meter im April 1956 im Südpazifik von dem sowjetischen Schiff OB angefertigt wurde.

Jüngste Meldung: Die höchste wissenschaftlich gemessene Welle erreichte 23,50 Meter. Sie wurde am 17. März 1968 von dem britischen Schiff WEATHER ADVISER im Nordatlantik beobachtet.

Unerwähnt geblieben ist, ob diese außergewöhnlichen Wellen reine Windseen waren. Bemerkenswert ist immerhin, daß die zuletzt zitierte Beobachtung weder vom anderen Ende der Welt stammt noch aus der Zone typischer Zyklone. Die Höhe dieser Welle kann nachdenklich stimmen.

Beschreibung der Wellenhöhen im freien Wasser abhängig von der Windstärke				Wahr- scheinliche Wellenhöhe	Mögliche Maximal- höhe
Beaufort-Skala	Bezeichnung	Mittlere Windge- schwindigkeit	Beschreibung des Seegangs		
8	stürmischer Wind	34–40 kn	Mäßig hohe Wellenberge mit Kämmen von beträchtlicher Länge. Von den Kanten der Kämme beginnt Gischt abzu- wehen. Schaum legt sich in gut ausgeprägten Streifen in die Windrichtung.	5 m	7 m
9	Sturm	41–47 kn	Hohe Wellenberge. Dichte Schaumstreifen in Windrichtung. Die Wellenkämme beginnen zu rollen und zu brechen. Gischt kann die Sicht schon beeinträchtigen.	7 m	10 m
10	schwerer Sturm	48–55 kn	Sehr hohe Wellenberge mit langen, überbrechenden Kämmen. Schaum wird in großen, weißen Bänken in Windrichtung ab- geweht. Die See erscheint insgesamt weiß. Sicht beeinträch- tigt. Schweres, stoßartiges Rollen der See; Brecher.	9 m	12 m
11	orkanartiger Sturm	56–63 kn	Außergewöhnlich hohe Wellenberge. (Kleinere Schiffe sind für Momente nicht mehr zu sehen.) Das Meer ist insgesamt weiß vor Schaum, der von den Kämmen abgeweht wird. Her- abgesetzte Sicht.	11 m	16 m
12	Orkan	über 64 kn	Luft mit Schaum und Gischt angefüllt. See vollständig weiß. Sicht sehr stark herabgesetzt; jede Fernsicht hört auf.	14 m	–

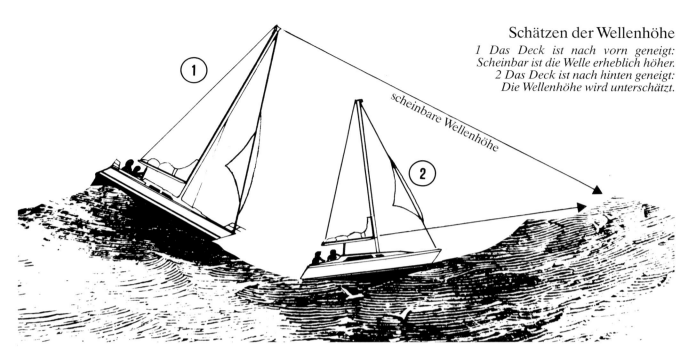

Schätzen der Wellenhöhe
1 Das Deck ist nach vorn geneigt: Scheinbar ist die Welle erheblich höher.
2 Das Deck ist nach hinten geneigt: Die Wellenhöhe wird unterschätzt.

Ohne diese Messungen über Gebühr strapazieren zu wollen, hat doch sicher jeder von uns im Verlaufe eines länger andauernden Sturms Unregelmäßigkeiten in der Höhe einer Gruppe aufeinanderfolgender Wellen beobachtet. Jede fünfte, siebte oder zehnte Welle scheint höher zu sein als die anderen und zwei weitere in ihrer Nachbarschaft nur wenig flacher. Dabei ist nichts Übernatürliches: Es handelt sich nur darum, daß ein Wellensystem unterschiedlicher Periode das erste einholt, überlagert und sich mit ihm kurzfristig synchronisiert. Davon haben wir schon mehrfach gesprochen.

Aber ohne daß Vernunft oder Wissenschaft den Grund zureichend erklären können, geschieht es auch, daß sich am Horizont eine ungewöhnlich hohe Welle abhebt, die die höchsten Köpfe der hohen Wellen überragt. Diese Wellen bedeuten die höchste Gefahr für unsere Boote. Denn wenn sich eine solche Welle über eine hohe Düne türmt, entsteht eine mächtige Kraft: Der britische Ozeanograph Laurence Draper* führt folgende Statistik an: Wenn eine von 23 Wellen das Doppelte der mittleren Wellenhöhe erreicht und eine von 1175 Wellen die dreifache Höhe, kann nur eine von 300000 Wellen das Vierfache dieses Maßes überschreiten. Bei einer Wellenperiode von 10 Sekunden (was ein sinnvolles Mittelmaß ist) – so habe ich ausgerechnet – kann dieses Phänomen in 34 Tagen ununterbrochenen Sturms nur ein einziges Mal auftreten.

Wie entstehen diese Monsterwellen?

Niemand weiß es genau, aber alle stellen sich vor, daß nur beim Zusammentreffen von zwei oder auch drei besonders hohen Wellen solche Monsterseen entstehen können. In seinem Buch „L'Embellie sur la mer" (Windstille auf See) hat Max Graveleau während seiner Weltumsegelung eine interessante Hypothese entwickelt, nach der diese einzelnen Riesenseen bei der Verbindung zweier Dünungen unterschiedlicher Richtung entstehen, die im gleichen Augenblick auch schon wieder brechen. Andere glauben, daß gelegentlich die Bugwelle eines Schiffes sehr großer Verdrängung beim Durchgang durch eine besonders hohe Schwerwetterdünung eine außergewöhnliche Welle entstehen lassen kann.

Einer der Gründe, warum Segler so häufig übersteigerte Werte für die von ihnen erlebten Wellenhöhen angeben, liegt in der Schwierigkeit, auf bewegter See den Horizont genau auszumachen. Ein häufiger Fehler besteht darin, daß man das Boot in dem Augenblick, in dem es von einem Brecher überflutet wird, auf ebenem Kiel glaubt. Der Wellenberg erscheint einem dann einmal viel größer, ein anderes Mal viel zu gering, je nach Längsneigung des Rumpfes. – Linke Seite: Ein heftiger Wintersturm im Nordatlantik an Bord eines Schiffes der US Coast Guard.

Ich habe keine eigene Idee zu diesem Thema. Aber ich glaube der oben zitierten Statistik und bin mir demnach sicher, daß sich diese Monsterseen von Zeit zu Zeit auf der Oberfläche der Ozeane bilden. Und ich bitte den Himmel, daß sie es nicht gerade auf meinem Kurs tun, wenn ich über einen dieser Ozeane segle.

*Ich weise auf die ausgezeichnete Abhandlung dieses Wissenschaftlers im Anhang zu Adlard Coles' „Schwerwettersegeln" hin (Delius Klasing, Bielefeld).

Am 5. September 1982 begegnet die Pecheur Breton *einem spanischen Fischtrawler, der trotz Windstärke 10 in der Irischen See gegenan dampft. Es ist Mittag. Zwölf Stunden vorher fächelte im gleichen Seegebiet eine schwache Brise von 5 bis 10 Knoten über eine ruhige See mit kleinen, hübschen Wellen. Die ersten Böen traten erst um 0100 Uhr morgens auf; etwa 10 Stunden lang blies es mit 35 Knoten, bevor der Wind sich zum schweren Sturm entwickelte. Man mag sich fragen, wie hoch die Wellen wohl nach drei Tagen Sturm gehen würden.
(Foto: Michel Hontarrède)*

Die Ausrüstung

Da sich heutzutage nun einmal Serienboote gleicher Größe mehr oder weniger ähnlich sehen, offenbart sich die „Persönlichkeit" jedes Eigners erst, wenn die Zusatzausrüstung an Bord installiert ist. Das betrifft nicht nur die Schönwettergarderobe, die Hafenkleidung, die Dekoration der Messe oder die Qualität der Navigationsgeräte, die den Kartentisch schmücken. Echte Zeichen setzt ein Eigner mit der Art, wie er Vorkehrungen für den Komfort und die Sicherheit von Boot und Besatzung bei wirklich schwerem Wetter trifft. Erfahrung und Seemannschaft des Schiffsführers bestimmen, welche Lösungen er dafür am Rigg, an Deck, in der Plicht und in der Kajüte findet. Darin offenbart sich seine Qualifikation. Gemeint sind nicht Heizkissen für die Füße des Rudergängers oder ein pneumatischer Pinnenausleger, mit dessen Hilfe sich der Rudergänger immer in der Nähe der Rettungsringe aufhalten kann; doch die Vernunft verlangt ein Minimum an Vorkehrungen für den Fall, daß das Boot auf See in Starkwind oder gar Sturm gerät. Wenn Sie das im Sinne haben, können Sie aus den folgenden Erörterungen wahrscheinlich Nutzen ziehen.

Beim Ausreffen des Besansegels nach stürmischem Wind auf der Tasman-See (die See ist immer noch nicht friedlich). In den starken Böen waren die Sicherheitsgurte durchaus nicht überflüssig.

1

Sicherheit für die Besatzung an Deck

Wenn auch alle Vorkehrungen zugunsten der Sicherheit an Bord wichtig und sinnvoll sind, so hat die Sicherheitsrausrüstung für die Besatzung doch absoluten Vorrang. Sie hat die doppelte Aufgabe: zu vermeiden, daß einer über Bord geht, und, wenn es dennoch passiert, die besten Chancen für seine Rettung zu haben. In diesem besonderen Punkt macht das Segelrevier wenig Unterschiede für die Ausrüstung; denn das Risiko, über Bord zu fallen, und die Methoden und Mittel zur Rettung des Opfers sind beim Küstensegeln und beim Hochseesegeln ziemlich identisch.

● **Sicherheitsgurte.** Ein Sicherheitsgurt ist ein persönlicher Gegenstand. Jedes Besatzungsmitglied sollte also einen eigenen besitzen. Da dies nur selten der Fall ist, muß der Schiffseigner der Mannschaft gleich bei der Ankunft an Bord ihre Sicherheitsgurte zuteilen. Und jeder einzelne sollte ihn erst einmal seiner Größe anpassen, bevor er ihn bei seinen persönlichen Sachen verstaut. Ich selbst ziehe Rettungswesten mit eingebautem Sicherheitsgurt vor, weil sie bequemer zu tragen sind.

Die Sorgleine ist das sicherste Mittel, das Überbordgehen eines Besatzungsmitglieds zu verhindern. Bei mir an Bord laufen Strecktaue ohne Unterbrechung vom Bug bis zum Heck (Foto unten). Unten rechts das von Henry Lloyd entwickelte System Latchway.

Foto: Voile et Nature

- **Rettungswesten.** Zwei Möglichkeiten sind denkbar: Entweder händigt man jedem Mitsegler zu Beginn der Reise eine eigene Rettungsweste aus, oder man deponiert alle an einer Stelle, die jedem bekannt und leicht zugänglich ist. Auch wenn immer jeder für seine eigenen Sachen verantwortlich sein sollte, so ist doch aus Platzgründen die zweite Möglichkeit vorzuziehen. Im übrigen gehört es sich einfach, schon bei den ersten Böen, die schweres Wetter ankündigen, eine Rettungsweste anzulegen.
- **Rettungsringe.** Die Befestigung dieser Geräte erfordert einige Aufmerksamkeit. Die Rettungsringe (die wir so nennen, auch wenn sie hufeisenförmig sind) müssen zum einen so befestigt werden, daß sie nicht bei einem Manöver aus ihrer Halterung fallen und unbeabsichtigt über Bord gehen können, zum anderen aber, bei einem Mann-über-Bord-Manöver, jederzeit sofort greifbar und einsetzbereit sein. Wenn Sie wollen, können Sie daran auch noch eine kleine Kunststoffpfeife anbringen*, die eine akustische Ortung erleichtert. Manche Skipper fügen noch 200 m aufgeschossenes, dünnes Bändsel hinzu, das mit dem einen Ende am Boot befestigt ist. Ich habe das noch nie probiert, weil ich Angst habe, daß sich das Bändsel nicht richtig abspult oder im entscheidenden Augenblick Kinken bildet, so daß der Rettungsring im Kielwasser des Bootes nachgeschleppt wird. Ganz zu schweigen von der Gefahr, daß das Bändsel in die Schraube kommen könnte. Eine Forderung: Ein Rettungsring sollte in unmittelbarer Reichweite des Rudergängers placiert sein, damit er die Pinne nicht zu verlassen braucht.

*Sie ist bei den bei uns üblichen und empfohlenen Rettungsschwimmkörpern anstelle von Rettungsringen Standard.

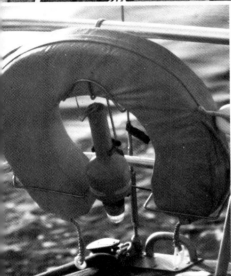

Wenn der Wind eine bestimmte Stärke übersteigt, klinkt der Rudergänger den Karabinerhaken seiner Sorgleine an einem festen Haltepunkt ein. Oft ist er bei schwerem Wetter das am stärksten gefährdete Crewmitglied. Dicht neben ihm erkennt man Rettungsboje und Rettungsring, die er, wenn einer über Bord gehen sollte, sofort nachwerfen kann.

● **Seenotleuchten.** Ihren Zustand muß man immer wieder überprüfen; denn ihre Zerbrechlichkeit übersteigt leider häufig die Grenze des Zumutbaren. Eine solche Leuchte sollte über eine relativ lange Leine mit dem Rettungsring verbunden sein, damit sie nicht unter den Schwimmkörper gerät, wenn beides zusammen über Bord geworfen wird. Besser sind vielleicht Rettungsbojen mit Elektronenblitzleuchten.

● **Strecktaue.** Wie groß oder klein das Boot auch ist, bei Manövern in schwerem Wetter sind Strecktaue längs Deck immer eine gute Sicherheitsmaßnahme. Am besten installiert man an jeder Seite des Decks ein Strecktau. In die werden dann die Karabinerhaken der Sorgleine eingeklinkt. Auf PITCAIRN verlaufen sie ohne Unterbrechung vom Heck- bis zum Bugkorb (Foto auf der gegenüberliegenden Seite). Sie bestehen aus rostfreiem Stahldraht, der noch stärker ist als die Relingsdurchzüge.

● **Rettungsboje.** Über eine Leine sollte auch sie mit einem Rettungsring verbunden sein. Allerdings darf die aufgeschossene Leine nicht mit Gummiband oder Tape zusammengehalten werden; die überschüssige Leine läßt sich besser an der Halterung stauen, mit dem die Boje am Heckkorb gehalten wird. Wenn die Flagge an der Rettungsboje beim Segeln ausweht und dabei zerfetzt, sollte man sie sofort erneuern, damit sie ihre Sichtbarkeit behält.

● **Befestigungsauge.** Nur wenige Boote verfügen über eine Befestigungsmöglichkeit, meist ein festes Auge, für die Sorgleine des Rudergängers. Um ihm ausreichende Bewegungsfreiheit zu gewähren, sollte es in der Mittelachse des Bootes sitzen, am besten im Plichtboden.

● **Automatische Blitzleuchten.** Einzelne Blitze sind sicher die geeignetsten Signale zum Wiederfinden eines nachts über Bord gegangenen Besatzungsmitglieds. Während der Nachtwachen ist der Rudergänger bei mir an Bord immer damit ausgerüstet. Da sie nicht viel größer als eine Zigarettenschachtel sind, haben sie leicht Platz in einer Tasche des Ölzeugs. Sie sind schwimmfähig und wasserdicht und arbeiten 18 Stunden lang. Ihre Blitze sind 5 Seemeilen weit sichtbar. Ich halte sie für so gut, daß ich sogar eine am Rettungsring befestigt habe.

Eine letzte Empfehlung: Instruieren Sie alle Mitsegler über den Gebrauch der hier genannten Sicherheitsausrüstung und besprechen Sie mit ihnen, wie sie sich im Falle eines Überbordgehens zu verhalten haben. Das kann lebensrettend sein.

2

Sicherheit für die Besatzung unter Deck

Es wäre falsch zu glauben, daß die Vorschläge, die einer Inneneinrichtung für schweres Wetter gelten, allein für Hochseesegler gedacht sind. Wenn ich auch sagte, daß das Risiko, in unseren Breiten in der schönen Jahreszeit auf mehrere Meter hohe Wellen zu treffen, praktisch gleich Null ist, so können doch Grundseen auf Barren oder Kreuzseen in Flußmündungen und Meerengen unser Boot so stark in Mitleidenschaft ziehen, daß wir wenigstens ein Minimum an Vorkehrungen, die das Leben unter Deck erleichtern, treffen sollten. Auch wenn es nur von Hamburg nach Helgoland geht.

● **Kojensegel.** Kojensegel aus Tuch oder Kojenborde aus Holz müssen solide sein (mein Schwager Jean-Pierre, dessen Leesegel, mitten im Schlaf, bei einem plötzlichen Überholen riß, kann ein Lied davon singen). In diesem Bereich ist leider sogar auf renommierten Werften Pfusch gang und gäbe. Sie sollten gegebenenfalls die vorhandenen Einrichtungen selbst verstärken, denn gerade bei schlechtem Wetter ist ungestörter Schlaf für die Besatzung sehr kostbar.

● **Haltegurte.** Vor der Arbeitsfläche in Höhe der Hüften angebracht, wirkt ein horizontaler Haltegurt in beiden Krängungsrichtungen: leewärts um Abstand vom Kocher zu halten, luvwärts als Rückenstütze, mit der man sich beim Kocher hält. Die Gurte werden mit Karabinerhaken an Augen befestigt, von deren Verankerung ihre Haltekraft abhängt. Eine ähnliche Vorrichtung am Kartentisch ist für den Navigator sehr bequem.

● **Befestigungen** für bewegliche Teile der Ausrüstung, die sich bei abrupten Rollbewegungen in gefährliche Projektile verwandeln können: Töpfe, Ferngläser, Werkzeugkisten usw. Bei der Inspektion entgeht einem immer eines dieser Dinge. Einem meiner Mitsegler schlug ein schlecht gesichertes Megaphon mitten im Schlaf ein Loch in den Schädel, als Pitcairn unweit von Lissabon von einer plötzlichen Bö überrascht wurde, die die Masten bis aufs Wasser drückte.

● **Pantryeinrichtung.** Neben dem Haltegurt und den Topfhalterungen ist auch das Stauen der Küchenutensilien wichtig. Denn bei schwerem Wetter kann es schlimm, ja sogar gefährlich werden, wenn man erst acht Konservendosen wegräumen muß, um an die Schokoladenplätzchen oder die Suppentüten zu gelangen. Auch die Arbeitsflächen der Pantry müssen mit genügend hohen Schlingerleisten versehen sein. Außerdem sollte man eine Reserve an Zündhölzern oder Feuerzeugen in Plastiksäckchen einschweißen. Warum, das werde ich Ihnen nicht verraten.

● **Handgriffe.** Im Niedergang, an der Pantry, beim Radio, auf der Toilette erleichtern solide Handgriffe das Leben beträchtlich, wenn der Wind im Rigg zu pfeifen beginnt. Sie ergänzen die Handläufe und sichern punktuell guten Halt, wenn man sich im Schiff bewegt oder eine örtlich gebundene Tätigkeit ausübt (Radio bedienen, Kochen, Goniopeilung, Kartenarbeit usw.).

● **Topfhalterungen.** Die kardanische Aufhängung der Kocher reicht nicht aus. Töpfe und Pfannen müssen beim Kochen festgehalten werden. Deshalb sehen die Hersteller abnehmbare, halbkreisförmige Antischlingeraufsätze vor, die die Töpfe halten sollen. Und wenn man sie hat, sollte man sie auch benutzen. Verpflichten Sie außerdem den jeweiligen Koch, bei schwerem Wetter Ölzeughosen zu tragen: Verbrennungen sind im salzigen Milieu besonders unangenehm. Auf langen Reisen muß dieses Risiko mit einkalkuliert werden.

● **Lose Ausrüstung.** Kocher, Kühlschrank, Radio oder Batterien etc. dürfen nicht einfach auf ihre Halterungen gestellt, sondern müssen sorgfältig befestigt werden. So sind die Schäden, die sie sonst bei starker Krängung anrichten können, zu vermeiden.

● **Gasflaschen.** Korrekterweise gehört die gerade im Gebrauch befindliche Gasflasche in ein eigenes, abgeschottetes Gehäuse mit tiefliegendem Ablauf nach außen; häufig finden auch noch eine oder zwei Ersatzflaschen darin Platz.* Die Abdichtung der Gasflaschen muß genau kontrolliert werden, auch wenn sie in einer eigenen Halterung an Deck gefahren werden.

*Bei uns hat der Einbau nach den Sicherheitsvorschriften des Germanischen Lloyd bzw. den Technischen Regeln des Deutschen Vereins des Gas- und Wasserfachs zu erfolgen.

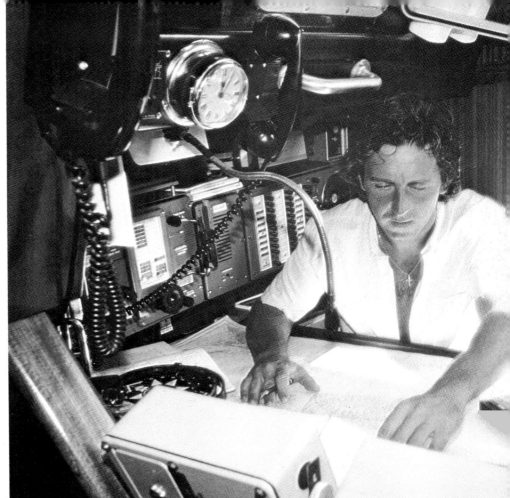

Handgriffe überall dort, wo sich Aktivitäten abspielen, sind unerläßlich für die Sicherheit jedes Mitseglers.

● **Brennstoffkanister.** Auch ihre Lagerung ist problematisch. Wenngleich die meisten Boote heute mit Dieselmotoren ausgerüstet sind, braucht man doch Benzin für den Außenborder des Beiboots. Da man bei schwerem Wetter notwendigerweise Luken, Bullaugen und Niedergänge dicht verschließt, besteht die Gefahr der Vergiftung durch Dämpfe oder Gase, wenn die Kanister unter Deck gelagert werden. In diesem Punkt gibt es keinen Kompromiß: Sie gehören nicht unter Deck! Sie müssen an Deck oder in der Plicht, sicher gehaltert, untergebracht werden — Benzinkanister am besten in der Nähe des Außenborders.

Das Verstauen des Proviants bedarf auf Hochseereisen besonderen Geschicks. Das Gewicht muß in der Längs- und in der Querschiffsrichtung zentriert werden, und dabei muß doch alles leicht zugänglich und zugleich außerhalb der Reichweite eventuell hochschwappenden Bilgewassers bleiben.

3

Ausrüstung unter Deck

Ergänzend zu den direkten Sicherheitsmaßnahmen für die Besatzung unter Deck müssen einige weitere Details bedacht werden.

● **In der Kajüte** gehören in die Nähe des Niedergangs zwei Taschenlampen, die von außen wie von innen leicht greifbar sind. An die gleiche Stelle gehört auch ein weitreichender Scheinwerfer, der entweder mit Batterien betrieben wird oder ans Bordstromnetz (12 oder 24 Volt) angeschlossen werden kann. Im letzteren Fall muß die Zuleitung bis an den Bug reichen; die Isolierung von Handgriff, Schalter und Stecker muß öfter kontrolliert werden. Nähert man sich nachts einer Küste, so ist ein solcher Scheinwerfer eine große Hilfe; man kann damit Tonnen, die eine Fahrrinne begrenzen, identifizieren oder einem Schiff signalisieren, indem man erst seine Brücke, dann die eigenen Segel anleuchtet. Er ist beim Segeln unentbehrlich. Vergleichbare Dienste kann ein elektrischer Lautsprecher, auch Megaphon genannt, leisten; mit ihm kann man mit einem anderen Boot, dem Ufer oder dem Hafenmeister kommunizieren.

● **Ordnung.** Für alle beweglichen Ausrüstungsgegenstände wie z. B. Bücher, Ferngläser, Sextant, Musikkassetten, Fotoapparate usw. sollte man Befestigungsmöglichkeiten vorsehen.

Klappen oder Deckel in Schapps oder Bänken müssen sich verriegeln lassen, damit sich ihr Inhalt bei starker Krängung nicht in die Kajüte ergießen kann. Ebenso müssen schwere Teile wie Batterien, Getränkekästen oder Konservendosen, Nähmaschine usw. festgezurrt werden.

Leicht verderbliche Eßwaren oder andere feuchtigkeitsempfindliche Gegenstände gehören nicht in die Bilge, auch nicht in Räume unterhalb der Schwimmwasserlinie. Krängt das Boot stark, könnten sie leicht vom Bilgewasser durchnäßt werden.

Erste-Hilfe- oder andere Notausrüstung muß immer so gestaut werden, daß sie leicht zugänglich bleibt; dazu gehören auch eine zweite Ankertrosse, eine leichte Schwimmleine, eine schwere Trosse, die auch als Schlepptrosse verwendet werden kann, Schwerwettersegel, Rettungswesten, mobile Lenzpumpen, Wantenschneider usw. Am besten verstaut man sie in der Kajüte und schafft zugleich einen genau bezeichneten und allen bekannten Platz für die Sicherheits- und Notausrüstung: die Box mit Rettungsraketen, das Nebelhorn, optische Signalmittel, Signalflaggen oder Seenotfunkboje. Diese Dinge sollten nicht in den übrigen Kabinen, in der Toilette, unter Kojen usw. verteilt verstaut werden, damit sie jederzeit sofort greifbar sind.

● **Beleuchtung.** Über der Pantry und über dem Kartentisch sollte eine schwach leuchtende Lampe angebracht werden. Ideal ist zweifellos eine Kartenlampe mit flexibler Zuleitung und regelbarer Lichtstärke, die entweder ein direktes punktuelles Licht oder ein schwaches indirektes Licht abgibt. Dadurch wird der Rudergänger nicht geblendet, und auch für den Navigator ergibt sich beim Verlassen der Kajüte keine allzu lange Anpassungszeit der Augen.

● **Navigationsecke.** Karten, Handbücher, Dokumente und Navigationsbesteck müssen nach einem bestimmten System gesichert werden. Befindet sich der Kartentisch, wie so häufig, dicht am Niedergang, ist es sinnvoll, ihn mit einer Art Duschvorhang vor Spritzwasser zu schützen.

● **Niedergang.** Als guter Schutz gegen Regen oder Gischt, besonders auf Vorwindkursen, hat sich ein einfaches, rechteckiges, wasserundurchlässiges Stück Tuch erwiesen, das mit Gummiband schnell im oberen Teil des Niedergangs angebracht werden kann; so bleibt der Niedergang „regendicht", auch wenn man ihn benutzt.

Ein guter Skipper hat beim Segeln niemals Ruhe (das ist bekannt); ruhige Augenblicke nutzt er aus, um den Zustand des Riggs zu überprüfen. Hier werden bei ruhigem Wetter PITCAIRNs Salingsnocks entschärft.

4

Decksausrüstung

Was diese betrifft, bestimmen die Bootsgröße und das voraussichtliche Segelrevier die Sicherheitsmaßnahmen für schweres Wetter ein wenig. Wir interessieren uns hier nur für das Prinzipielle, weil der Platz fehlt, um dieses Thema, dem allein ein ganzes Buch gewidmet werden müßte, in allen Einzelheiten auszuleuchten. Vielleicht ein anderes Mal?

● **Takelage.** In jedem Augenblick des Ausrüstungsvorgangs muß man die Gesamtheit des Riggs vor Augen haben: Wantenspanner, Püttings, Terminals, Drahttauwerk, Befestigungen, Bolzen und Splinte. Teile, an denen die Fockschoten (Wantenspanner, Püttings) oder die Segel (Salingsnock, Wanten, Babystag) schamfilen können, müssen z. B. durch Plastikhüllen entschärft werden. Das stehende Gut muß schließlich so gespannt werden, daß der Mast aus jeder Richtung den richtigen Halt hat. Später sollte man dann regelmäßig in den Mast klettern, um den Zustand der Blöcke zu überprüfen, um Stellen, an denen schamfilen oder Rost droht, frühzeitig zu entdecken, eventuell auch Fallen auszutauschen. Die Liste läßt sich ergänzen.

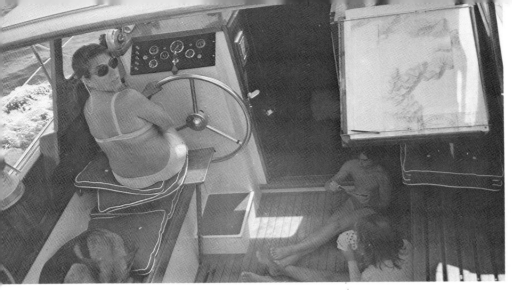

- **Beschläge am Mast.** Bei dieser Gelegenheit sollte man auch die Befestigung des Radarreflektors, des Windmessers usw. im Mast überprüfen; vor allem ersterer könnte bei schwerem Wetter in einem Gebiet mit starkem Schiffsverkehr eine wichtige Rolle spielen – am Tag wie in der Nacht.

Für den Fall eines Gewitters bereitet man ein 8 mm Kupferseil vor, das so lang ist, daß es auf der Luvseite von einem Want bis ins Wasser reicht (wichtig ist, daß es nicht in die Schraube geraten kann).

- **Deck.** Feste Halterungen müssen vorgesehen werden für alles Material, das auch bei schlechtem Wetter auf Deck bleiben soll: für Spinnakerbäume, Ankergeschirre, Notruder, Rettungsinsel, Beiboot, Kanister usw. Gummistropps reichen nicht einmal für kleinere Ausrüstungsgegenstände aus; denken Sie daran, daß sie auch noch das Besatzungsmitglied halten müssen, das sich zufällig daran festhalten will.

Gehen Sie sicher, daß die Kurbeln für die Fallwinden am Mastfuß griffbereit und zugleich sicher gehaltert sind. Nichts ist übler, als wenn man mitten im Manöver erst zur Plicht zurück muß, um ein solches Instrument zu suchen... Gleiches gilt unter der Küste für den Hebel der Ankerwinde.

Wenn der Anker beim Segeln nicht gebraucht wird, sollte er entweder an Deck festgezurrt oder in seiner Halterung im Bugbeschlag mit einer Verriegelung arretiert werden.

- Wie stark die Relingsdurchzüge sind, sollte man durchaus einmal testen. Auch wenn wir nicht die Absicht haben, diesen Schutz einmal ernsthaft zu gebrauchen, zeigt doch die Erfahrung, daß gewisse unvorhergesehene Bewegungen des Schiffs uns gelegentlich aus dem Gleichgewicht bringen, so daß wir gegen die Reling geworfen werden.

- Das Funktionieren der Navigationslichter und der Seenotleuchten muß vor jeder Ausfahrt überprüft werden, auch wenn dann eine Nachtfahrt noch nicht vorgesehen ist. Schlechtes Wetter unterwegs kann leicht dazu führen, daß man die ursprüngliche Planung über den Haufen wirft.

- Die Befestigung von Leitschienen, Winschen, Coffee-Grindern, verschiedener Haltepunkte am Baum und auf Deck müssen überprüft werden. Besonders dann, wenn das Boot schon ein gewisses Alter hat.

- In die Nähe der Rettungsinsel gehört ein Kappmesser, mit dem man im Falle eines Schiffbruchs die Halterungsleinen schnell kappen kann. Beim Ausräumen habe ich – bei ruhig liegendem Schiff – tatsächlich einmal mehr als fünf Minuten gebraucht, um eine Schnalle zu öffnen, die nach fünf oder sechs Wochen auf See vom Salz zugesetzt war. Zu einer zufriedenstellenden Befestigung der Rettungsinsel gehört im übrigen auch eine Leine zwischen Gurt und Deck; beim Überbordwerfen dient sie dann als Fangleine.

*Die Plicht meiner früheren Ketsch N*AUSICAA*, tief und teilweise überdeckt, bedeutete eine ständige Gefahr, weil sich der Niedergang ohne Brückendeck in die Kajüte öffnete; wäre jemals eine See in die Plicht gestiegen, hätte sie ungehindert ins Innere weiterlaufen können.*

- **Niedergang.** Die Steckbretter sollten für den Fall des Durchkenterns mit Schubriegeln gesichert sein, und an das Niedergangsluk gehört ein Schließmechanismus, der von innen wie von der Plicht aus bedient werden kann.

- Daneben sieht man am besten noch eine Sperrholzplatte vor, mit der der Niedergang von innen mit Schubriegeln geschlossen werden kann – und zwar für den Fall, daß von achtern eine See einsteigt.

- **Bullaugen.** Auch sie können bei schwerer See einen Schwachpunkt darstellen. Adlard Coles empfiehlt, passend zurechtgeschnittene Sperrholzplatten mit Löchern, durch die Schrauben gezogen werden können, bereitzuhalten, damit keine Öffnungen entstehen, wenn eine See ein Bullauge einschlägt. In nun fast fünfzehn Jahren

habe ich es auf meinen beiden Booten so gehalten und dabei nicht bedauert, sie bisher nie einsetzen zu müssen. Es ist bestimmt sinnvoll, noch eine Handvoll galvanisierter Nägel bereitzuhalten, mit denen man diese Bretter im Notfall schnell befestigen kann, oder auch, um einen Bruch oder Riß mit einem Stück Segeltuch schnell abdichten zu können. Auch ein paar Stangen von ca. 1 m Länge und 6 bis 12 mm Durchmesser, die sich ineinander schrauben lassen und mit Augen aus rostfreiem Stahl versehen sind, sollte man dabeihaben. Damit kann man ein Notrigg herstellen oder, verbunden mit einer Sperrholztür, ein Notruder. Die letzten Empfehlungen richten sich natürlich vor allem an Hochseesegler. Aber wer kann schon wissen, was ihm noch bevorsteht.

● **Plicht.** Eine normale Zange, ein gut dimensionierter Schraubendreher und ein Segelmesser gehören für den unmittelbaren Zugriff immer in die Plicht (die kleinen Plastiktäschchen, wie sie für die Halterung von Winschkurbeln angeboten werden, eignen sich ausgezeichnet zur Aufnahme dieser Werkzeuge). Damit läßt sich schnell ein vom Salz festgefressener Schäkel oder Stagreiter öffnen.

● Es gilt zu überlegen, wie man am besten quer über die Plicht ein Tau spannt, an dem sich die Mitsegler, die aus der Kajüte kommen oder auf den Plichtbänken vor sich hin dösen, festhalten können. Die Benutzung von Winschen und Tauklemmen darf dadurch freilich nicht behindert werden. Bei sehr schlechtem Wetter habe ich schon häufiger solch ein Tau von einer Klampe zur anderen gespannt.

● In der Plicht sollte vielleicht auch ein Lautsprecher angebracht werden, der mit dem UKW- oder Grenzwellenempfänger verbunden ist – nicht um die neuesten Songs und Lieder zu übermitteln, sondern damit nicht ein Mitsegler unten bleiben muß – was bei schwerer See ein ideales Mittel zum Erzeugen von Seekrankheit ist –, um auf den Wetterbericht zu warten. Unter den Plichtbänken lassen sich leicht solche Lautsprecher anbringen; durch die handelsüblichen, jalousieartig verschließbaren Gitterroste sind sie relativ leicht zu schützen. Schließlich kommt es in den Situationen, die für uns hier interessant sind, wirklich darauf an, keinen Wetterbericht zu verpassen.

Beiboot, Rettungsinsel und Segelsäcke können auf Deck bei schwerer See gefährliche Hindernisse sein. – Hängetaschen in der Plicht werden ihren Inhalt – Winschkurbeln – bestimmt bei Gelegenheit über Bord gehen lassen.

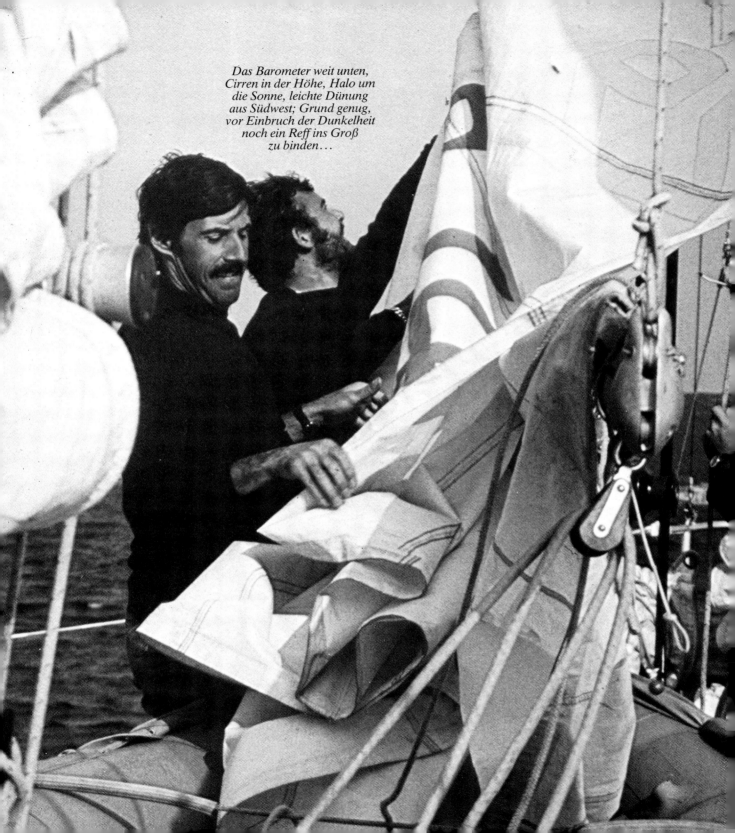

Das Barometer weit unten, Cirren in der Höhe, Halo um die Sonne, leichte Dünung aus Südwest; Grund genug, vor Einbruch der Dunkelheit noch ein Reff ins Groß zu binden…

Ein zusätzlicher Niederholer, der in Ruhestellung am Baum anliegt, erweist sich auf Vorwindkursen als sehr praktisch. Man beachte das Smeerreep, das die Reffbändsel entlastet.

5

Schwerwettersegel

Gerade bei schlechtem Wetter ist es wichtig, daß die Segelfläche ausbalanciert ist. Eine allzu kleine Segelfläche bedeutet, daß das Boot passiv bleibt, weniger manövrierfähig und instabil ist. Eine zu große Segelfläche ermüdet das Material, ängstigt die Besatzung und kann in der Tat das Boot bei unvorhersehbaren Böen in Gefahr bringen. Später werden wir noch genauer auf die Segelführung auf bestimmten Kursen zum Wind je nach Seegang und Windstärke eingehen. Einige Anmerkungen sollen aber bereits hier gemacht werden.

● **Großsegel.** Es muß mindestens zwei, besser drei Reffreihen haben, besonders dann, wenn in der Segellast kein Schwerwettersegel vorhanden ist. Zum schnelleren Verkleinern der Segelfläche muß jede Reffleiste mit einem eigenen, von den anderen unabhängigen Reffstander und entsprechenden Scheiben versehen sein. Außerdem sollte man einen zusätzlichen Ausholer vorsehen, der die Reffkausch dicht an den Baum und zur Baumnock hin ausholt.

● **Baumniederholer.** Am günstigsten Punkt (wo er senkrecht stehen kann) sollte man einen zusätzlichen Baumniederholer anbringen, der auf jeder Bordseite an der Schotleitschiene oder an einem Pütting belegt werden kann. Er muß aus der Plicht heraus schnell angeschlagen und schnell losgeworfen werden können. Diese Talje entlastet zugleich den festen Niederholer und die Großschot, und man kann mit ihr das Großsegel wirklich flach trimmen, was bei hartem Wetter notwendig ist. Dieser Niederholer ist wohlverstanden nicht mit dem festen Niederholer identisch, auch wenn er ihn in gewissen Fällen ersetzen kann. Auf PITCAIRN werden am Groß- und am Besanbaum ständig solche Niederholer gefahren; durch

den Einsatz von Klappblöcken sind sie in weniger als fünf Sekunden zu installieren.

● **Schwerwettersegel.** So heißt bei mir ein kleiner geschnittenes Großsegel mit geradem Achterliek (also ohne Latten), größerem Tuchgewicht und besonderen Verstärkungen der Lieken; am Mast und am Baum wird dieses Segel auf gleiche Weise gesetzt wie das normale Großsegel, doch ebenso gut kann man das Unterliek am Baum mit einer Reihleine befestigen. Es ist vorteilhaft wegen seiner geringen Fläche (60 % des Großsegels) und seiner Robustheit; und meist besitzt es zwei Reffleisten, so daß es auch als Trysegel verwendet werden kann. Verfügt man vielleicht über zwei nebeneinander liegende Mastschienen (eine ideale Lösung, die es aber nur selten gibt), kann man es beim Aufkommen von stürmischem Wind über dem aufgetuchten Großsegel setzen. Doch Achtung vor Schamfilen am Großsegel! Andernfalls macht das Segelwechseln im Sturm Schwierigkeiten. Ich setze das Schwerwettersegel nur, wenn sich ein echtes Sturmtief ankündigt, dann aber früh genug. Und was für eine Erleichterung, wenn man es auf dem Posten weiß, während das Anemometer den Gipfel der Skala stürmt! Ein weiterer Vorteil: Es ersetzt durchaus ein zerrissenes Großsegel, selbst bei gutem Wetter. Und das gibt uns zusätzliche Sicherheit, wenn wir uns auf große Fahrt begeben wollen.

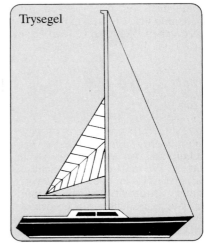
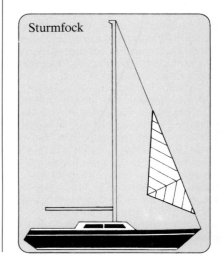

● **Trysegel.** Ein dreieckiges, frei vom Baum und anstelle des Großsegels zu setzendes Segel aus schwerem Tuch (300 bis 450 g); meist konkav geschnitten (2 % Einzug) und nicht mit Latten ausgerüstet; das Schothorn liegt tiefer als der Hals. Traditionell wird das Vorliek am Mast angereiht, weil sonst auf Rutscher und Mastschiene allzu starker Zug ausgeübt wird; das allerdings ist bei rauher See leichter gesagt als getan. Außerdem sollte man das Schothorn mit einem Smeerreep am Baum befestigen.

Interessant ist zu beobachten, daß die meisten Segelmacher, wenn ein Kunde bei ihnen, ohne genauere Angaben, ein Trysegel bestellt, einen Schnitt liefern, der irgendwo zwischen dem Schwerwettersegel und dem üblichen Großsegel liegt. Das heißt, gewöhnlich wird ein kleines Schwerwetter-Großsegel geliefert, ausgestreckt zwischen Mast und Baum, wobei der Hals am Vorliekstrecker eingehakt wird. Es besitzt ein gerade geschnittenes Achterliek, zwei Reffreihen, und seine Fläche schwankt, je nach Segelmacher, zwischen 40 und 60 % der Großsegelfläche. Wird es vielleicht so wenig eingesetzt, daß selbst Segelmacher die traditionelle Form nicht mehr kennen?

● **Sturmfock.** Dies ist ein ganz flach geschnittenes und aus schwerem Tuch (350 bis 450 g per m^2) gefertigtes Vorsegel von sehr kleiner Fläche, das wohl nur bei Winden von mehr als 10 Beaufort gesetzt wird. Man benutzt es zum Ablaufen vor dem Wind oder zum Beidrehen (doch sollte man sich bei schwerer See nicht allein aufs Segel verlassen, sondern auch den Motor zur Unterstützung zu Hilfe nehmen). Alle Stagreiter sollte man durch Schäkel ersetzen; sie sind robuster. Da der Segelhals meist sehr hoch sitzt, um das Deck freizuhalten, entsteht ein beträchtlicher Zug auf den untersten Stagreiter oder Schäkel; deshalb sollte auch der Hals mit einem Schäkel am Vorstag befestigt werden. Dieser Schäkel bleibt am Segel, auch wenn es in seinem Sack verstaut wird.

● **Schotholepunkt.** Schon im vorhinein muß man die mittlere Lage für den Holepunkt der Sturmfockschot festlegen und dann die Leitöse auf der Schotleitschiene an Steuerbord und an Backbord entsprechend einstellen.

● **Verstauen der Segel.** Ich ziehe es vor, die Schwerwettersegel in einem Schrank im Salon unterzubringen. Zum einen um den Bug so weit wie möglich zu erleichtern und eine bessere Gewichtsverteilung zu erreichen, zum anderen um sicherzugehen, daß ich nicht erst alle Segelsäcke an Deck bringen muß, bis ich schließlich an die Sturmsegel gelange, denn die Bequemlichkeit verführt erfahrungsgemäß alle Besatzungsmitglieder dazu, die am wenigsten benutzten Segel zuunterst zu stauen. Wenn es regnet oder die Gischt über den Bug sprüht, ist so etwas nie angenehm und auch nicht empfehlenswert. Weder für die Mann-

So sieht es aus, wenn das Großsegel über keine zweite Reffleiste verfügt. Es ist eine Zumutung, daß man sie beim Segelmacher häufig extra bestellen muß. – Linke Seite: Mit einem Barberhauler, der mit einem Klappblock aufgebracht ist, kann man den Schotholepunkt der Sturmfock richtig einstellen, eventuell ohne daß der Schlitten verstellt werden muß.

schaft noch für das Material. Also sollte man schon bei der Ankündigung stürmischen Windes sofort die kleineren Segel heraussuchen. Sturmfock und Trysegel werden fertig zum Gebrauch im Salon gestaut, und jeder weiß Bescheid.

Achtung: Allzu viele Bootsbesitzer nehmen Schwerwettersegel mit, ohne sie doch jemals ausprobiert zu haben. (Sie wissen schon, an diesem stillen Ankerplatz, wo man nichts zu tun hatte...) Wem ist das noch nicht passiert? Wir wissen, daß es unterwegs immer schwerfällt, und sollten unsere Erprobung deshalb am Kai durchführen, am besten sogar noch bevor das Boot zu Wasser geht. Dabei müssen auch alle zum jeweiligen Segel gehörenden Ausrüstungsgegenstände überprüft werden, damit sie im Notfall auch tatsächlich vorhanden sind. Geraten wir draußen in ein Sturmtief, so wird es uns, wenn wir gut vorbereitet sind, weniger stark erscheinen...

Um alle Vorkehrungen zu erwähnen, die mir einfallen, fehlt mir hier der Platz; aber einige werden später, wenn von den Manövern im Sturm die Rede ist, noch genannt. Ich denke auch, daß es nötig ist, noch einmal an jene Ausrüstungsgegenstände zu erinnern, die im Falle einer Havarie wichtig werden, wie Feuerlöscher, Pumpen, Pützen, Werkzeuge (so vollständig wie möglich) und Ersatzteile – verbunden mit dem Wunsch, daß sie niemals benötigt werden.

Vorbereitung auf schweres Wetter

An diesem Morgen war wunderschönes Wetter. Der blaue Himmel veranlaßte uns, Ausbesserungsarbeiten, die eigentlich für diesen Tag vorgesehen waren, auf feuchtere Zeiten zu verschieben. Schnell war die Laufplanke eingezogen, die Ankerwinde schnurrte, die Gelegenheit schien allzu günstig. Ein bißchen Wind, was machte das aus! Und dann der weite Horizont vor dem Bug! Schnell raus aufs Meer. Der Abwasch, der Wetterbericht und die Reparatur der Fock Nr. 1, die Ostern eingerissen war, das hätte nur Verzögerungen gegeben...

Bei solch ungestümer Abreise hatte auch niemand mehr daran gedacht, beim Hafenmeister vorbeizugehen, den Barometerstand abzulesen oder auch nur auf die anderen Boote zu achten, die wieder in den Hafen zurückgekehrt waren. Erst draußen zeigte sich, wie stark der Wind wirklich war und wie hoch die See ging. Lassen Sie einmal eine Brise von 25 Knoten in eine leichte Genua einfallen, während zugleich das Frühstücksgeschirr sich bei 45 Grad Krängung wie ein Rudel fliegender Untertassen im Salon selbständig macht. Eine Gischtwolke, und drei Kojen verwandeln sich in Wasserbetten. „Der Spinnakersack fliegt über Bord! Der Spi-Baum auch!!" — „Schließt das Luk, der Kartentisch wird naß!" — „Puh! Der Benzinkanister war nicht festgezurrt..."

Ich behaupte, daß jedem Skipper schon einmal so etwas passiert ist, bevor er begriffen und gelernt hat, daß man so schnell und ohne zu überlegen die Festmacher nicht loswirft. In diesem Punkt habe ich seit meinen ersten Segelerfahrungen Neptun wohl genug Tribut gezahlt. Von Natur aus ungeduldig, süchtig nach dem freien Meer, glücklich nur, wenn die Hafenkais hinter mir liegen, bin ich in den ersten Monaten und Jahren oft genug in eine Beinahe-Katastrophe geschlittert und mußte dann, wenn die See das Boot packte, mit Ausrüstung und Segeln kämpfend, Verrenkungen aufführen, wie sie sonst nur siamesischen Tempeltänzern gelingen. Doch ganz allmählich haben die nachträglichen Vorwürfe — das mußte nicht sein, das war vorherzusehen usw. — dazu geführt, daß das fluchtartige Verlassen des Hafens einer überlegteren Handlungsweise, sinnvolleren Manövern und einer eingespielten Routine wich.

35 Knoten Wind erlebt PITCAIRN 1981 in der Karibik. Die hohen Temperaturen erklären die legere Kleidung von Y. M. Maquet bei der Arbeit mit dem Handpeilkompaß. Da heraufziehender Regen die Sicht zu verschlechtern droht, wollen wir beim Landfall einen genauen Standort haben.

August 1982 in der Pampelone-Bucht: Schlechter Ankergrund oder zu späte Flucht?

1
Sturm droht am Ankerplatz

Nichts geht mehr.

Im Augenblick der Abreise springt der Mitsegler, der mit dem Abhören des Wetterberichts beauftragt ist (bravo, daß der Skipper einen dazu bestimmt hat!), mit gerunzelten Brauen und zusammengekniffenen Augen wie ein Teufel an Deck. Die Vorschau ist alles andere als schön. Keiner zweifelt mehr daran, daß schlechtes Wetter zu erwarten ist: Es wird wehen, und zwar stark und bald. Was also ist zu tun?

Im Hafen. Das Boot ist sicher am Kai festgemacht; es liegt im Schutz der Hafenmauern, und – vielleicht mit Hilfe von Seglern von den Nachbarbooten – es werden die Festmacher verstärkt oder auch ein zusätzlicher Anker ausgebracht. Ist der Wetterbericht wirklich schlecht, gibt es keinen Grund, den Hafen zu verlassen. In der Zwischenzeit können wir die Winschen schmieren, das Logbuch nachtragen oder in aller Ruhe die Entwicklung der Störung beobachten, indem wir die örtlichen Beobachtungen mit der Wettervorhersage vergleichen. So können wir genau mitbekommen, wenn der Wind beim Durchzug der Kaltfront von SW auf NW umspringt. Das ist tatsächlich amüsant und lehrreich.

Auf offenem Ankerplatz. Das ist bei stürmischem Wind immer eine delikate Situation. Unter allen Umständen muß man sofort herausbekommen, aus welcher Richtung das Tief heranzieht; dann weiß man auch, ob die Dünung ungehindert zum Ankerplatz hereinstehen wird oder nicht. Bestätigt sich ersteres, ist das Warten auf günstiges Wetter nur Zeitverschwendung: Am besten geht man sofort Ankerauf und sucht Zuflucht auf See oder einen geschützteren Liegeplatz. Ergibt die Untersuchung jedoch, daß der Ankerplatz ausreichenden Schutz vor dem schlimmsten Seegang gewährt – (mit dem Wind allein wird man immer zurechtkommen) –, muß die Besatzung das Ankersystem verstärken. Und das heißt üblicherweise: mehr Kette stecken, eine Trosse an Land ausbringen, feststellen, ob der Schwojeraum frei ist, wie groß die Wassertiefe ist, um wieviel das Wasser mit der Tide noch steigen oder fallen wird, in welcher Richtung Untiefen liegen. Natürlich muß man sich auch den Kurs für die Ausfahrt merken, falls es in dunkler Nacht notwendig werden sollte auszulaufen. Das kommt häufiger vor als man glaubt.

2
Sturmvorbereitungen unterwegs

Das ist es. Diese Dünung quer zur Windrichtung, diese Cirruswolken, die seit gestern abend über den Himmel ziehen, dieses beständige, starke Fallen des Barometers – alles deutet darauf hin, daß ein Sturmtief seinen Auftritt durch die Hintertür vorbereitet. Der morgendliche Wetterbericht bestätigt den Verdacht, den jeder schon hatte: stürmischer Wind aus West, Windstärke 8, in Böen örtlich 40 bis 45 Knoten. Und es kommt direkt auf uns zu. In spätestens zwei Stunden soll das Tief unsere Region erreicht haben; aber die dichte Wolkendecke, die sich vor dem Bug über den ganzen Horizont ausbreitet, deutet an, daß wir die ersten Böen schon eher zu spüren bekommen. Es macht keinen Sinn, jetzt noch auf ein meteorologisches Wunder zu hoffen. Es gibt kein Kneifen mehr: Wenn wir nicht wollen, daß sich die Wirklichkeit zum Alptraum wandelt, müssen wir schnell handeln.

Ankern mit Reserveanker kurzstag

Der Reserveanker liegt mit kurzer Leine auf dem Grund.

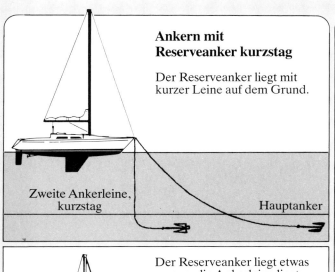

Der Reserveanker liegt etwas voraus, die Ankerleine liegt lose auf dem Grund.

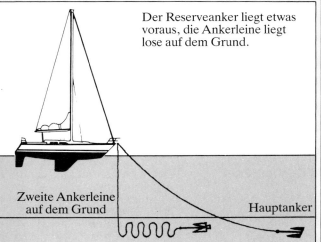

Der Reserveanker liegt etwas voraus; die Ankerleine liegt direkt unter dem Bug auf einem Haufen.

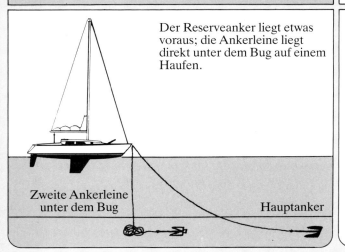

Vermuren der Anker

Unterschiedlicher Winkel zwischen beiden Ankern je nach Windstärke

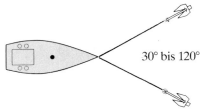

Vermuren bei ruhigem Wetter

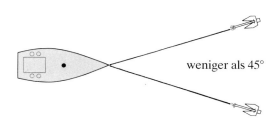

Vermuren bei starkem Wind

Die angegebenen Werte hängen ab von dem Abstand zwischen beiden Ankern und der Länge der gesteckten Ankertrosse. Man beginnt ungefähr mit einem gleichschenkligen Dreieck, dann steckt man beim Auffrischen des Windes mehr Kette, wobei sich der Winkel verkleinert und beide Anker bei gleicher Belastung besser halten.

Verkatten der Anker

Beide sind direkt miteinander verbunden.

Beide sind mit einem Ende Kette verbunden.

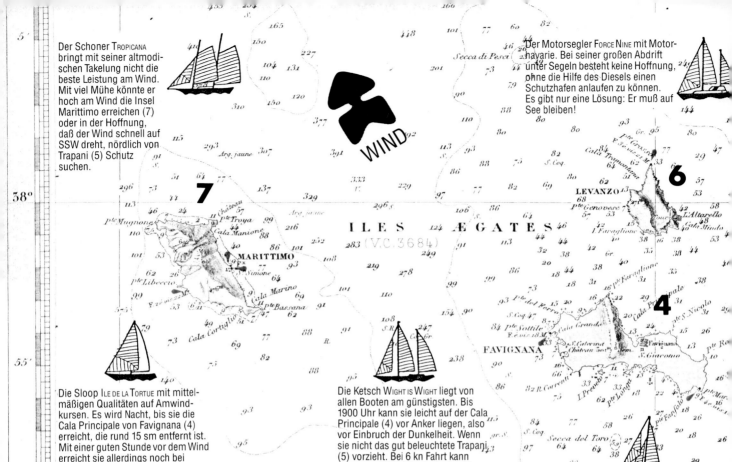

Der Schoner TROPICANA bringt mit seiner altmodischen Takelung nicht die beste Leistung am Wind. Mit viel Mühe könnte er hoch am Wind die Insel Marittimo erreichen (7) oder in der Hoffnung, daß der Wind schnell auf SSW dreht, nördlich von Trapani (5) Schutz suchen.

Der Motorsegler FORCE NINE mit Motorhavarie. Bei seiner großen Abdrift unter Segeln besteht keine Hoffnung, ohne die Hilfe des Diesels einen Schutzhafen anlaufen zu können. Es gibt nur eine Lösung: Er muß auf See bleiben!

Die Sloop ILE DE LA TORTUE mit mittelmäßigen Qualitäten auf Amwindkursen. Es wird Nacht, bis sie die Cala Principale von Favignana (4) erreicht, die rund 15 sm entfernt ist. Mit einer guten Stunde vor dem Wind erreicht sie allerdings noch bei Tageslicht die Insel Marittimo (7).

Die Ketsch WIGHT IS WIGHT liegt von allen Booten am günstigsten. Bis 1900 Uhr kann sie leicht auf der Cala Principale (4) vor Anker liegen, also vor Einbruch der Dunkelheit. Wenn sie nicht das gut beleuchtete Trapani (5) vorzieht. Bei 6 kn Fahrt kann sie gegen 2000 Uhr dort sein. Aber Favignana ist sicherer.

Der Kutter GALLIMARDINO hat als schneller Segler die Wahl zwischen dem Norden der Insel Grande (3) und der Cala Principale (4). Doch die Umrundung von Kap Marsala (am Ostende der Insel Favignana) ist nicht ungefährlich, weil das Land hier zur Leeküste wird. Schlimmer noch, wenn der Wind schon vor der vorausgesagten Zeit böig wird. Besser ist es, die Insel im Westen zu umsegeln und sich dabei vor der Untiefe Secca del Toro mit ihren Brechern in acht zu nehmen.

Die Sloop STEAMBOAT segelt am Wind am besten von allen. Unter Spinnaker (Achtung vor den Böen!) macht sie gute Fahrt und kann direkt zwischen den Inseln Grande und Favignana hindurchsegeln. Doch danach wird sie die Nacht zum Einlaufen in Trapani (5) zwingen, was wegen des hell erleuchteten Ufers relativ leicht ist.

TAKTISCHE MÖGLICHKEITEN BEIM HERAUFZIEHEN EINES STURMES

Analyse der erreichbaren Ankerplätze.

Wir befinden uns an der Westküste Siziliens im Archipel der Aegaten. Sechs Boote werden überrascht von einer Sturmwarnung im Wetterbericht von 1730 Uhr; der Sturm soll aus SSE kommen und möglicherweise in der Nacht auf SSW drehen. Bis Sonnenuntergang, also bis gegen 1900 Uhr, soll es mit Beaufort 7 bis 8 wehen. Jetzt werden schon 20 kn gemessen; also ist keine Minute zu verlieren.

Erste Aufgabe: den nächstgelegenen sicheren Schutzhafen aufzusuchen.

1 Bucht von Mercata: Ankern unmöglich, zu flaches Wasser.
2 Hafen von Marsala: Offener Hafen, zu sehr der Dünung ausgesetzt. Keine genaueren Unterlagen über die Hafenanlage an Bord. Wegen fehlender Informationen zu vermeiden.
3 Nordbucht der Insel Grande: Möglich unter der Bedingung, daß man, von Süden kommend, außen um die Leuchttonne im Kanal segelt, um den Klippen vor Kap Scario auszuweichen. Der Ankerplatz bietet keinen Schutz mehr, wenn der Wind auf WSW dreht.
4 Cala Principale (Insel Favignana): Ausgezeichneter Ankerplatz, auch nachts mittels Peilungen zu den Leuchtfeuern auf Formica oder vor Trapani leicht zugänglich.
5 Bucht nördlich Trapani: Sehr guter Schutz bei dieser Windrichtung, bis auf den Unterwasserfelsen Ballata, auf dem sich die Seen brechen können, gut ausgetonnt. Die Stadt und ihre Annehmlichkeiten in unmittelbarer Nähe.
6 Insel Levanzo: Kein sicherer Ankerplatz bei Wind aus SSE.
7 Nordküste von Marittimo: Als kurzfristiger Schutzhafen möglich, wahrscheinlich aber bei Dünung aus SSE sehr unruhig.

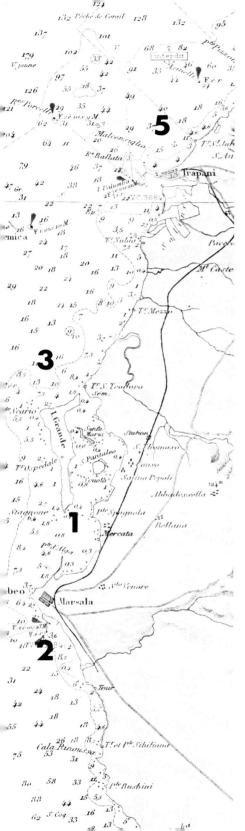

Auf See bleiben oder Schutz suchen?

Auf See ist das wichtigste, erst einmal die Segelfläche zu verkleinern und Ölzeug anzulegen. Währenddessen kann der Schiffsführer die taktischen Möglichkeiten überdenken. Zunächst einmal handelt es sich nur um zwei: Soll man Schutz suchen oder auf See bleiben?

Schutz suchen: Hat man Land in Sicht, ist dies im allgemeinen die vernünftigste Lösung. Doch dabei sollte man keine Risiken eingehen; denn jeder weiß ja, daß Land zwar von ferne sehr nett aussehen, sich aber in der Nähe als sehr gefährlich erweisen kann. Also sollte diese Entscheidung nur getroffen werden, wenn man sicher ist, einen sicheren Hafen erreichen zu können, bevor der Zustand der See kritisch wird. Zur Entscheidungsfindung muß man sich einige lästige, aber notwendige Fragen stellen:

● Ist die Position des Bootes genau bekannt?
● Kann die nächste Küste ohne die Möglichkeit eines Irrtums identifiziert werden?
● Besitzt man detailgenaue Karten des Küstenabschnitts, den man zum Schutz anlaufen will?
● Falls man durch einen Zufahrtskanal hindurch muß, ist seine Betonnung auf den an Bord befindlichen Unterlagen zweifelsfrei zu erkennen?
● Ist man sicher, noch vor Einbruch der Dunkelheit den Schutzhafen erreichen zu können, und, wenn dies nicht der Fall ist, kann der Hafen auch in der Nacht angelaufen werden?
● Ist die Tide günstig?
● Riskiert man nicht, über Untiefen hinweg segeln zu müssen, auf denen Brecher stehen könnten, oder durch Gebiete, in denen Strom gegen Wind steht? („Wind gegen Strom macht die See zu Haschee", sagen die Fischer.)

Das sind die Fragen, die man sich mit der Seekarte in der Hand und dem Fernglas vorm Auge beantworten muß. Wobei man daran denken sollte, daß es zwar ärgerlich ist, wenn man gegebenenfalls den ersehnten Schutz unter Land aufgeben muß, daß in diesem Fall aber die offene See einer seetüchtigen Yacht doch größere Sicherheit bietet. Man sollte nur genügend Seeraum haben, um eventuell vor dem Sturm ablaufen zu können.

Auf See bleiben: Ist die Küste zu weit entfernt oder kann sie nur unter Gefahr erreicht werden, muß man auf See bleiben. Dann gibt es nur eins: drauflossegeln. Segeln, unter den bestmöglichen Bedingungen, bis eine Wetterbesserung eintritt. Wir gehen gleich auf die Vorbereitungen ein, die nützlich sein können, einen Sturm sicher abzuwettern. Die Liste ist nicht erschöpfend. Sie stellt nur ein einfaches Hilfsmittel dar, das vor allem dazu dienen soll, sich im vorhinein mit den verschiedenen Arbeiten auseinanderzusetzen, die die Situation erfordert.

VORBEREITUNGEN VOR DEM VERLASSEN

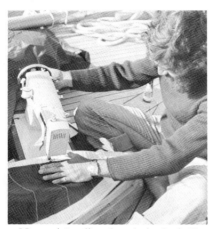

Nervosität, die schon beinahe in Panik übergeht, ergreift mehr als die Hälfte aller Segler, wenn an unseren Küsten mitten im Sommer stürmische Winde oder auch nur Böen von mehr als gewöhnlicher Stärke angekündigt werden. Wenn auch meist Unerfahrenheit zu den wichtigsten Gründen für diese Reaktion gehören wird, muß man doch ihrem Ursprung nachgehen. Einesteils entsteht sie aus dem Gedanken daran, daß man vielleicht schwerem Wetter auf See ausgeliefert sein könnte, und andererseits gründet sie in der Angst vor der Zerbrechlichkeit des eigenen Bootes, das bei leichter Brise in strahlender Sonne so herrlich segelt. Und demnach für feindlichere Bedingungen schlecht vorbereitet ist.

A Zu Beginn jeder Reise

● Alle Besatzungsmitglieder müssen im Reffen (Großsegel und Focks) und im Gebrauch der Rettungsmittel wie Pumpen, Seenotfeuerwerk und Rettungsinsel unterwiesen werden.

● Man muß ihnen zeigen, wie im Sprechfunk ein Notruf abgesetzt wird.

● Die Sicherheitsgurte werden verteilt. Jeder Mitsegler paßt ihn seiner Größe an und verstaut ihn dann unter seinen persönlichen Sachen. Gleiches gilt für die Rettungswesten.

● Man prüft nach, ob alle Segel in Ordnung sind, ob die Segelkammer gut gestaut ist, ob die Schwerwettersegel an ihrem Platz und leicht zugänglich sind.

● Man überzeugt sich, daß Navigationslichter und Decksbeleuchtung in einwandfreiem Zustand sind.

● Ölstand an Motor und Wendegetriebe, der Ladezustand der Batterien und der Bestand an Trinkwasser werden überprüft.

● Die Bilge wird gelenzt, damit man eventuell durch eine Leckage sich ansammelndes Wasser sofort sieht.

● Man macht eine Bestandsaufnahme der Seekarten und Unterlagen, die auf der Reise benötigt werden. Dabei darf man nicht aus den Augen verlieren, daß man sich unterwegs für einen anderen Weg entscheiden könnte (wegen Krankheit, Havarie oder schlechtem Wetter).

● Trotz der zweifellos ärgerlichen Preise sollte man nicht etwa die eine oder andere vermeintlich überflüssige Karte weglassen; denn unterwegs kann sich das Gefährliche solcher Entscheidung leicht zeigen. Oft genug bestimmen die Wetterverhältnisse die Route oder den Landfall. Vergessen Sie also nicht jene Gebiete dicht an Ihrem Weg, die Sie eigentlich gar nicht besuchen wollten. Sparen Sie, wo Sie wollen, wenn Ihre finanziellen Mittel beschränkt sind (sie sind es immer), aber nicht am Kartentisch.

● Auch das stehende und laufende Gut, die Fallen und Schoten, die Wanten und Stage und ihre Befestigungen, Niederholer, Blöcke und Schotleitschienen müssen überprüft werden.

● Reffbändsel und Refftaljen müssen klar zum Einsatz sein.

● Der Radarreflektor muß überprüft werden; er muß solide befestigt sein und darf nicht Segeln im Wege stehen. Gleiches gilt — wenn Sie eine haben — für die Radarantenne.

● Sprechen Sie ausgiebig mit den Mitseglern über das Vorgehen, falls ein Mann über Bord fällt. Das Manöver läßt sich nicht improvisieren. Es muß in Ruhe durchgesprochen werden: 1. Nachwerfen einer Rettungsboje mit Blitzleuchte, während gleichzeitig die ganze Besatzung an Deck gerufen wird. 2. Ein Mitsegler muß den Über-Bord-Gefallenen ständig im Auge behalten. 3. Exakt Kurs halten, der notiert wird, während man die Segel niederholt. 4. Ist das Boot klar, dreht man um 180° und fährt unter Motor wieder auf den im Wasser schwimmenden Mitsegler zu. 5. Man nimmt ihn mit den zur Verfügung stehenden Hilfsmitteln an Bord.

● Freunde oder Familienmitglieder unterrichtet man vom Programm der Reise (Daten und Zwischenhäfen) und gibt ihnen auch Namen und Adressen der Mitsegler bekannt.

INES HAFENS ODER SICHEREN ANKERPLATZES

B Vor jeder Abfahrt

- Das Bootsinnere wird aufgeräumt: Das Geschirr wird abgewaschen und gut verstaut, die Betten werden gemacht und die Kojen leergeräumt, persönliche Dinge kommen in Schubladen oder Hängeschränke, Bücher werden gegen Herausfallen gesichert, Schlingerleisten angebracht, Ölzeug wird bereitgehängt. Selbst bei sonnigstem Wetter.
- Von Deck sind alle für die Segelmanöver nicht benötigten Dinge verbannt (Polster, Kissen, Segelsäcke, Werkzeuge, Kanister, Pützen, Proviantkisten etc.).
- Ausrüstung, die an Deck bleibt, wird festgezurrt: Spinnakerbäume, Riemen, Tauwerk, Rettungsmittel.
- Überprüfen, ob die Fallen klar laufen und ob die Schoten richtig geschoren sind.
- Das Beiboot kommt an Bord und wird an seinem Platz gezurrt. Soll es aber vorläufig noch im Schlepp bleiben, zieht man es heran und überprüft, ob die Fangleine stark genug und gut befestigt ist. Sie muß aus schwimmfähigem Tauwerk bestehen, damit sie nicht in die Schraube gerät.

- Man überzeugt sich, ob genügend feste und flüssige Nahrungsmittelreserven vorhanden sind, mit denen die Besatzung mehrere Tage auf See aushalten kann.
- Man überprüfe, ob die Brenner am Kocher richtig funktionieren und die Gasflaschen voll sind.
- Gegebenenfalls trage man das Logbuch nach und notiere den letzten Wetterbericht, den augenblicklichen Luftdruck, die unterwegs anzutreffenden Gezeiten und den Inhalt des Dieseltanks.
- Die Karten, die für die Ausfahrt wichtig sind, werden bereitgelegt; auch den Kurs, der anliegen soll, wenn das Boot freien Seeraum erreicht hat, sollte man schon jetzt notieren.
- Zu prüfen ist auch, ob man nicht unterwegs gegen einen Tidenstrom ansegeln muß, der die See sehr kabbelig werden läßt.

C Bei der Abfahrt

- Wenn man den Hafen trotz ungünstigen Wetterberichts verlassen will, ist es immer ratsam, den Hafenmeister zu informieren und ihm die Route mitzuteilen. Liegt man an einem offenen Ankerplatz, so ruft man zu diesem Zweck die nächste Küstenstation an.
- Man verläßt den geschützten Platz mit minimaler Segelfläche: Das Setzen zusätzlichen Tuchs ist nichts im Vergleich mit der Schwerarbeit, die Reffen auf rauher See bedeutet.
- Bullaugen und Luks werden geschlossen; später ist noch genug Zeit, um den Salon wieder zu lüften.
- Der Anker wird im Bugbeschlag sicher gezurrt; Trossen, Festmacher und Fender kommen, sobald sie an Bord genommen worden sind, unter Deck oder in die dafür in der Plicht vorgesehenen Stauräume.

Alles Routine, sagen die Erfahrenen. Und natürlich haben sie recht. Aber bis dahin ist es oft ein langer Weg, auf dem man erst einmal sein Lehrgeld zahlen muß.

BEIM HERAUFZIEHEN SCHWEREN WETTERS

Stürmischer Wind zwischen Australien und Neuseeland an Bord der T<small>ANGAROA</small> von James Wharram. Damit die Unerfahrenen ihre Ängste verlieren: Obgleich viele sie so sehr fürchten, ist die offene See doch oft viel sicherer als die Küstenregion, wenn es wirklich Sturm gibt.

D **Stürmischer Wind**

● Sicherheitsgurte werden angelegt und Strecktaue gespannt.
● Bullaugen, Luks und Niedergangsluk werden verschlossen.
● Die Fock, die der angekündigten Windstärke entspricht, wird gesetzt.
● Das Großsegel wird gerefft.
● Das Beiboot kommt an Deck und wird kieloben auf seinem Platz gezurrt.
● Die Segellast wird so geordnet, daß die Schwerwettersegel jederzeit erreichbar sind.
● Die Befestigung des Ankers im Bugbeschlag wird überprüft, alle Ausrüstung, die an Deck bleibt, festgezurrt.
● Der Kettendurchlauf im Deck wird verschlossen, wenn nötig mit einem Stück Tuch.
● Der Niedergang wird fest verschlossen.
● Der Schiffsort wird genau bestimmt. Man trägt ihn in Karte und Logbuch ein. Vor dort aus führt man die Koppelrechnung sorgfältig weiter und notiert Kurs und Loganzeige in regelmäßigen Abständen oder bei jedem Kurswechsel.
● Megaphon und Nebelhorn werden bereitgelegt und, bevor es Nacht wird, auch ein Scheinwerfer.
● Man sollte auch seine Position über Funktelefon an die nächste Küstenstelle durchgeben, wobei zugleich Kurs, Reiseziel und die Zahl der Mitsegler angegeben werden.
● Eine vollständige Liste der verschiedenen Feuer, die auf dem Kurs im Verlauf der Nacht sichtbar werden können, wird angefertigt, wozu natürlich die Charakteristik jedes Feuers gehört.
● Aus den Proviantschapps holt man Kekse, Schokolade, Bonbons, Trockenfrüchte, Brot, Joghurt und Zucker und legt sie in verschließbaren Behältern so zurecht, daß sie jeder erreichen kann.
● Man füllt eine Thermosflasche mit Suppe und bereitet ein paar belegte Brote vor.
● Die Ruderwache wird eingeteilt; es sollten diejenigen beginnen, die wahrscheinlich am wenigsten Ausdauer haben. Die Erfahreneren, die auf der Höhe des Sturms oder im Verlauf der kommenden Nacht an die Reihe kommen, sollten sich erst einmal ausruhen.
● Der Rudergänger muß nicht nur Kurs halten, sondern auch Segel und Rigg im Auge behalten. Und natürlich muß er auf andere Schiffe achten.
● Ein Mitsegler wird damit beauftragt, die Wetterberichte abzuhören. Nicht vergessen, den Wecker zu stellen, der für diesen Zweck mitgenommen wurde.

VORBEREITUNGEN BEIM HERAUFZIEHEN UN

Foto: Conservatoire du Littoral

Sturm oder schwerer Sturm

Zieht besonders schweres Wetter auf, erfordert die Lage außergewöhnliche Maßnahmen, die die meisten von uns kaum kennen, weil wir solche Situationen im Verlaufe unserer gesamten Küstenseglerexistenz nur ganz selten erlebt haben – wenn überhaupt jemals. Denn schon die Ankündigung durch den Wetterbericht läßt die Vorsichtigen unter allen Umständen einen Schutzhafen anlaufen. Normalerweise geraten demnach nur Segler in solche Situationen, die sich auf hoher See befinden. Doch auch sie treffen nicht alle Tage auf Stürme, wie ich schon in den vorausgegangenen Kapiteln sagte. Da solche Stürme gehäuft nur in bestimmten Regionen zu bestimmten Jahreszeiten vorkommen, die im übrigen bekannt sind, können ihnen auch die Weltumsegler im allgemeinen aus dem Wege gehen. Ich kenne kaum einen, dem dies nicht gelungen ist, und unter denen sind einige, die mehrfach die Welt umsegelt haben.

Dennoch: bereit sein ist alles. Die Vorkehrungen für stürmischen Wind gelten auch bei der Ankündigung von Sturm. Ich füge hier aber noch einige weitere Punkte hinzu, die der Sicherheit von Boot und Besatzung dienen. Wie man im einzelnen vorgeht, hängt allerdings von einer Vielzahl von Faktoren ab, wie Standort des Bootes, Schiffsgröße, Zustand der See, Qualität der verfügbaren Ausrüstung und Befahrenheit der Crew, um nur einige zu nennen.

● Die Befestigungen der Rettungsringe, der Seenotleuchten und der Rettungsboje sind genauso sorgfältig zu kontrollieren wie die Bändsel, die einige von ihnen miteinander verbinden.

● Kann der Rudergänger die Rettungsringe nicht erreichen, muß man einen so befestigen, daß er ihn problemlos greifen kann.

● Man zwinge den Rudergänger, die Sorgleine seines Sicherheitsgurtes immer an dem dafür vorgesehenen Auge einzuhaken.

● Diese Empfehlung gilt für alle Mitsegler. Sobald sie aus der Kajüte kommen, muß die Sorgleine eingepickt werden (offenbar sind viele gerade in diesem Augenblick über Bord gegangen). Mitsegler, die schon an Deck sind, sollten darauf achten.

● Die Deckel von Kästen, Backskisten und anderen Behältern, in denen Segel, Ankergeschirr oder Kochutensilien verstaut werden, müssen sorgfältig verriegelt werden.

● Der Anker wird vom Bug abgenommen und sicher unter Deck gestaut.

● Alle nicht unbedingt notwendigen Gegenstände müssen von Deck verschwinden. Auch die abgeschlagene Fock kommt sogleich in die Segellast.

● Ist das Beiboot ein Schlauchboot, so wird die Luft abgelassen. Es

ÖHNLICH SCHWEREN WETTERS AUF OFFENER SEE

„Direkt hinter dem Boot erhob sich eine Wand aus Wasser, so breit, daß man die Enden nicht sehen konnte, so hoch und so steil, daß Beryl sogleich begriff: TZU-HANG würde da niemals hinaufklimmen können! Diese See bricht nicht wie ihre Vorläufer, sondern das Wasser stürzt in Kaskaden an ihrer Vorderseite herunter." (Auszug aus „Once is enough" von Miles Smeeton)

bietet sonst Wind und See einen bedenklichen Widerstand. Handelt es sich um ein festes Dingi, so werden Brecher sich immer daran festbeißen (ein Grund, warum ich ein Schlauchboot vorziehe). Adlard Coles rät, bei besonders hoher und steiler See das Beiboot lieber treiben zu lassen, damit es sich nicht etwa in ein zerstörerisches Geschoß verwandelt. Ich teile seine Meinung. Von der Laufplanke, die an der Reling festgezurrt ist, machen Sie vielleicht noch ein letztes Foto und werfen sie dann ohne Bedauern über Bord: Bei mehr als Beaufort 9 ist sie an Bord nur noch gefährlich.

Kreuzweise wird ein starkes Tau über die Plicht gespannt, das der Besatzung bei Manövern und in Ruhezeiten sicheren Halt gibt. Man beachte jedoch dabei – ich praktiziere das seit fünfzehn Jahren –, daß die Winschen nicht blockiert werden. Man braucht sie, auch wenn man vor Topp und Takel treibt (für den Treibanker, zum Nachschleppen von Trossen, zum Befestigen eines Notruders).

● Die Steckbretter im Niedergang werden durch eine feste Platte verstärkt.

● In der Kajüte bereitet man die Sperrholzplatten vor, mit denen die Bullaugen und Fenster verschalkt werden sollen; andere Platten hält man bereit, um ein eventuell in die Aufbauen geschlagenes Leck abzudichten.

● Befindet sich die Rettungsinsel an Deck, verstärkt man ihre Befestigung. In ihre Nähe gehört ein Kappmesser, mit dem man sie schnell freischneiden kann, wenn das Boot rasch aufgegeben werden muß.

● Bolzenschneider, Drahtschere und Zangen werden am Niedergang – für den Fall einer Entmastung – bereitgehalten.

● Reservekanister mit Dieselbrennstoff werden in den Tank entleert. Je voller der Tank ist, um so geringer ist das Risiko, daß der Motor bei starkem Rollen Luft zieht und stehenbleibt. Was leider in schwerer See nicht selten ist.

● Unter Deck werden Schapps, Schubladen und Türen gesichert. Schwere Dinge werden – wenn dies nicht schon geschehen ist – noch besser befestigt: Batterien, Ersatzanker, Kocher, Werkzeugkisten.

● Man achte darauf, daß Dinge, die man noch benötigen könnte, wie Pützen, Ersatzpumpen usw., immer gut zugänglich sind.

● Trysegel, Sturmfock und die stärksten Trossen zum Nachschleppen werden an einem gut zugänglichen Platz in der Kajüte bereitgelegt.

● Feuerzeuge und Streichhölzer gehören in wasserdicht verschlossene Dosen.

● Man prüft, ob die Taschenlampen funktionieren.

● Die Haltegurte werden am Kartentisch und an der Pantry eingepickt. Das ist unerläßlich.

● Schiffsort, -name, Besatzung, Kurs und Ziel der Reise werden einer Küstenfunkstelle durchgegeben. Hat man einen UKW-Sender an Bord, so versucht man einer Küstenfunkstelle oder Wetterstation an der Küste seine Beobachtungen von Wind und See durchzugeben. Auf hoher See kann man solche Stationen nicht erreichen; dann versucht man Kontakt mit einem Schiff aufzunehmen, das Nachrichten weitergeben und im Notfall Hilfe leisten kann. Jeder Kontakt mit dem Land oder einem anderen Schiff bedeutet für die Besatzung in einer solchen Situation zumindest eine moralische Unterstützung.

Kupferstich linke Seite:
Schwerer Sturm auf der Reede der Insel Réunion im Jahre 1846, bei dem mehrere Dutzend Schiffe sanken.

3
Reaktionen der Besatzung

Soweit es die eben beschriebenen Arbeiten erlauben, sollten sie aufgeteilt und wenn möglich jedem Besatzungsmitglied eine bestimmte Funktion zugewiesen werden; das erhält alle besser einsatzfähig und vermindert die Ängste. Mit konstanter Beschäftigung kann man ein Absinken der Moral an Bord und auch Seekrankheit am besten bekämpfen. Ruderwache, Ausschau nach Schiffen und Brechern, Sammeln von Wetterinformationen, Kontrolle von Rigg und Segeln, Koppelarbeit in der Karte, Zubereitung von etwas Eßbarem, das sind alles Aufgaben, die das Interesse der Mitsegler auf fest umrissene Tätigkeiten lenken. Zwischendurch muß man allerdings auch für eine Möglichkeit zum Ausruhen sorgen. Das ist wichtig für alle.

Die Haltung des Schiffsführers ist natürlich während dieser Vorbereitungsarbeiten sehr wichtig. Wieviel Erfahrung die Mitsegler, denen er Anweisungen geben muß, auch haben, ihre Reaktionen hängen doch direkt von der Selbstsicherheit ab, mit der er solch einer Situation begegnet. Darin läßt sich niemand täuschen.

Wenn auch bei schöner Brise auf unseren Booten heute ein gewisses Maß an Demokratie herrscht – denn die Zeiten von Befehl und Gehorsam sind auf Yachten vorbei –, muß doch der Schiffsführer beim Heraufziehen eines Sturmtiefs das Kommando fest in die Hand nehmen. Jetzt muß er seine Fähigkeiten beweisen. Und in aller Regel fordern die Mitsegler auch schnelle und sinnvolle Entscheidungen. Ein zu langes Zögern, ein Gegenbefehl, eine falsche Entscheidung, und schon glaubt jeder an Bord, der Wind habe um ein paar Beaufort zugelegt. Und der Magen beginnt plötzlich auch zu revoltieren.

Schweres Wetter auf See ist immer mit Unbequemlichkeit verbunden. Wichtig ist, daß man gelegentlich die Kleider wechseln und sich im Warmen aufhalten kann.

Stürmischer Mistral im Mittelmeer während einer Marseiller Woche. Er tritt dort ebenso häufig auf wie Regen in der Elbemündung und schüttelt die Segelboote, die hineingeraten, ganz ordentlich durch. (Foto: Y. M. Maquet)

Verhalten des Bootes

Jeder hat wohl schon einmal feststellen können, daß Schwerwettermanöver — gemeint ist das wahre schwere Wetter mit mehr als 8 Windstärken — in Hafenkneipen oder hinterm warmen Ofen zu Hause besonders häufig zum Gegenstand der Unterhaltung werden. Ich kenne aus dem Bereich des Segelns kein Thema, bei dem so viele beeindruckende Vorurteile herauskommen. Das einzige, dessen wir trotz allem sicher sein können — wir haben ja schon davon gesprochen —, ist, daß es dafür keine absoluten Regeln gibt. Die Taktik, die man einschlägt, hängt tatsächlich von so vielen unterschiedlichen Informationen und Faktoren ab, daß jeder, der feste Anweisungen geben möchte, allzu schnell den Boden unter den Füßen verliert.

Verschlechtert sich das Wetter auf See, so hängen die Möglichkeiten, die der Skipper für die Wahl der Route, den Kurs zum Wind und die Segelführung hat, von folgenden Faktoren ab:
- seiner theoretischen Kenntnisse der Schwerwettermanöver (Bücher, Zeitschriften, Berichte),
- seiner Segelerfahrung bei Starkwind auf einem Boot vergleichbarer Größe,
- seiner soliden Kenntnis des Bootes, für das er verantwortlich ist, insbesondere dessen Reaktion in der Welle, der Tendenz zum Anluven oder Abfallen, der im Verhältnis zur Windstärke verträglichen Segelfläche, der maximalen Höhe am Wind, die es in einer Kreuzsee oder bei hohem Seegang laufen kann.

Der letzte Punkt scheint mir besonders wichtig zu sein: das genaue Wissen um das Verhalten des Bootes. So muß man zum Beispiel wissen, ob es unter Großsegel allein noch Kurs hält oder stark anluvt, ob es unter Fock allein hoch an den Wind geht, ob sich das Anluven bei starker Krängung oder in heftigen Böen leicht mit dem Ruder ausgleichen läßt. Das kann man auch testen, wenn der Wind nicht gerade mit Beaufort 10 weht. Man kann solche Tests unterwegs jederzeit durchführen, und dann sind sie Teil der üblichen, beinahe schon klassischen Tests, mit denen man die Manövrierfähigkeit, die Quer- und Längsstabilität untersucht, was jeder Skipper schon auf der ersten Reise mit einem neuen Boot machen sollte. Allerdings sollte er diese Tests bei jeder sich bietenden Gelegenheit wiederholen. So löste sich zum Beispiel im Dezember 1974, kurz nach PITCAIRNs Stapellauf, ein Bolzen am Ruderquadranten, er fiel regelrecht heraus, wodurch das Ruderblatt unbeweglich wurde. Ich war gerade dabei, im Schutze des Wellenbrechers auf der Reede von Toulon die Fock Nr. 2 zu setzen, und konnte nur noch feststellen, daß das Ruder nicht mehr ansprach.

PITCAIRNs Weg nach der Ruderhavarie. Zur gleichen Zeit wurde am Semaphor von Kap Cépet eine mittlere Windgeschwindigkeit von 65 kn gemessen. (Ausschnitt aus der frz. Seekarte 5175)

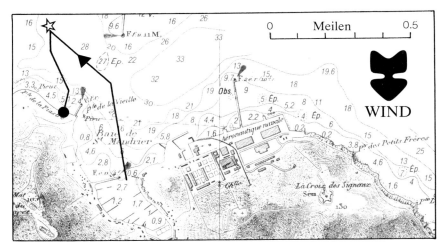

119

Der Seenotrettungsdienst und der Semaphor berichteten später, daß zur gleichen Zeit eine mittlere Windgeschwindigkeit von 65 Knoten gemessen wurde. Und nur 200 m entfernt lag eine Küste, die gespickt war mit spitzen Metallteilen, Überresten einer aufgegebenen Austernplantage. Die Fock stand back, und ich zweifelte nicht daran, daß PITCAIRN wenden würde, so daß wir auf dem anderen Bug freien Seeraum hätten. Doch sie wendete nicht. Nach drei vergeblichen Versuchen waren wir an der gefährlichen Küste gefangen, konnten aber auch nicht ankern, weil kein Platz zum Schwojen da war. PITCAIRN trieb unter den Böen direkt auf die gefährlichen Spitzen zu. Nur mit dem Motor im Rückwärtsgang konnte ich ihnen ausweichen. Der Rumpf trieb mit 5 Knoten Fahrt nur ein paar Meter entfernt an ihnen vorbei, direkt und unausweichlich auf die graue Mauer des Wellenbrechers von La Vieille zu. Es war klar, daß wir daran nicht vorbeikämen. Und dann geschah das Wunder: Zwischen den Steinen des Damms und den spitzen, eisernen Gittern, die alle Augenblicke in den Wellentälern zu sehen waren, tauchte 50 m vor dem Bug ein Kieselstrand auf. Maschine volle Kraft zurück, Segel back, und schon saß der Kiel inmitten der von brechenden Seen hochgewirbelten Kiesel auf Grund. Hastig an Land ausgebrachte Leinen verhinderten, daß das Boot auf die knapp 10 m in Lee liegenden, von Brechern überspülten Felsblöcke getrieben wurde. Das Boot legte sich auf die Seite und blieb dort trotz des harten Seegangs bewegungslos liegen. Drei Stunden später barg uns ein Schlepper nach schwierigen Anlaufmanövern aus dieser Falle. PITCAIRN wurde aus dem Wasser geholt, und ein Experte entdeckte keinerlei Spuren der Strandung an Rumpf, Kiel oder deren Verbindung. Ich kam mit der Angst davon und hatte in wenigen Minuten mehr begriffen, was ich hätte tun müssen und was ich vor allem unter solchen Umständen nie hätte tun dürfen, als in vielen Jahren Hochseesegelns.

Sicherlich wünsche ich niemandem ein solches Abenteuer. Ich erwähne es hier nur, damit die Leser vergleichbare Situationen dazu benutzen, die wahren Möglichkeiten ihrer Boote zu erkennen. Und das, wenn möglich, ohne Nachhilfe eines Sturms.

Welche Boote?

Ich habe hier weder den Platz noch bin ich kompetent genug, um mich auf eine Untersuchung der Rumpf- und Kielformen moderner Kreuzeryachten im Vergleich zu Rennyachten oder Schiffen vergangener Zeiten einzulassen. Jeder kennt zudem die Entwicklung, die der Entwurf unserer Kreuzeryachten genommen hat, durch neue Materialien, durch früheren Generationen nicht bekannte Konstruktionstechniken und durch den noch nicht allzu lange zurückliegenden Sinneswandel der Mehrheit der Eigner, die wünschen, daß sich ihr schwimmendes Kapital durch intensive Ausnutzung in den Ferien, also als Familienschiff, amortisiert. Und, eng damit zusammenhängend, durch den Hang der Werften, Boote mit viel Lebensraum und mehr und mehr Komfort anzubieten.

Frage: Wie läßt sich der große Raum und das Gewicht all der Annehmlichkeiten mit guter Seetüchtigkeit des Bootes vereinbaren?

Die Yachtkonstrukteure antworten: Indem man sich neuen, leichteren und

CHARLES HEIDSIECK *läuft in den Roaring Forties vor schwerer See ab. Beim Segelwechsel auf dem Vorschiff könnte leicht ein Mann über Bord gehen. Das ist jetzt nicht der passende Augenblick dafür...*

doch ebenso widerstandsfähigen Baumaterialien zuwendet und die Forschung über Strömungsverlauf, Reibungswiderstand im Wasser, Wellenwiderstand und was man sonst noch so alles auf wunderbaren und Normalmenschen unverständlichen Kurven aufzeichnen kann, immer weiter vorantreibt.

Bewahren Sie Haltung und schauen Sie bewundernd zu, was da alles – es wird immer mehr – unter dem englischen Wort „Performance" verstanden wird. Doch auf der Seite der Sicherheit in sehr schlechtem Wetter stehen die Experten ziemlich ratlos vor dem Bericht der Kommission, die das Fastnet-Unglück von 1979 untersuchte. „Es heißt, die Konstrukteure seien bei dem Versuch, immer schnellere Boote zu konstruieren, zu weit gegangen und hätten die Notwendigkeiten, denen Hochseeyachten unterliegen, wenn sie mit allen Wetterbedingungen zurechtkommen sollen, ignoriert. Die Kritiker verwiesen vor allem auf das leichte Deplacement, das bei allen Booten zu beobachten ist, und daraus resultierend auf den geringen Tiefgang des Rumpfes, der zu mangelnder Anfangs- und Endstabilität

führt... Behauptet wurde auch, daß der reduzierte Lateralplan, den die Vermessungsregeln veranlassen, zur Konstruktion nicht seetüchtiger Boote führt... Außerdem wurde als mangelhaft das offensichtliche Fehlen ausreichender Kursstabilität und die Tendenz zum Ausbrechen nach Luv bei einigen modernen Yachten des Regattafeldes angeführt." (Untersuchungsbericht über das Fastnet-Rennen 1979)

Es friert einen ein wenig bei dem Gedanken, daß die Zwänge des Marktes manche Konstrukteure dazu verleiten, sich beim Entwurf einer neuen schnellen Kreuzeryacht direkt von den Linien der jüngsten Rennziegen beeinflussen zu lassen. Bis jetzt konnte man immerhin noch behaupten, daß alle Segelboote, die für das Hochseesegeln gebaut worden waren, im allgemeinen ohne Schaden mit einer aufgewühlten See zurechtkommen konnten. Konstrukteure und Bootsbauer sahen ihre wichtigste Aufgabe, schon aus Tradition, im Bau seetüchtiger Boote. Seetüchtig, das heißt – und daran gibt es keinen Zweifel –, daß sie alle notwendigen Eigenschaften besitzen, die auf hoher See gefordert sind, und daß sie ebenso jedem Wind wie der See stand-

halten können. Doch seit kurzem scheinen manche Konstrukteure diese Forderungen in den Bereich nautischer Antiquitäten verbannen zu wollen. Bevor sie ihre Rümpfe den Haien zeigen, präsentieren sie sie erst einmal auf Bootsausstellungen. Sie machen jede Mode mit. Und die modischen Forderungen heißen: immer mehr Geschwindigkeit, immer mehr Komfort. Beide Extreme steigern sich gegenseitig zu immer neuen Kompromissen.

Und das Ergebnis?

Von den Werften kommen Boote mit weit überhöhtem Freibord und besonders breitem Mittelspant, oft auch noch mit einem Ruderhaus, damit große Innenräume im Boot entstehen, während zugleich die benetzte Oberfläche so klein wie möglich gehalten wird. Die Kundschaft sieht sich sportiven Admiralitätspalästen gegenüber,

Die Slup REVE D'ANTILLES bei Starkwind vor der portugiesischen Küste. Angesichts der drohenden Böen trägt sie viel zuviel Tuch. Materialermüdungen hinzunehmen, ist beim Hochseesegeln ebenso unnütz wie gefährlich. (Foto: Paul Thomas)

die man andererseits aber auch als schwimmende Appartements mit Terrasse zum Meer beschreiben könnte und die häufig genug außerhalb geschützter Gewässer nicht den kleinsten Windstoß vertragen. Selbst die glühendsten Kämpfer gegen jede Reglementierung des Segelsports (zu denen ich gehöre) atmen auf bei dem Gedanken, daß sich Eigner solcher Boote nach den geltenden Schiffahrtsvorschriften* nicht allzu weit von der Küste entfernen dürfen. Tun sie es dennoch, so hoffe ich inständig, daß sie gleich nach Ankündigung schweren Wetters einen Schutzhafen aufsuchen und keine Havarie erleiden, bevor sie ihn erreicht haben.

Wenn ich die Stärke mancher GFK-Rümpfe betrachte oder die Schwäche gewisser Ruderhäuser, die direkt in den Salon übergehen, die Zerbrechlichkeit mancher Schweberuder, kann ich mir kaum vorstellen, daß solche Boote vor einem Mistral oder einem anderen Sturm ablaufen — wenn sie nicht schon nach drei Seemeilen einen Schutzhafen finden — oder die Barre vor der Scheldemündung bei Wind gegen Strom überqueren können, was dort ziemlich häufig vorkommt.

Nicht jede Kreuzeryacht muß so robust sein wie Moitessiers JOSHUA, doch wenn sie außer Sicht von Land segeln soll, muß sie ein Minimum an Seetüchtigkeit besitzen. Dann hält sie auch Brechern stand, wie sie in der Küstensegelei über Untiefen oder bei starkem Gegenstrom entstehen können, bietet sie der Besatzung aber auch auf hoher See die Sicherheit, unter allen Umständen Herr der Lage bleiben zu können.

---

* *In Frankreich ist reglementiert, mit welcher Bootskategorie man sich wie weit von der Küste entfernen darf.*

Die Anschaffung einer Hochseeyacht
Was vor allem zu beachten ist

● Eine Hochseeyacht darf keine hohen Aufbauten und keine großen Fenster haben. Auch wenn man Ihnen einreden will, wie angenehm ein Deckssalon mit Ausblick auf die Seeflora und die Hafenfauna ist. Auf See wird das Boot dadurch verletzlich, ganz besonders, wenn der Salon direkt ins Schiffsinnere übergeht. Bricht unter der Wucht eines Brechers das Glas oder wird das Steuerhaus eingedrückt, gibt es kein Hindernis für das Wasser; das Boot wird vollaufen und absaufen.

● Allzu flachgehende und allzu breite Rümpfe sind nicht geeignet. Ein hochliegender Gewichtsschwerpunkt, der bei Krängung stark zur Seite auswandert (siehe Zeichnung S. 138), reduziert die Auftriebskraft so stark, daß ein Durchkentern leicht möglich wird.

● Auch Rümpfe mit schlechter Kursstabilität durch einen zu kurzen Kiel bei geringem Tiefgang sollten vermieden werden. Besonders wenn kein Skeg ein freihängendes Ruder schützt. Bei wenig Wind wird das Boot sicher hübsch in Fahrt kommen, aber in der Welle, wenn niemand darauf gefaßt ist, unkontrollierbar querschlagen.

● Untersuchen Sie das Auftriebsvolumen von Bug und Heck. Zu feine Enden fördern bei sehr hochgehender See die Tendenz zum Unterschneiden und damit zum Über-Kopf-Kentern. Ein fülliger Bug und ein runder Linienverlauf tendieren dagegen zu leichtem Aufschwimmen und geben uns einen gewissen Spielraum bei der Gewichtsverteilung. Dies gilt besonders für kleine Boote, bei denen manchmal schon das Gewicht eines Mannschaftsmitglieds auf dem Vorschiff genügt, um den Bug eintauchen zu lassen. Das ist besonders gefährlich beim Ablaufen vor der See.

● Fordern Sie ausreichenden und genügend tief liegenden Ballast. Für Amwindkurse bei starkem Wind ist dies unerläßlich; denn nur mit ausreichend großer Segelfläche kommt das Boot über die Wellenkämme hinweg. Und die kann es nicht tragen, wenn nicht ausreichender, tief liegender Ballast der Krängung entgegenwirkt.

● Die gegenwärtige Mode tendiert dahin, das Ruder ganz bis ans Heck zu verschieben. Da es nur tief eingetaucht richtig wirkt, wird es in dieser Lage auf den Wellenkämmen häufig unwirksam, weil es dann aus dem Wasser kommt. Ganz am Ende des Rumpfes unterliegt das Ruder übrigens auch besonders starken Querkräften, wie sie beim Gieren oder bei den durch die Wellen verursachten Drehbewegungen auftreten. Nun, ein Boot ohne Ruder ist nur noch ein schwimmender Ponton.

● Achten Sie darauf, daß die Plicht Lenzleitungen in ausreichender Zahl und mit genügendem Durchmesser besitzt. Viele Boote sind schon vollgelaufen, weil ein in die Plicht eingestiegener Brecher nicht nach außen, sondern in die Kajüte ablief.

● Wählen Sie unbedingt ein robustes und leicht zu bedienendes Rigg. Die Erfahrung zeigt, daß Mannschaften, die auch mitten in einem Sturm leicht die Segelfläche verkleinern können, schweres Wetter besser überstehen als andere. Was sich eigentlich von selbst versteht.

Wir liegen zwischen den Iles de Glénan vor der Küste der Bretagne vor Anker, eine halbe Seemeile von Fort Cigogne entfernt, zwischen Les Méaban und Roche Lambert. Am späten Nachmittag werden stürmische Winde aus WNW angekündigt, die im Verlauf der kommenden Nacht bis auf Sturmstärke ansteigen können. Damit wir nicht in der Dunkelheit in diesem Klippenlabyrinth gefangen werden, suchen wir sinnvollerweise ohne Verzögerung hinter der Insel Penfret Schutz, wo wir hinter uns offenen Seeraum haben.

Segelwechsel bei Windstärke 7 und mehr: Der Sicherheitsgurt ist unbedingt nötig. Sind Boot und Besatzung erst einmal auf Starkwind eingestellt, ist es höchste Zeit, sich für diese Situation eine geeignete Strategie zu überlegen. (Foto: J. Y. Baudry)

Verhalten in schwerem Wetter

Gerät ein Boot unterwegs in ein Tief, hat die Besatzung gleich bei den ersten Anzeichen viel zu tun: Sie muß Strecktaue ausspannen, das Boot vorbereiten, das Deck aufklaren, die passenden Segel setzen, die Bordroutine, die angesichts dieser feindlichen Bedingungen am geeignetsten erscheint, in Gang setzen.

Zwei Forderungen sind aber außerdem noch unbedingt und unter allen Umständen zu erfüllen:
● Man muß sich so weit wie möglich von den Gefahren der Küste freihalten,
● und das Boot muß manövrierfähig bleiben.

Diese Regeln sind verbindlich; jeder Skipper hat sie jederzeit im Kopf zu haben. Sie werden um so wichtiger, je schlechter das Wetter wird, bis es ums reine Überleben geht.

Abstand von der Küste halten

Hat man die Möglichkeit, noch einen Schutzhafen anzulaufen, muß der Kurs dahin so weit wie möglich von Land oder von Unterwasserhindernissen in Lee entfernt verlaufen, wobei man jenen Faktoren Rechnung tragen muß, die die Situation verändern können:
● Winddrehung,
● Bruch im Rigg,
● Riß im Segel,
● Ruderbruch,
● Motorpanne.

Je näher man der Küste kommt und besonders, wenn man gerade auf sie zu segelt, um so wichtiger wird es, auf sofortiges Ankern vorbereitet zu sein. Anker und Kette müssen bereit liegen, und ein Mann muß auf dem Sprung stehen, um im Falle einer Havarie das Ankermanöver sofort ausführen zu können. Es muß natürlich jemand sein, der weiß, was er zu tun hat. Bei starkem Wind sollte man auch nicht zögern, in schwierigen Gewässern den Motor zu starten, und wenn man ihn auch nur deshalb anläßt, weil man sich seines Funktionierens vergewissern will: Durch die heftigen Schiffsbewegungen können sich leicht Schmutzteilchen vom Tankboden lösen, die sich dann einen Spaß daraus machen, beim ersten Ansaugen der Brennstoffpumpe die Leitung zuzusetzen. Ebenso kann der Motor bei starkem Überholen Luft ansaugen und aussetzen. Wir werden auf diesen wichtigen Punkt noch auf Seite 140 eingehen.

Wichtig ist es, solche Pannen zu entdecken, so lange noch freier Seeraum zum Ablaufen vorhanden ist. Dann muß man schnell handeln; denn der Motor stoppt nicht sofort: Er muß erst noch die Pumpe und die Leitung leersaugen (was uns ein paar Minuten Frist gibt), bis er brutal stehen bleibt.

Ist andererseits unter Land kein Schutz zu finden (kein Hafen, gefährliche oder zu weit entfernte Küste), ist die einzig richtige Taktik, unter allen Umständen im freien Seeraum zu bleiben. Dazu ist es notwendig, stets die genaue Position des Bootes zu kennen, so daß man den richtigen Kurs wählen kann, der einen frei von der Küste hält; zugleich muß man auch auf Änderungen der Windrichtung oder von Strom achten. Kurz, genaue Koppelrechnung ist wichtig.

Bei schwerem Wetter ist es gerade nachts oder bei schlechter Sicht schwierig, seinen genauen Schiffsort zu ermitteln. Bei solcher Gelegenheit zeigen die elektronischen Navigationsmittel ihren eigentlichen Wert. Gonio, Echolot und Peilkompaß sind für die genauere Bestimmung des Schiffsorts hilfreich, obwohl einige dieser Apparate sich in einer solchen Situation kaum handhaben lassen. Auch wenn ich eigentlich die astronomische Ortsbestimmung bevorzuge, habe ich mich doch entschlossen, ein Satelliten-Navigationsgerät an Bord zu nehmen, und zwar aus folgenden Gründen: Nach 30 Stunden Kampf gegen See und Wind

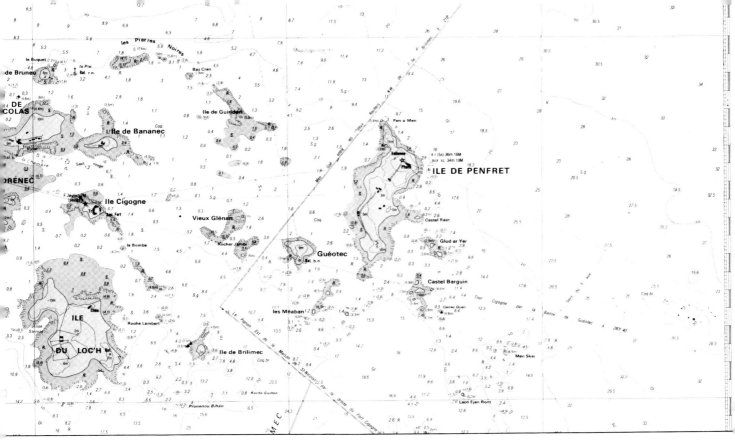

außer Sicht von Land ist der ein Glückspilz, der seine Position auf 5 oder besser 10 Seemeilen genau angeben kann (oder glaubt angeben zu können). Nun, wenn es darauf ankommt, in dunkler Nacht in Regionen, in denen Leuchtfeuer selten sind, und auf einem Deck, das sich wie ein Rodeopferd unter einem bewegt, auf jeden Fall Landkontakt zu vermeiden, ist ein Minimum an Genauigkeit unerläßlich. An Bord großer Fahrzeuge bietet das Radargerät in dieser Hinsicht die besten Möglichkeiten; man sieht damit sowohl das Heraufziehen von Gewittern wie die Kontur der nahen Küsten.

Ist man aber nicht mit diesen elektronischen Kästen ausgerüstet (Satnav, Loran-C, Decca), muß man die Koppelrechnung auf traditionelle Weise durchführen. Mit einer Unbekannten, die man keiner Tafel und keinem Almanach entnehmen kann: der Abdrift beim Beiliegen. Die meisten Handbücher sprechen dagegen, hier überhaupt einen Wert in die Koppelrechnung einzubeziehen, und geben an, daß die Navigatoren im allgemeinen den Wert für die Abdrift unterschätzen. Ich selbst habe dagegen immer zuviel geschätzt, gleich wie groß das Boot war, auf dem ich fuhr, und welche Kielform es besaß. Gewiß ist jedenfalls, daß ein schwergebautes Segelboot mit langem Lateralplan, wie sie bis vor rund 10 Jahren gebaut wurden, weniger stark driftet als eine Leichtdeplacementyacht mit kurzem Kiel. Was nicht bedeutet, daß es weniger anfällig wäre. Ganz im Gegenteil. Mehr darüber, wenn wir uns mit den Manövern bei schwerem Wetter befassen.

Nun, wieviel soll man denn für die Abdrift einsetzen? Es scheint vernünftig, einen ähnlichen Wert anzunehmen, wie er für das gleiche Boot am Wind gültig ist, also im Mittel etwa 5 Grad. Dieser Wert entspricht etwa 0,5 sm in der Stunde, mehr bei leichtem Deplacement, das Doppelte für einen Kielschwerter mit teilweise aufgeholtem Schwert, um zum Beispiel die Zone beruhigten Wassers in Luv zu vergrößern. Im Prinzip verändern starke Böen diesen Wert kaum, bis das Boot bei einer bestimmten Windstärke nur noch vor Topp und Takel treiben kann. Dann sorgt der Winddruck auf Rigg und Rumpf für eine ähnliche Abdrift, bis er schließlich wieder so weit abflaut, daß das Boot unter Sturmfock und Trysegel beidrehen kann. So ist es in der Theorie — gut, aber in der Praxis ist jeder Fall anders.

Der Mistral wölbt die Genua einer an der Marseiller Woche teilnehmenden Yacht. Aber in einer Regatta gelten andere Regeln als beim Fahrtensegeln. Bei solcher Windstärke hätte eine Fahrtenyacht aus Gründen der Sicherheit und der Handigkeit schon lange kleinere Segel gesetzt. (Foto: Y. M. Maquet)

Manövrierfähig bleiben

Bei einem mittleren kräftigen Wind genügt es, die Segelfläche der Stärke des Windes anzupassen, damit ein Segelboot seinen Kurs weiter verfolgen kann. Wahrscheinlich muß man es ein paar Grad abfallen lassen, wenn man gegen die Wellen ansegelt. Auf Raumschotkursen fühlt man sich fast beschwipst; denn die Wellen sind noch nicht hoch und steil genug, um einem schräg darüber hinweg segelnden Boot gefährlich zu werden. Vor dem Wind lassen sehr Sportliche noch einen kleinen Spinnaker stehen, alle anderen sollten aufpassen, daß sie nicht zu viel Segelfläche fahren.

Zur Erinnerung: Bei achterlichem Wind darf man niemals mehr Segelfläche setzen als unter gleichen Windbedingungen am Wind.

Alles wird anders, wenn das Wetter bissiger wird. Bei ein oder zwei Beaufort mehr handelt es sich für die Mannschaft nicht nur um kräftezehrendes Segeln, sondern um echten Kampf, der Sicherheitsmaßnahmen erfordert. Manchmal sogar Überlebensmaßnahmen. Keiner darf mehr aus der Kajüte, ohne seinen Sicherheitsgurt sofort in die Strecktaue einzupicken. Auch der Rudergänger hat sich festgebunden, und kein überflüssiges Besatzungsmitglied darf sich auf Deck aufhalten. Alle Befestigungen für Materialien, die an Deck bleiben sollen, sind verstärkt und noch einmal überprüft worden. Alle Öffnungen sind hermetisch verschlossen, alle Schapps und Schränke verriegelt, alle haben Rettungswesten angelegt, der Rudergänger hat einen Rettungsring bei der Hand. Seit den ersten Böen sind die Vorsegel gegen immer kleinere ausgewechselt worden, von der schweren Genua zur Fock Nr. 1, dann zur Nr. 2. Sturmfock und Trysegel warten in ihren Säcken hinter Leesegel in einer Koje auf ihren Einsatz. Das Logbuch ist nachgetragen, die Position millimetergenau bestimmt, Karten der Region liegen bereit zum Einsatz, Grenzwellenempfänger ist auf die Frequenz des nächsten Wetterberichts eingestellt, Wecker auf die entsprechende Zeit, Sender auf 2182 kHz und UKW-Sender auf Kanal 16, auch der Navigator ist bereit.

Der Skipper folgt jetzt einem vorgezeichneten Weg: Er muß seinen Kurs solange wie möglich beibehalten, soweit es die Küste und der Seegang erlauben. Mit gutem Grund: Solange man das Verhalten des Bootes beherrscht, sind 80 Prozent aller Probleme gelöst. Das erreicht man aber nur, wenn das Boot genug Fahrt macht, um manövrierfähig zu bleiben. Dann kann man vor der See lenzen, Wellenkämme nehmen, wie sie kommen, und zwar je nach Wellenprofil immer im günstigsten Winkel. Und dabei immer noch Kurs halten. Mit Sicherheit wirkt sich das wiederum günstig auf die Moral der gesamten Mannschaft aus.

Stich von Vulliemin aus
„*Bateau des Sorcières*"
(Hexenboot) von 1899.

Auf meiner alten Stahl-ketsch NAUSICAA erlebten Monique und ich während einer denkwürdigen Überquerung der Adria im Jahre 1970 sehr frische Winde. Von Venedig an trieb uns die See vor sich her, und bei uns an Deck war so mancher ängstliche Seufzer zu hören.

Gegen Wind und See

Bei Windstärke 10 mit einer normalen Fahrtenyacht hoch am Wind segeln zu wollen, ist illusorisch. Man hält es auch nicht lange aus. Aber es kommt vor, daß man einen geschützten Ankerplatz anlaufen will, der in der Richtung liegt, aus der der Wind weht; dann muß das Boot in der Lage sein, gegen Wind und See zu segeln. Die gleiche Taktik muß man auch anwenden, wenn man sich aus einer Legerwallsituation freisegeln und offenen Seeraum erreichen will.

1
Nachteile

Dieser Kurs ist — für die Besatzung wie für das Boot — immer eine harte Prüfung. Wegen der Schläge, die der Rumpf beim Überqueren der Wellenkämme einstecken muß, oder wenn er ins Wellental hinunterklatscht, wegen der schweren Stampfbewegungen, wegen der permanenten Krängung, wegen der Gischt, die in den Augen brennt, wegen der Nässe, die in jede Ecke des Bootes dringt. Und dann die Angst, das Zusammenkrampfen der Eingeweide bei jedem Schlag der Wellen, bei jedem Eintauchen, bei jedem Einfallen einer Bö in die Segel, beim donnernden Schlagen der Fock oder wenn das Boot wieder einmal unfreiwillig anluvt. Jede Bewegung braucht Kraft, jeder Platzwechsel ist ein Abenteuer.

Nur die Kajüte ist noch ein Ort relativen Friedens, relativer Stille und relativen Komforts. In kälteren Regionen macht die Ventilation wenig Probleme: Wichtig ist vor allem, daß man sich im Trockenen unter Deck aufhalten kann. Und daß es warm ist. Unter milderem Himmel — im Mittelmeer, in der Karibik — verdrängt das Gefühl des Erstickens beim Aufenthalt in der Kajüte den Eindruck des Wohlbefindens. Sinnvoll wäre es hier, das ausgeklügelte System der Frischluftzuführung zu übernehmen, das in Europa bisher nur auf skandinavischen Booten bekannt ist. Auch das ist wichtig. Dauert es länger, dann findet man sich auch mit der Krängung ab, läßt sich von ihr sozusagen auf dem Sitz oder in der Koje einkeilen. Ohne diese Explosionen unter dem Rumpf, die auf die Nerven gehen und dem Boot die Fahrt nehmen, wäre es für die, die dabei nicht seekrank werden, beinahe erträglich. Wer aber seekrank geworden ist (und wer wird das nicht bei dieser Schüttelei!), der ist in dieser Situation nicht zu beneiden, selbst wenn seine Schwäche ihn zwingt, ausgestreckt in der Koje liegenzubleiben.

„Wenn man auf Windstärken über 6 trifft, stellt das Segeln hoch am Wind die Besatzung und das Boot sehr bald auf eine harte Probe. Von Anfang an ist dies ein besonderer Härtetest", schreibt Peter Haward.

Und er hat recht.

Am Wind ist es bei rauher See wirklich nicht angenehm. Und wenn es noch mehr auffrischt, wird es bald zum Härtetest für Boot und Besatzung.

2

Vorteile

Der Amwindkurs bringt aber nicht nur Unbequemlichkeit. Im Kampf des Bootes gegen die Elemente bietet dieser Kurs auch Vorteile: Das ganze Wellentheater liegt frei im Blickfeld des Rudergängers, man kennt die Windstärke genau, die Reaktionen des Bootes bieten keine Überraschung, das Risiko des Querschlagens ist gleich Null. Keine Welle kann sich wie ein Verräter von hinten anschleichen: Sie müssen von vorn angreifen und lassen damit dem Rudergänger die Wahl, wo er sie packen will, ohne daß er den Kopf umzudrehen braucht, und sie schlagen auf das Boot an seiner am wenigsten verwundbaren Stelle ein, den Bug. Letzter Vorteil: Die Bedingungen, denen Boot und Besatzung unter diesen Umständen ausgesetzt sind, sind die allerschlechtesten. Muß man abdrehen oder vor dem Wind lenzen, kann es nur besser werden. Das ist auch ein Trost.

Diese positiven Punkte gelten wohlverstanden nur bis zu einer gewissen Grenze. Ist diese Schwelle überschritten, wird jedes weitere Gegenanhalten zur Gefahr für das Boot. Dann muß man diesen Kurs schnell aufgeben.

3

Risiken

Außer der Gefahr, daß ein Mann über Bord gehen könnte, ist das Amwindsegeln bei schlechtem Wetter vor allem wegen der enormen Kräfte, die auf alle Teile des Riggs und die Segel ausgeübt werden, so riskant. Ich habe noch die lange und mühevolle Mittelmeer-Fahrt vom Oktober 1980 in Erinnerung, als PITCAIRN sich zu ihrer zweiten Atlantiküberquerung in die Karibik auf den Weg machte. Von Saint-Tropez bis 200 sm hinter Gibraltar waren wir von einem wahren Rosenkranz von Tiefs eingekesselt, die ihre Kräfte zu vereinen schienen, um unser Vorankommen mit Gegenwinden von 35 bis 40 kn zu behindern. Tagsüber und nachts kamen sie genau auf unserem Kurs auf uns zu. Diese acht Tage am Wind bei rauher See sind zweifellos das Ermüdendste, was ich bisher beim Segeln erlebt habe. Ich war gezwungen, ziemlich viel Segelfläche stehenzulassen, um über die Wellen hinwegzukommen, und so frage ich mich noch immer, wie das Rigg eine solche Behandlung hat aushalten können. Natürlich habe ich es regelmäßig kontrolliert und alle Schwachstellen sofort behandelt; aber solche Kontrollen decken keine Schwachstellen in der inneren Struktur auf.

Die Wanten bereiten nicht unerhebliche Sorgen bei den Schlägen des Bugs in die Seen. Damit der Mast eine Chance zum Überleben hat, muß das stehende Rigg korrekt gespannt sein; denn die sich immerzu wiederholenden Schläge übertragen sich bei falscher Spannung des Riggs auf den Mast, so daß ein Bolzen oder ein anderes Verbindungsglied schnell brechen kann. Achten muß man allerdings auch darauf, nicht unbeabsichtigt in den Wind zu drehen; die heftig schlagende Fock kann auch noch das stärkste Aluminiumprofil verbiegen...

4

Segel

Setzen Sie die Segel, die gerade genug Vortrieb geben, und sorgen Sie für ein Gleichgewicht zwischen Vorsegel und Großsegel. Aber ebenso wichtig ist es, auf den Stand jedes einzelnen Segels zu achten, also darauf, daß es den bestmöglichen Vortrieb ergibt. Sturmfock und Trysegel gehören nicht hierher: Sie liefern hoch am Wind nicht einmal eine Pferdestärke. Mit ein wenig Erfahrung merkt man im übrigen sehr schnell, daß man bei den andauernden frontalen Schlägen die Segel ein wenig offener fahren muß,

Foto: Patrick Zimmermann

indem man um rund zehn Grad gegenüber einem Amwindkurs bei ruhigem Wetter abfällt. Der Kurs variiert dann zwischen 40 und 50 Grad am scheinbaren Wind, beim Passieren der Wellenkämme manchmal noch etwas weniger. Der Vorsegelhals sollte mit einem langen Stropp versehen sein, der eine doppelte Funktion hat: Das Segel wird so außer Reichweite der sich am Bug brechenden Seen gehalten, und die Segelfläche steht etwas höher und gerät demnach auch in den tiefsten Wellentälern nicht so leicht in die Windabdeckung.

Bei einem Kutterrigg setzt man bei starkem Wind üblicherweise die Fock. Sie steht näher am Großsegel und bringt infolgedessen mehr, weil beide Segel trotz reduzierter Segelfläche dicht beieinander stehen. Auch die Kursstabilität ist besser als bei einer Slup, deren vorne am Bug stehende Fock eine Tendenz zum Abfallen verursacht, so daß das Boot bei zu geringer Fahrt quer zur Welle zu liegen kommt. Wenn ich auch vor kurzem gesagt habe, daß man auf einer Ketsch, wenn es gerade stürmisch zu wehen anfängt, das Großsegel wegnehmen und allein unter Fock und Besan weitersegeln kann, gilt dies doch nicht für Amwindkurse; dort entwickelt diese Besegelung zu wenig Vortrieb, so daß ich davon abraten muß, nur auf Raumschotkursen ist sie angenehm. Mit Fock und Großsegel ist der Großmast einer Ketsch auch besser stabilisiert, und die Kursstabilität ist größer durch den konzentrierten Segelplan.

VERKLEINERN DER SEGELFLÄCHE AM WIND UN

	Beaufort 1–3	Beaufort 3–4	Beaufort 4–5

Slup

Die Slup hat das einfachste Rigg; sie hat nur einen Mast. Es ist das wirkungsvollste und das handigste Rigg für Fahrtenyachten.

leichte Genua
Groß

schwere Genua
Groß

schwere Genua
Groß 1 Reff

Kutter

Das zweite Stag, meist innerhalb des Vorsegeldreiecks, bietet mehr Möglichkeiten; bei starkem Wind ergibt sich eine bessere Zentrierung des Segelplans.

leichte Genua
Groß

Flieger
Fock 1
Groß

Flieger
Fock 2
Groß 1 Reff

Ketsch

Wegen des geteilten Segelplans muß eine kleinere Besatzung nicht mit großen Segelflächen hantieren; die Segel lassen sich leichter ausbalancieren.

leichte Genua
Groß
Besan

schwere Genua
Groß
Besan

schwere Genua
Groß 1 Reff
Besan

Schoner

Dieses Rigg erlaubt interessante Kombinationen auf Vorwindkursen, ist jedoch am Wind nicht so wirksam.

leichte Genua
gr. Fisherman
Stagsegel
Groß

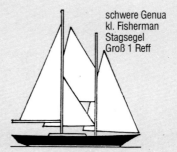
schwere Genua
kl. Fisherman
Stagsegel
Groß 1 Reff

schwere Genua
Stagsegel
Groß 1 Reff

AUMSCHOTS BEI UNTERSCHIEDLICHEN RIGGS

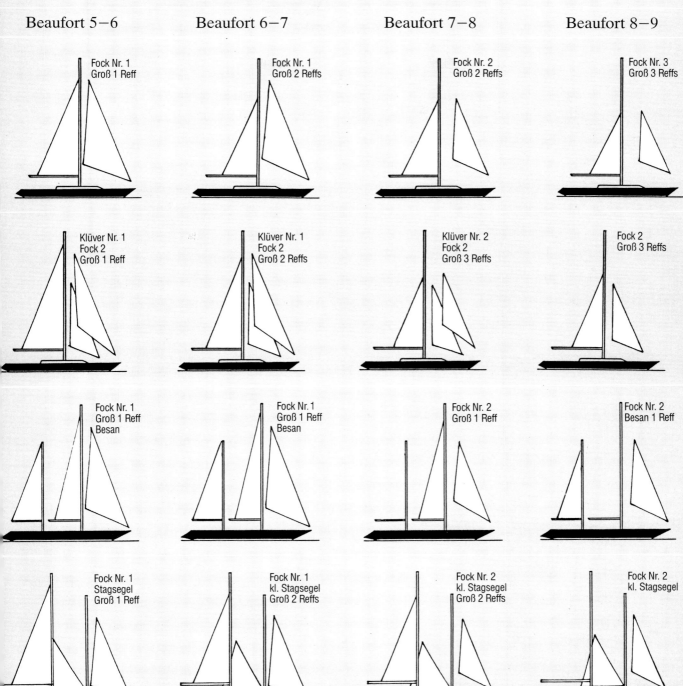

Wenn Sie nicht den Zuschauern an Land ein Schauspiel liefern wollen, wechseln Sie die Fock lieber nicht, während Sie hoch am Wind segeln. Fallen Sie um 30 oder 40 Grad ab und fieren Sie das Großsegel so weit, daß die meiste Fahrt aus dem Schiff kommt. Während Sie sonst bei Fahrt gegenan mindestens 20 Minuten für den Segelwechsel brauchen und dabei noch riskieren, daß einer über Bord geht oder daß zumindest ein Segel ins Wasser fällt, brauchen Sie bei günstigerem Kurs bei geringerer Gefahr nur die halbe Zeit. In Anbetracht der Vorteile fällt die dabei verschenkte Höhe wenig ins Gewicht. (Foto: G. Beauvais)

Verkleinern der Segelfläche am Wind	Slup	
Beaufort 1 bis 3	leichte Genua Groß Total:	69 m² 36 m² **105 m²**
Beaufort 3 bis 4	schwere Genua Groß Total:	50 m² 36 m² **86 m²**
Beaufort 4 bis 5	schwere Genua Groß 1 Reff Total:	50 m² 27 m² **77 m²**
Beaufort 5 bis 6	Fock Nr. 1 Groß 1 Reff Total:	38 m² 27 m² **65 m²**
Beaufort 6 bis 7	Fock Nr. 1 Groß 2 Reffs Total:	38 m² 19 m² **57 m²**
Beaufort 7 bis 8	Fock Nr. 2 Groß 2 Reffs Total:	25 m² 19 m² **44 m²**
Beaufort 8 bis 9	Fock Nr. 3 Groß 3 Reffs Total:	17 m² 15 m² **32 m²**

Kutter		Ketsch		Schoner	
leichte Genua	72 m²	leichte Genua	64 m²	leichte Genua	50 m²
Groß	33 m²	Groß	26 m²	gr. Fisherman	35 m²
		Besan	15 m²	Stagsegel	20 m²
				Groß	27 m²
Total:	**105 m²**	Total:	**105 m²**	Total:	**132 m²**
Flieger	35 m²	schwere Genua	47 m²	schwere Genua	35 m²
Fock Nr. 1	20 m²	Groß	26 m²	kl. Fisherman	15 m²
Groß	33 m²	Besan	15 m²	Stagsegel	20 m²
				Groß 1 Reff	20 m²
Total:	**88 m²**	Total:	**88 m²**	Total:	**90 m²**
Flieger	35 m²	schwere Genua	47 m²	schwere Genua	35 m²
Fock Nr. 2	15 m²	Groß 1 Reff	20 m²	Stagsegel	20 m²
Groß 1 Reff	27 m²	Besan	15 m²	Groß 1 Reff	20 m²
Total:	**77 m²**	Total:	**82 m²**	Total:	**75 m²**
Klüver Nr. 1	23 m²	Fock Nr. 1	31 m²	Fock Nr. 1	27 m²
Fock Nr. 2	15 m²	Groß 1 Reff	20 m²	Stagsegel	20 m²
Groß 1 Reff	27 m²	Besan	15 m²	Groß 1 Reff	20 m²
Total:	**65 m²**	Total:	**66 m²**	Total:	**67 m²**
Klüver Nr. 1	23 m²	Fock Nr. 2	20 m²	Fock Nr. 1	27 m²
Fock Nr. 2	15 m²	Groß 1 Reff	20 m²	kl. Stagsegel	14 m²
Groß 2 Reffs	19 m²	Besan	15 m²	Groß 2 Reffs	15 m²
Total:	**57 m²**	Total:	**55 m²**	Total:	**56 m²**
Klüver Nr. 2	14 m²	Fock Nr. 2	20 m²	Fock Nr. 2	16 m²
Fock Nr. 2	15 m²	Groß 1 Reff	20 m²	kl. Stagsegel	14 m²
Groß 3 Reffs	15 m²			Groß 2 Reffs	15 m²
Total:	**44 m²**	Total:	**40 m²**	Total:	**45 m²**
Fock Nr. 2	15 m²	Fock Nr. 2	20 m²	Fock Nr. 2	16 m²
Groß 3 Reffs	15 m²	Besan 1 Reff	12 m²	kl. Stagsegel	14 m²
Total:	**30 m²**	Total:	**32 m²**	Total:	**30 m²**

Foto: Jacquelin

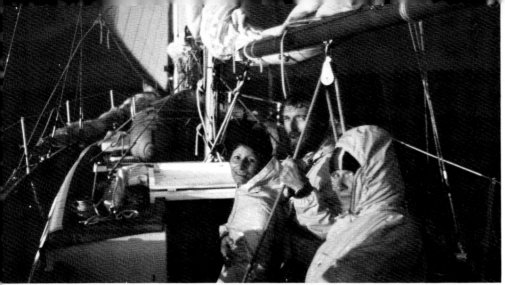

Wenn die Barographenkurve im Sommer stürmischen Wind ankündigt, ist der Skipper so lange unruhig, bis die Segelfläche verkleinert ist, alle ihren Sicherheitsgurt angelegt haben und die Ausrüstung an und unter Deck sicher festgelascht ist.

5

Verhalten in der Welle

Auf die Reaktionsfähigkeit des Rudergängers kommt es an, wenn man in der Welle die schlimmsten Schläge vermeiden will. Beim Gegenansegeln kann dies nur mit genügend Fahrt im Boot gelingen. Die traditionelle Taktik besteht darin, kurz vor dem Wellenkamm anzuluven, um den Kamm mit dem Bug zu schneiden und ein eventuelles Querschlagen mit nachfolgendem Überrolltwerden zu vermeiden. Innerhalb der Welle muß der Rudergänger dann schon wieder Ruder legen und etwas abfallen, um den Wellenrücken schräg hinunter zu segeln. So verhindert er, daß das Boot über den Kamm hinwegschießt und ins Wellental hinunter fällt. Zugleich nimmt das Boot schnell wieder Fahrt auf. Gerade auf hohen Wellenkämmen braucht man also Ruderwirkung; aber der Wind, der auf dem Kamm scheinbar noch stärker weht, hilft meistens beim Abfallen. In diesem Fall ist ein Kurzkieler im Vorteil, weil er wendiger ist (schnellere Drehung um die Längsachse). Gelingt es aber dem Rudergänger eines solchen Bootes nicht, den Kamm frontal anzugehen, kann ein Brecher den Bug quer zur See drücken und das Boot überrollen. Das geschieht besonders leicht, wenn das Boot nicht genügend Fahrt macht, weil es sich in einem Brecher festgefahren hat, weil es im Wellental in den Windschatten geraten war oder weil der Rudergänger einen Fehler gemacht hat.

Ganz sicher hängt das Verhalten auf einem solchen Amwindkurs von den Möglichkeiten des Bootes und vom Wellenprofil ab. Je nach Größe, Verdrängung und Rumpfform reagiert jedes Boot anders. Aber auch die Beschaffenheit der See spielt eine große Rolle. Bei weit auseinander liegenden Wellenkämmen kann der Rudergänger zwischendurch anluven, um ein paar Grad gutzumachen, während eine kurze Welle – wie im Mittelmeer üblich – zu häufigerem Abfallen zwingt.

Ein weiterer wichtiger Faktor ist die Längsstabilität, die durch die Zentrierung der Gewichte erreicht wird. Beim Fahrtensegeln ist man geneigt, Bug und Heck besonders zu belasten, indem man dort Segel, Ankergeschirr, Kanister, Außenborder usw. unterbringt. Das erzeugt besonders beim Durchgang der kleineren Wellen, die sich auf dem Rücken der großen erheben, eine Wippbewegung, die der Fahrt abträglich ist: Das Boot stampft bei jeder kleineren Welle und wird in Gischt gebadet, was den Vortrieb abbremst. Dieser Tendenz zum Stampfen muß man schon beim Stauen von Ausrüstung und Proviant soweit wie möglich entgegenwirken. Nur leichtes Material sollte weit vom Gewichtsschwerpunkt gestaut werden, schweres Material wie Ersatzanker und Ketten, Gasflaschen, Konserven, Generator oder Nähmaschine müssen so tief wie möglich über dem Kiel gestaut werden. Auf kleinen Booten verhalten sich die Besatzungsmitglieder in der Freiwache vergleichbar, indem sie die Vorschiffsräume meiden, die unter diesen Umständen ohnehin nicht sehr komfortabel sind.

In der Küstennavigation kommt es in erster Linie darauf an, sich von Gefahren in Lee des Bootes freizuhalten. Hier, auf einem Amwindkurs von Porquerolles (in der Nähe von Hyères) durch die Enge von Grand-Ribaud bei starkem Westwind, trägt der auf dem unteren Kartenausschnitt eingetragene Kurs diesem elementaren Sicherheitsprinzip Rechnung (wobei man bei Punkt C sogar in den Windschatten von Kap Esterel gerät). Die auf der oberen Karte eingezeichnete Route birgt dagegen vor allem an den Punkten B und D Gefahren: Die Wendemanöver finden zu dicht unter Land statt, und bei der kleinsten Havarie wird das Boot auf die Küste geworfen.

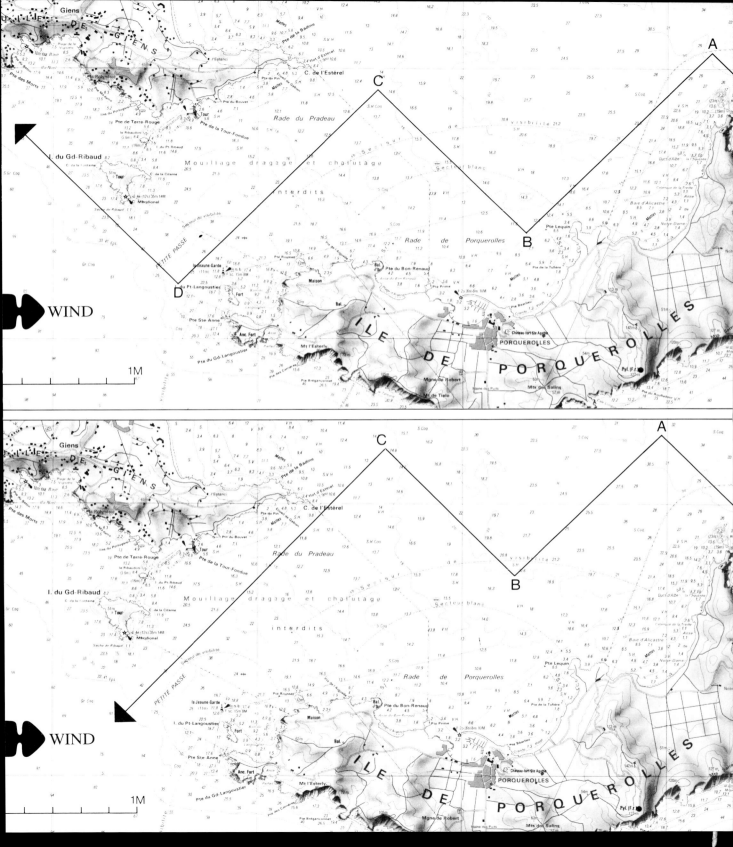

QUERSTABILITÄT

Als wesentlicher Sicherheitsfaktor hängt die Querstabilität eines Bootes von dem Verhältnis zwischen zwei Faktoren ab: dem Gewichtsschwerpunkt G (dem Angriffspunkt aller auf den Bootsrumpf wirkenden Gewichte) und dem Formschwerpunkt F (dem Punkt, in dem die Auftriebskraft des eingetauchten Rumpfes wirksam ist). Solange das Boot aufrecht schwimmt, liegen beide Punkte senkrecht übereinander. Doch je stärker es krängt, um so weiter wandert der Formschwerpunkt je nach Spantform seitlich aus, während der Gewichtsschwerpunkt immer an der gleichen Stelle bleibt. Von der Lage dieser beiden Punkte lassen sich Rückschlüsse auf die wiederaufrichtende Kraft und damit auf die Querstabilität des Bootes ziehen.

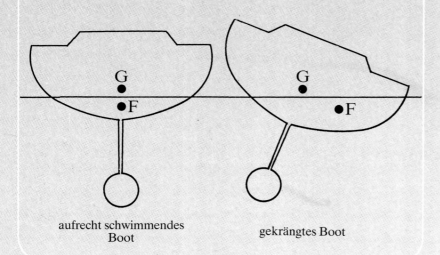

aufrecht schwimmendes Boot

gekrängtes Boot

Foto: Yves-Marie Maquet

6

Schwer- oder Leichtdeplacement?

Man muß anerkennen, daß Leichtdeplacementyachten auf Amwindkursen in starkem Seegang, dank ihrer Form und ihres schnellen Anspringens, wenn sie von einer Welle abgestoppt wurden, bei schwerem Wetter klar im Vorteil sind. Denn Segler, die behaupten, daß das Gewicht ein wesentlicher Faktor sei, dem von den Wellen verursachten Abbremsen entgegenzuwirken, bringen Gewicht und kinetische Energie durcheinander. Das Gewicht allein bringt nicht das gewünschte Resultat. Es fordert vielmehr zusätzliche Vortriebskraft, die die Masse erst einmal in Bewegung setzen muß: große Segelfläche, also große Belastung und starke Materialermüdung oder einen starken Motor, aber dann ist es nicht mehr das gleiche Problem. Also große Risiken von Bruch und Havarie. Eine Leichtdeplacement-Fahrtenyacht kann dagegen die nötige Kraft mit viel geringerer Segelfläche erzeugen. Ihre Fähigkeit zu schneller Fahrt und vor allem zum schnellen Anspringen sind besonders beim Segeln quer zur Welle sehr hilfreich. Alle Mittel werden sparsam eingesetzt, und dennoch bleibt man beweglich.

Die Fock steht zu tief und fängt beim Eintauchen des Bugs grünes Wasser; am Baum fehlt offensichtlich der Niederhalter, und so scheuert das Großsegel an der Saling. Bei einem solchen Anblick denkt man unwillkürlich, daß der Skipper dieser Slup dem Unwetter wohl nicht gewachsen ist. Angesichts des schlechten Stands seiner Segel kann man sich sogar fragen, ob er nicht besser unter Motor führe. (Foto: Paul Thomas)

Abbremsen der Fahrt am Wind ohne Verkleinerung der Segelfläche

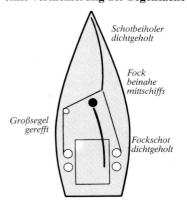

Einsatz des Hilfsmotors

Den prahlerischen Schotenreißern, die einem voller Erstaunen im Fahrstuhl erklären: „Ja, das stimmt, man kann ja bei schwerem Wetter auch den Motor einsetzen! Ich gestehe, daß ich bisher noch nie daran gedacht habe...", gelingt es immer wieder, bei ihrem Publikum Bewunderung hervorzurufen. Doch die Verdammung des Motors auf Segelbooten, die bei unseren Großvätern üblich war, paßt nicht mehr in unsere Zeit. Man braucht sich nur umzuschauen: Im Kanal, auf der Nord- oder Ostsee, in der Ägäis oder auf den Grenadinen sind Puristen selten geworden gegenüber denen, die beim Segeln auch den Motor einsetzen, und für viele ist er sogar das einzige Fortbewegungsmittel. Allein unter Segeln fährt man nur, wenn keine Maschine an Bord ist (wie 1982 auf der Pen Duick III, als Jean-Benoit Sangnier sie als Segelschulschiff benutzte). Hat man aber einen Propeller hinter dem Kiel, so nutzt man ihn auch, um die Leistung der Segel zu verbessern, wenigstens so lange, bis die Wetterbedingungen jedes Gegenanfahren unmöglich machen.

Und darum geht es in den hier beschriebenen Situationen. Es kann sein, daß die Besatzung das Rigg nicht mit allzu großer Segelfläche überlasten will. Oder daß eine schlechte Gewichtsverteilung jedes Vorankommen gegen die Wellen unter Segeln unmöglich macht. So erlebte ich es auf Pitcairn, nachdem ich bei Malarbeiten die Lasten umverteilt hatte. Zeitnot hatte mich aufs Meer getrieben, bevor ich den schlechten Gewichtstrimm verbessern konnte (und das mitten in einer Antigua-Woche!). Es war eine Lehre für mich. Auf der Rückfahrt nach Pointe-à-Pitre trafen wir in der Passage zwischen St. John's und Guadeloupe auf 35 kn Wind und sehr kabbelige See; wegen der Stampfbewegungen und des daraus resultierenden tiefen Eintauchens in die See stellte es sich als unmöglich heraus, wie üblich mit 40 bis 45 Grad am scheinbaren Wind zu segeln. Wir mußten abfallen. Nachdem ich Pitcairn vor der nächsten Ausfahrt in Ordnung gebracht hatte, besaß sie auch unter schlechteren Bedingungen wieder ihre normalen Fähigkeiten (5 bis 6 kn bei 40 bis 45 Grad am scheinbaren Wind bei mittlerer Windstärke 8, 7 bis 8 kn bei über 50 Grad). Das hindert allerdings Monique und mich nicht, den Motor einzusetzen, wenn wir Kaps, die direkt im Wind liegen, bei hohem Seegang oder Strom gegenan umsegeln wollen, oder um mit seiner Hilfe eine Etappe abzukürzen, die mit kleiner Besatzung im Seegang schwierig wird. Wir tun es immer, wenn es die Sicherheit verlangt.

Ich halte den Einsatz des Motors beim Gegenansegeln auf geringeren Distanzen für akzeptabel, unter der Bedingung, daß man ihm – wie immer – nicht blind vertraut.

Ein Vorankommen (Fahrt über Grund) kann man auf Amwindkurs,

Puffertank für Dieselöl

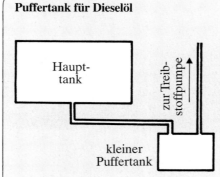

Dies ist eine Möglichkeit, um zu verhindern, daß der Motor bei starker Krängung, bei der der Kraftstoff hin und her schwappt, Luft zieht. Brauchbar ist sie nur bei tiefgehenden Rümpfen, in denen man unterhalb des Haupttanks eine Art Puffertank von etwa 1/10 Inhalt des Haupttanks anbringt. Man kann das System durch Filter, Ablaßhahn, Inspektionsdeckel usw. noch verfeinern.

*Mittlere Windstärke 10 südwestlich von Irland. Will man gegen eine solche See anfahren, braucht man nicht nur einen kräftigen Motor, sondern auch einen robusten Rumpf, der die Schläge der Wellen aushalten kann. Handelsschiffe, sogar Marineschiffe haben am häufigsten unter solchen Bedingungen Havarien: 37 Verwundete und erhebliche Schäden zum Beispiel auf dem Flugzeugträger LA FAYETTE während einer Überfahrt von Toulon nach Norfolk im Dezember 1952; das Riesenschiff konnte zunächst aus eigener Kraft die Fahrt nicht fortsetzen. Eine Hochseeyacht zeigt sich da oft weniger verwundbar, wenn sie nicht gerade gegen Wind und See ansegelt.
(Foto: Michel Hontarrède)*

wohlverstanden, erst bei handlicherem Wetter ins Auge fassen. In echten Notsituationen, wenn es also nicht mehr möglich ist, gegen die See oder quer zu den Wellen zu fahren, muß man beginnen, die Fahrt des Bootes zu verlangsamen, indem man die Segelfläche verkleinert oder die Fock leicht mittschiffs holt. Dazu benutzt man eine zweite Fockschot, einen Beiholer (siehe Zeichnung S. 140), den man vor dem Schamfilen schützen muß. Leichtgebaute Boote verlieren durch diese Reduzierung der Vortriebskraft ihren zuvor beschriebenen Vorteil. In dem starken Seegang beginnen sie schnell zu stampfen und riskieren dabei, zum Spielball der Brecher zu werden.

Schwere, solide gebaute Verdränger ohne leicht verwundbare Aufbauten haben noch eine Bewährungsfrist. Unter Motor kommen sie vielleicht noch gegen die See an. Sie haben ja meist ziemlich starke Maschinen an Bord. Doch auch für sie kommt der Moment, in dem die Aggressivität der Wellen ein Vorankommen nicht mehr zuläßt.

Ablaufen oder Beidrehen? In den nächsten Kapiteln haben wir Gelegenheit, dieses interessante Thema weiter zu diskutieren.

Beiliegen

Verschlechtern sich die Wetterbedingungen so stark, daß man nicht mehr mit genügend Sicherheit Fahrt voraus machen kann (was, wie jeder weiß, bei einigen Booten eher der Fall ist als bei anderen), muß das Boot einen Kurs einschlagen, den man in der Seefahrt „Sicherheitskurs" zu nennen überein gekommen ist. Das bedeutet, daß man zwischen zwei völlig unterschiedlichen Methoden zu wählen hat: dem Beiliegen und dem Lenzen. Wobei jede Methode auch noch nuancenreiche Varianten besitzt.

Ob man aktiv oder passiv agiert, darf – ich wiederhole es – nicht dem Zufall überlassen bleiben. Die Taktik ist an die Gegebenheiten des Bootes, der Besatzung, der Wetterentwicklung, des Seegangs oder der Entfernung vom Land gebunden; und eine Entscheidung läßt sich erst fällen, wenn man alle Umstände, die jeden Fall einzigartig machen, genau studiert hat. Was allerdings nicht bedeutet, daß für eine bestimmte Situation nur eine Möglichkeit in Betracht kommt – ganz im Gegenteil. Glücklich sind jene, die in solchem Augenblick mit tiefster Überzeugung zu handeln verstehen.

Ich kenne keinen tüchtigeren Segler, der nicht selbst schon bei dieser Wahl gezweifelt hat. Und das ist auch gut so. Denn kein Handbuch kann einem jemals vorschreiben, wie man sich auf diesem Boot, bei diesem Wind, auf diesem bestimmten Segelrevier zu verhalten hat, wenn die See die Sicherheit an Bord gefährdet. Ich interessiere mich seit zwanzig Jahren für dieses Thema und habe eine Dokumentation über Segelmanöver bei schwerem Wetter zusammengetragen, wie es wohl noch keinem anderen gelungen ist, wobei ich Abhandlungen alter und zeitgenössischer Segler gesammelt, Berichte und Anleitungen fotokopiert, Skipper und Besatzungsmitglieder, die in schweres Wetter geraten waren, ausgefragt, analysiert, extrapoliert und die Methoden, Ergebnisse und Angaben miteinander verglichen habe... Ich habe die Werke, die die Manöver der großen Segelschiffe vor 100, 150 oder 200 Jahren beschreiben, ebenso studiert wie die Segellehrbücher seit dem Anfang unseres Jahrhunderts, die Handbücher für die Hochseefischerei, die Überlegungen der kompetentesten Weltumsegler, die technische Literatur und die Abhandlungen in den Segelzeitschriften von 1870 bis heute. Und natürlich auch die famose Bibel von Adlard Coles.

Nordatlantik im Juli 1888. Der von Prinz Albert von Monaco geführte Schoner HIRONDELLE war in ein ortsfestes Tief geraten (das sind die schlimmsten). Während die Mannschaft die Segel kürzt, bricht eine See über dem Bug, die Klüverbaum und Bugspriet glatt hinwegfegt. Unter Hagelschauern liegt der Schoner beigedreht quer zur See, und man braucht einen ganzen Tag, bis man wieder Ordnung in der Takelage hat. (Kupferstich von Louis Tinayre aus dem 1901 veröffentlichten Buch „Lebenslauf eines Seefahrers".)

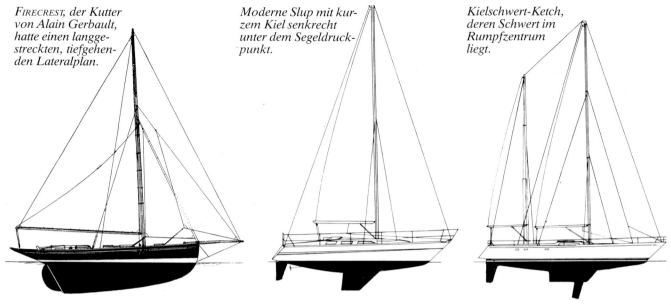

FIRECREST, der Kutter von Alain Gerbault, hatte einen langgestreckten, tiefgehenden Lateralplan.

Moderne Slup mit kurzem Kiel senkrecht unter dem Segeldruckpunkt.

Kielschwert-Ketch, deren Schwert im Rumpfzentrum liegt.

Alte und moderne Yachten

● Obwohl es so scheinen könnte, gibt es doch relativ weniger Unterschiede in ihrem Seeverhalten zwischen den Handelsseglern von früher und den bis in die 60er Jahre hinein gebauten Fahrtenyachten, als zwischen ihnen und unseren heutigen Segelyachten.

● Trotz der geringen Weiterentwicklung der Rumpfformen der Hochseeyachten in fast einem ganzen Jahrhundert – also etwa zwischen 1880 und 1970 – weichen die Ratschläge für den Sicherheitskurs erstaunlich weit voneinander ab. Ein ganzes Buch würde nicht reichen, um nur die Punkte zu zitieren, in denen sich die qualifiziertesten Segler der Epoche (und da gab es einige!) untereinander uneins sind. Leider heißt das auch, daß wir keine allzu große Hoffnung auf die Rezepte unserer Großväter setzen können.

● Das Studium der von Adlard Coles zusammengetragenen reichhaltigen Dokumente entläßt uns ebenfalls mit der Gewißheit, daß verschiedene Skipper, die auf offener See dem gleichen meteorologischen Phänomen begegnet sind, sich sehr unterschiedlich verhalten haben und vor allem auch zu völlig anderen Schlußfolgerungen gelangt sind. Diese Meinungsverschiedenheiten machen denn auch die besten Seeleute unsicher, sobald sie sich mit diesem Thema näher befassen.*

● Der Graben, der die in den letzten 15 Jahren gebauten Hochseeyachten von denen der vorhergehenden Jahrzehnte hinsichtlich ihres Verhaltens bei schwerem Wetter trennt – was Verdrängung, Rumpfform, Lateralplan, Bug- und Heckformen, Manövrierbarkeit usw. anbelangt –, hat dazu geführt, daß es Informationen über die Praktiken mit Booten, auf denen wir doch seitdem fast alle fahren, überhaupt nicht gibt. Vergleiche zwischen dem Verhalten von FIRECREST, VERTUE XXXV, TZU HANG oder COHOE und modernen Fahrtenyachten, wie sie heute auf jeder Bootsausstellung zu sehen sind, erfordern durchaus intellektuelle Akrobatik. Zwar haben wir ja den offiziellen Bericht über das Fastnet-Unglück von 1979: 40 (von 250) Seiten sind der „Taktik im Sturm" gewidmet. Kürzer konnte man es wohl kaum halten! Die Rennziegen, die dort von einem Sturmtief erwischt wurden, sind in Struktur und Ausrüstung von unseren Yachten nicht so sehr verschieden, und so hätte dieses Thema wenigstens die Hälfte des Berichts einzunehmen verdient. Das dem nicht so ist, ist bedauerlich; denn die Untersuchung anderer Punkte hat schon einige bemerkenswerte Folgen gehabt.

Man kann aus meinen Überlegungen eine Schlußfolgerung ziehen: Der Amateur, der außerhalb der schützenden Küste segeln will, sollte so viele Berichte und Informationen, die sich mit dem Verhalten bei schwerem Wetter auf See befassen, sammeln wie er nur bekommen kann, und sie wieder und wieder lesen, damit er alle nur möglichen Techniken kennt, die einer Besatzung, die in eine solche Situation gerät, zur Verfügung stehen. Und dann über ihre Anwendung in Ruhe nachdenken. Welche Lösung er dann im gegebenen Augenblick einsetzt, wird immer von der besonderen Situation abhängen, in der die eine oder andere Sicherheitskurs geeigneter erscheint. Oder als weniger schlimm.

Jeder Leser des offiziellen Berichts über Fastnet 1979 wird im übrigen mit Erstaunen feststellen, daß zwischen 73 und 91 % der Skipper, die an der Regatta teilnahmen und in den Sturm gerieten, erklärten, daß sie unter identischen Bedingungen wieder für die gleichen Maßnahmen, also auch für den gleichen Sicherheitskurs optieren würden. Das sagten sogar jene, die auf diesem Kurs durchkenterten.

Liegt man bei auflandigem Wind allzu lange beigedreht, weil man auf ein Abflauen des Windes wartet, riskiert man, von der See auf die Küste geworfen zu werden. (Foto aus dem Buch „Szenen aus dem Seefahrtsleben" von Vincent Besnier.)

Schon wenn die Wellen noch nicht allzu steil sind und man unter Fock Nr. 2 noch gegenan segeln kann, sollte man die Sturmfock anschlagen und solange beidrehen, bis das Anemometer zeigt, daß der Sturm seinen Höhepunkt überschritten hat. Oder man fällt ab bis auf einen weniger unangenehmen Kurs. Denn der Moment kommt mit Sicherheit, in dem angesichts der Brecher jedes Voranpeitschen gegen die See eine Gefahr für das Boot darstellt. (Foto: Patrick Zimmermann)

Arten des Beiliegens

Der Unterschied zwischen „beidrehen" und „beiliegen" ist bekannt: Ersteres ist die Aktion, indem man in einer Wende die Fock backstehen läßt, um die Fahrt aus dem Schiff zu nehmen; letzteres der andauernde Zustand nach dem Beidrehen. Darum geht es hier. Manchmal wird aber auch als Beiliegen bezeichnet, wenn man die Vorsegel mittschiffs schotet, um Fahrt aus dem Schiff zu nehmen; das ist nicht gemeint. Beides kann man tun, wenn man Zeit für ein Manöver braucht, eine Reparatur ausführen will, das Beiboot zu Wasser läßt (um einen im Wasser schwimmenden Menschen zu retten), auf eine befreundete Yacht wartet oder auf das Kentern der Tide. Man dreht also bei für eine begrenzte Zeit, ohne daß man durch Wind oder See dazu gezwungen ist.

Das Beiliegen, das hier gemeint ist, ist auch eine abwartende Haltung, allerdings unter ganz anderen navigatorischen Bedingungen; denn jetzt hindert die Kraft der Elemente das Boot am Vorankommen auf seinem Kurs und zwingt seine Besatzung, eine passive Haltung einzunehmen, um der See besser widerstehen zu können. Manchmal entscheidet sich die Besatzung einer Yacht auch nur deshalb fürs Beiliegen, weil sie in schlechtem Wetter unter Deck ein wenig ausruhen will. Dann geht man wieder auf Kurs, nicht weil der Wind abgeflaut ist, sondern weil die Besatzung glaubt, genügend ausgeruht zu sein.

Und schließlich gibt es noch ein Detail, allerdings von größerer Bedeutung: Es gibt verschiedene Arten des Beiliegens, die sich je nach dem Verhalten von Boot und Besegelung unterscheiden. Darüber hinaus kann man in jeder Situation noch weitere Mittel einsetzen: Öl, Treibanker, nachgeschleppte Trossen oder Segel.

Im Prinzip kann man unterscheiden zwischen
● Beiliegen mit Drift nach Lee,
● Beiliegen mit Fahrt voraus,
● Beiliegen vor Topp und Takel.

1

Beiliegen mit Drift nach Lee

Dies ist das echte Beiliegen, wie es auch in allen Handbüchern beschrie-

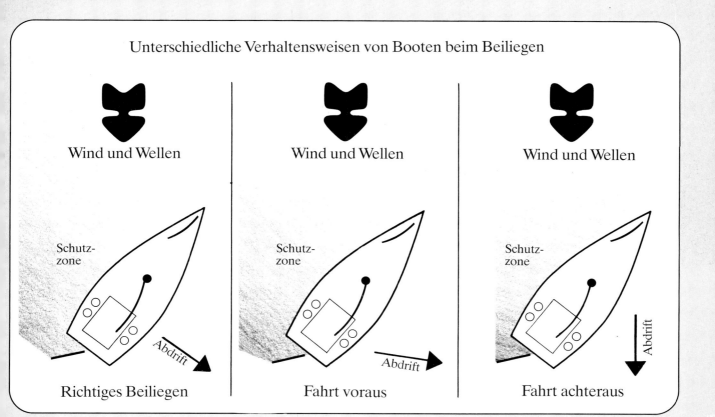

Unterschiedliche Verhaltensweisen von Booten beim Beiliegen

Richtiges Beiliegen | Fahrt voraus | Fahrt achteraus

ben wird. Auf diesem Kurs liegt das Boot im Gleichgewicht, so daß es weder Fahrt voraus noch achteraus macht, sondern annähernd quer zu See und Wind nach Lee treibt, so daß sich in Luv eine schützende Wirbelzone bildet. Das Großsegel wird stark gerefft, das Vorsegel backgesetzt und Luvruder gelegt; das Vorsegel bewirkt dann eine Tendenz zum Abfallen, der das nach Luv gelegte Ruder entgegenwirkt. Freilich muß man geduldig mit der Fläche und der Stellung beider Segel experimentieren, bis sich das gewünschte Gleichgewicht einstellt. Dafür gibt es kein allgemeingültiges Rezept: Die optimale Einstellung hängt prinzipiell von der Wirkung des Windes auf die Segel und vom Widerstand des Wassers gegen den Lateralplan ab. Liegt der Segeldruckpunkt vor dem Lateraldruckpunkt, bewirken die Segel eine Tendenz zum Abfallen, liegt er achtern vom Lateraldruckpunkt, bewirkt dies eine Tendenz zum Anluven.

Vorteile

Das Beiliegen bietet einem Boot in sehr starkem Seegang sicherlich die größte Stabilität. Das Rollen und Stampfen hat stark nachgelassen, Material und Besatzung werden nicht mehr so stark beansprucht. Das Rigg hat nur eine sehr reduzierte Segelfläche auszuhalten und muß nicht mehr, wie beim Amwindsegeln, besonders wenn noch der Motor mitläuft, die brutalen Schläge der Seen einstecken; der Rumpf, der im allgemeinen zwischen 50 und 70 Grad zum wahren Wind liegt, bietet den Wellen seinen Bug (die dafür geeignetste Partie); die Besatzung ist vorläufig von allen Arbeiten befreit und kann sich ein paar Stunden lang ausruhen, zweifellos das Beste, das man unter solchen Umständen erreichen kann. Der Skipper, der sich jetzt kurzfristig weniger Sorgen um das Boot zu machen braucht, kann in der Zeit des Abwartens das Logbuch nachtragen, die Koppelrechnung überprüfen, sich um eine genauere Standortbestimmung kümmern, eine Meldung über Funktelefon absetzen oder auch eine der Wetterentwicklung und dem Revier angepaßte Strategie ausarbeiten.

Alle diese Vorteile lassen sich aber nur dann genießen, wenn der Rumpf in Lee der Wirbelzone bleibt, die durch seine Abdrift gebildet wird. In dieser Schutzzone laufen sich die Wellen teilweise tot, ja, im günstigsten Fall nimmt sie sogar den Brechern all ihre aggressive Kraft. Wie groß und wirksam eine solche Wirbelzone ist, hängt jedoch von dem Unterwasserschiff des Bootes ab: Ein Mehrrumpfboot, das bei hochgeholtem Schwert gerade 50 cm tief eintaucht, treibt schnell nach Lee ab und erzeugt dabei keine Wirbelzone, in der die Wellen auslaufen könnten. Auch moderne Kurzkieler tun es nur sehr bedingt, wenn sie sich überhaupt beiliegen lassen. Man sollte das rechtzeitig ausprobieren.

Nachteile

Der größte Nachteil beim Beiliegen resultiert aus der Passivität von Boot und Besatzung. Das Boot ist nicht mehr manövrierfähig, und so ist es fast vollständig den herrschenden Bedingungen unterworfen. So ist es zum Beispiel unmöglich, schnell einem Schiff, das gefährlich nahe gekommen ist, aus dem Wege zu laufen, oder den leichtesten Übergang über eine besonders heftig brechende Welle zu wählen. Die Trägheit der Besatzung, der es an Konzentration fehlt, wenn zum Beispiel durch Bruch ein rasches Eingreifen nötig wird, oder die die Arbeit nur mit Verzögerung ausführt, kann eine Ursache für schwere Schäden sein. Jeder läßt sich nur ungern aus dem Halbschlaf reißen, in den ihn die wiegenden Bewegungen des Schiffes versetzt haben.

Zu beachten ist auch die Abdrift. Genügend freier Seeraum in Lee ist nötig, damit das Boot treiben kann, ohne auf die Küste oder vorgelagerte Untiefen geworfen zu werden. Auch die Ungewißheit, ob die Koppelrechnung und damit der gegißte Schiffsort richtig sind, muß, wenn der Navigator nicht über elektronische Positionsbestimmungsmöglichkeiten verfügt (Satnav, Loran, Decca), mit in Betracht gezogen werden. Wichtig ist, daß man in tiefem Wasser bleibt; denn bei geringer Wassertiefe verbieten die Gefahren von Brechern und Grundseen jedes Beiliegen*.

Risiken

Es erscheint angebracht, sich bei dieser Gelegenheit der Expertenurteile nach dem Fastnet-Unglück von 1979 zu erinnern. Denn obgleich ihr Bericht allein Regattayachten betrifft, die sich auf dem Regattakurs befanden, als sie vom Sturmtief überfallen wurden, stellt er schließlich das einzige echte Dokument über die Schwerwettertauglichkeit moderner Leichtgewichtsrümpfe mit hohem Freibord, kurzem Kiel und Schweberuder dar. Also über Rümpfe, deren Konzeption den von uns heute gesegelten Fahrtenyachten relativ nahe kommt.

Die Zahlen sprechen für sich: Von 235 Skippern erklärten 113 (rund 48 %), daß ihr Boot im Verlauf des Sturms ein- oder mehrmals platt aufs Wasser gedrückt wurde. Und 77 (rund 33 %) berichteten von Kenterungen von mehr als 90 Grad, manchmal bis um 180 Grad oder sogar bis zum vollständigen Durchkentern um 360 Grad. Von den um mehr als 90 Grad gekenterten Booten lagen etwa zwei Drittel quer oder schräg achterlich zur See. Die anderen versuchten mit dem Bug im Wind zu bleiben. Der Bericht der Untersuchungskommission erwähnt leider nicht, welche Sturmtaktik die Besatzungen im Moment des Kenterns anwendeten**. Mit einiger Sicherheit kann man aber daraus schließen, daß unter solchen Wetterbedingungen (mittlere Windstärke 10, schwerer Seegang) ein Kentern unter dem Ansturm einer brechenden See für ein beigedreht liegendes Boot das größte Risiko ist. Denn es bietet den Wellen sein Vorschiff in einem je nach den Eigenarten des Bootes mehr oder weniger offenen Winkel.

Will man diesem Risiko entgehen, so bieten sich in einer steilen See zwei Möglichkeiten: Man läßt das Boot auch beigedreht nie sich selbst steuern – auch wenn Generationen von Segelschriftstellern beschrieben haben, wie sie am Wind die Pinne belegten, um sich einen Moment auszustrecken –, sondern achtet immer darauf, daß es in der durch die Drift des Rumpfes gebildeten Wirbelzone bleibt. Die zweite ist der ersten ähnlich; denn gerade ein modernes Boot läßt sich nur dann so halten, daß es keine Fahrt aufnimmt, wenn der Rudergänger den Winkel des Gierens beschränkt. Wir werden darauf zurückkommen.

Man erinnere sich, was das in der Wellentheorie bedeutet: Man segelt in tiefem Wasser, wenn die Wassertiefe mindestens der halben Wellenlänge entspricht, anders ausgedrückt, wenn das Echolot eine größere Tiefe als die halbe Distanz zwischen zwei aufeinander folgenden Wellenkämmen anzeigt.

**Bekannt ist lediglich, daß ein Sechstel der gekenterten Boote weniger als 2 kn Fahrt machte. Lagen diese Boote beigedreht? Persönlich denke ich, daß gerade der Kurs zum Wind im Augenblick des Kenterns für den Untersuchungsbericht von besonderem Interesse gewesen wäre.*

SEGELFÜHRUNG BEIM BEILIEGEN
bei verschiedenen Takelungsarten

Bei jedem Rigg sind verschiedene Lösungen möglich, die sich nach der verfügbaren Ausrüstung richten. Das Ziel ist aber immer, das Boot im Gleichgewicht zu halten und ein hartes Arbeiten des Rumpfes im Seegang so weit wie möglich zu vermeiden.

Drift

In der Praxis ist das Beiliegen im Sturm nur in dem Maße sinnvoll, in dem die durch die Drift des Bootes gebildete Wirbelzone ausreichenden Schutz vor den anrollenden Brechern bietet, und auch nur unter der Voraussetzung, daß es in dieser Zone bleibt. Das gelingt nicht gleich beim ersten Versuch. Ein günstiges Resultat erhält man nur, indem man mit Segel- und Ruderstellung so lange experimentiert, bis man alles im Gleichgewicht hat und damit die beste Kursstabilität erreicht.

Zwei Forderungen sind zu erfüllen:

● Das Gieren muß so weit wie möglich begrenzt werden, um den Aufenthalt unter Deck angenehmer zu machen, aber auch, um Verbände, Ruder und Rigg nicht übermäßig zu beanspruchen und Querschlagen und Überrolltwerden zu vermeiden.

● Die allgemeine Richtung der Abdrift muß beinahe genau senkrecht zur Mittschiffslinie liegen. Bei zuviel Fahrt voraus fährt das Boot aus der Schutz bietenden Wirbelzone in Luv heraus; und umgekehrt, bei Fahrt achteraus, hat das Ruder keinerlei Wirkung mehr. Dann reagiert das Boot nicht mehr auf das Ruder (s. Zeichnung S. 147), ja, es droht sogar Ruderbruch. Aus beidem geht hervor, daß das richtige Beiliegen sich keineswegs von alleine einstellt.

Nur ein Rudergänger kann den rich-

1 Beiliegen:
Das Boot liegt beigedreht und macht keine oder wenig Fahrt voraus, weil die Wirkung von Großsegel und backgestellter Fock die Ruderwirkung ausgleicht. Das Boot treibt quer zu See und Wind, wobei die Drift eine schützende Wirbelzone in Luv verursacht.

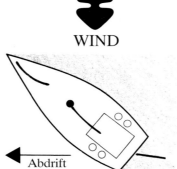

2 Beiliegen mit Fahrt voraus:
Der Kurs liegt irgendwo zwischen normaler Fahrt und dem eigentlichen Beiliegen. Dank der Vorausfahrt ist das Boot manövrierfähiger. Andererseits nutzt ihm die durch die Drift in Luv verursachte Wirbelzone wenig.

3 Beiliegen unter Topp und Takel:
Ohne Segel läßt sich die Lage des Rumpfes zu Wind und See nur schwer regulieren. Wie wirksam die Wirbelzone in Luv ist, hängt bei jedem Boot von Deplacement, Lateralplan und Freibordhöhe ab.

ABDRIFT BEI UNTERSCHIEDLICHEN ARTEN DES BEILIEGENS

tigen Punkt herausfinden. Glauben Sie nicht, daß Ihr Boot mit festgesetztem Ruder, wie es Hochseeabenteurer leichtsinnigerweise immer wieder beschreiben, richtig reagiert. Bei noch handigem schlechtem Wetter, wenn der Seegang noch lange nicht sein Maximum erreicht hat, kann man vielleicht die Pinne festlaschen und den Steuerstand verlassen. Aber sobald sich die Wellenkämme auftürmen und instabil werden, muß das Ruder besetzt sein, schon damit man immer in der schützenden Wirbelzone bleibt und von Zeit zu Zeit besonders ungestümen Wellenkämmen den Bug entgegendrehen kann. Jeder Skipper weiß im übrigen, daß gerade bei schwerem Wetter ein guter Rudergänger unerläßlich ist, auch beim Beiliegen. Und sei es nur, um das Ruder unter Kontrolle zu haben und vor allzu großem Druck zu bewahren, wie er zum Beispiel beim Gieren entsteht. Dieser Druck auf das Ruder kann manchmal außerordentlich stark werden, so daß gerade unter diesen Umständen schon viele Yachten Ruderhavarie erlitten.

Natürlich kann man auch andere Mittel einsetzen, um die Gewalt der Wellen zu brechen. Man tröpfelt Öl auf die Wasseroberfläche oder schleppt in Luv des Bootes eine ausreichend lange, in einer Bucht geschorene Trosse nach, an der eventuell noch ein halb getauchtes Segel befestigt werden kann. Wir sprechen noch darüber, wenn wir auf das Lenzen vor dem Sturm kommen.

Beiliegen mit Fahrt voraus

Diese Methode weicht nur in einem Punkt von der vorher beschriebenen ab, insofern, als das Boot nicht ohne Eigenbewegung in der entfesselten See liegt, sondern unter gleicher Besegelung langsam Fahrt voraus macht. Dadurch entfernt es sich aus der durch die Abdrift des Rumpfes verursachten schützenden Wirbelzone – die wegen der Vorausfahrt tatsächlich schwächer ist, weil diese alle Komponenten verändert – und ist dem Ansturm der Wellen stärker ausgesetzt.

Vorteile. Das Boot treibt weniger ab. Also kann es diesen Kurs auch in Luv einer Küste einnehmen und mit 1 bis 3 kn Fahrt sogar von ihr freizusegeln versuchen. Das Boot rollt nicht so stark, und der Rudergänger kann dem Gieren leichter entgegensteuern.

Nachteile. Dieser Kurs kann nur bei nicht allzu hohem Seegang eingeschlagen werden, weil das Boot bei Fahrt voraus nicht mehr durch die Wirbelzone in Luv des Rumpfes geschützt ist.

Vorgehen. Der Kurs liegt zwischen dem echten Beiliegen und normaler Marschfahrt mit reduzierter Besegelung und entspricht einer Situation aktiver Wachsamkeit, wie man sie zum Beispiel in Erwartung baldiger Wetterbesserung oder auch beim Abbremsen der Fahrt aus bestimmten Gründen einnimmt (in Erwartung der Morgendämmerung, des Kenterns der Tide, einer Änderung der Windrichtung, während einer Goniopeilung usw.).

Größe und Stellung der Segel entsprechen ungefähr dem normalen Beiliegen, wobei die Fock vielleicht ein wenig offener und das Ruder ein wenig mehr in Mittschiffsrichtung stehen. Liegt das Boot erst einmal stabil auf Kurs, kann man das Ruder, nachdem es mit starken Gummizügen genauestens eingestellt wurde, oft sich selbst überlassen; denn dieser Kurs erfordert weniger Aufmerksamkeit als das echte Beiliegen. Trotz des fehlenden Schutzes der Wirbelzone in Luv ist er auch leichter zu ertragen. Aber auch hier muß ich noch einmal darauf hinweisen, daß jeder Fall etwas Besonderes ist und eine eigene Lösung verlangt.

PITCAIRN beigedreht mit Fahrt voraus im Golf von Mexiko. Wir segeln gegen den Passat auf Puerto Rico zu. Wie immer in diesen Breiten läßt auch außerhalb der Hurrikan-Zeit eine längere Periode frischen Windes rasch eine krause See entstehen, auf der kurze Schauerböen die Wellen zum Brechen bringen.

Foto: R. Loret

3

Beiliegen vor Topp und Takel

Dies ist eine Variante des Beiliegens, bei der man das Boot vor nacktem Rigg, also ohne einen Fetzen Tuch, quer zur See treiben läßt. Und das aus einem einzigen Grund: Kein Stückchen Segeltuch würde der Kraft des Windes standhalten. „In diesem Moment", erklärte P. L. Blondel 1959 in einer Yachtzeitschrift, „befindet man sich in einer Situation, von der die meisten Hand- und Lehrbücher ganz dezent zu schweigen vorziehen. Und sie haben recht." Indem er die Fähigkeiten der Segelboote seiner Zeit kommentiert, die Wellen mit leicht nach Luv angestelltem Ruder schräg von vorn zu nehmen, fährt er fort: „Auf gewissen Booten ist es manchmal möglich, auf anderen niemals."

Ich gestehe, daß ich es niemals unter realen Bedingungen praktiziert habe und deshalb über das Verhalten unserer heutigen Boote beim Beiliegen vor Topp und Takel im Sturm nichts weiß. Da man nicht mit der Segelstellung experimentieren kann, kann niemand die Reaktionen des Bootes beeinflussen (vielleicht versucht man noch, ein Unterwant backzuholen oder ein Backstag mittschiffs...). Welchen Winkel der Rumpf zu den Wellen einnimmt, hängt allein vom Willen der Elemente ab: Liegt er mit dem Bug zur See (was schon sehr überraschend wäre!), hat das Boot einen relativen Schutz. Dreht der Bug aber vom Wind ab, wird das Risiko des Kenterns nur von der durch die seitliche Drift gebildeten Wirbelzone gemildert. Macht das Boot zuviel Fahrt voraus oder gar über das Heck achteraus, bietet diese Zone keinen Schutz mehr (gleiches gilt auch, wenn die Drift einfach nicht groß genug ist). Da ist das Ablaufen vor der See offensichtlich doch vorzuziehen, wenn nicht die Nähe von Land einen solchen Kurs verbietet.

Vorteile. Eigentlich kann man bei einer solchen totalen Unterwerfung des Bootes unter die Elemente nicht von Vorteilen sprechen, außer daß das Nichtvorhandensein von Segeln alle Arbeiten an Deck überflüssig macht. Ich bin der Ansicht, daß eine solche passive Haltung nur als allerletzte Lösung angesichts einer chaotischen See, während einer Segelreparatur oder bei Ruderschaden in Frage kommt. Diese Taktik kann auf keinen Fall besser sein als irgendeine andere, manchmal aber vielleicht weniger schlecht.

Nachteile. Das Boot ist völlig sich selbst überlassen und hält dem Winddruck lediglich Mast und Rigg entgegen. Auf Wanten und Stage, Spieren und Ruder wirken beim Durchgang durch Wellenkämme und in den Windlöchern im Wellental erhebliche Kräfte ein. Darüber hinaus kann die Besatzung auf die Lage des Rumpfes zu den Wellen fast keinen Einfluß ausüben, und so treibt das Boot, ohne daß man auf den Angriff der Brecher reagieren kann.

Risiken. Aus der direkten Wirkung der Wellen auf den Rumpf oder die Decksaufbauten ergeben sich vor allem zwei Risiken: Ruderbruch und Kentern.

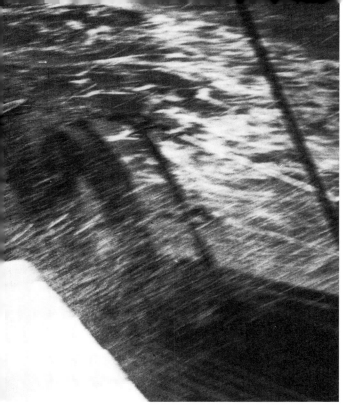
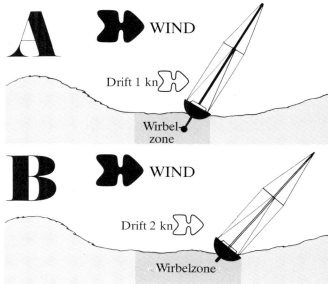

Einfluß des Lateralplans auf die Verwirbelungszone
Ein Boot mit relativ geringer Verdrängung und relativ kleinem Lateralplan (A) kann bei der Abdrift unter dem Druck des Windes eine weit über den Rumpf nach Luv hinausreichende Wirbelzone erzeugen. Die stärkere Krängung von Booten mit langem Ballastkiel und starker Drift (B) kann sogar dank des in Lee tief eingetauchten Freibords eine noch ausgeprägtere Wirbelzone hervorrufen. – Das linke Foto entstand bei stürmischem Wind an Bord der SEREINE auf der Höhe der Hebriden. (Foto: Bernard Oriac)

Ruderschaden entsteht am häufigsten dadurch, daß eine starke Welle das Boot am Bug packt und mit einem plötzlichen Stoß achteraus drückt. Einen solchen Schlag überstehen nur wenige Ruder; denn der Druck des Wassers auf die Ruderfläche ist enorm. Auf manchen besonders solide gebauten Booten ist die Achterkante des Ruders mit einem Beschlag ausgestattet, von dem aus ein Stahlkabel zu beiden Seiten des Rumpfes führt, das die Kräfte, die auf den Ruderapparat ausgeübt werden, besser verteilen soll. Solche Verstärkungen könnten sehr wirksam sein, doch leider verfügen nur wenige moderne Fahrtenyachten darüber. Im übrigen sollte man auch wissen, daß auch ein Feststellen des Ruders in Mittschiffsrichtung keinerlei Schutz bedeutet, wenn nicht alle Teile wie der Schaft, die Aufhängung, die Pinne, die Steuerseile oder das Ruderblatt stark und robust genug sind.

Auch das Risiko des Kenterns wird höher, wenn das Boot nicht manövrierfähig ist. Nach der Umfrage im Anschluß an das Fastnet-Unglück 1979 zu urteilen, ist die Gefahr tatsächlich groß: Von den 77 Booten, die um mehr als 90 Grad kenterten, liefen 45 im Moment des Unfalls vor Topp und Takel; das sind 58 %*.

Vorgehen. Diese Zahlen wiegen schwer und scheinen anzudeuten, daß man vom Beiliegen vor Topp und Takel ganz und gar abraten sollte. Ich denke jedoch, daß es immer noch eine Möglichkeit ist, wenn uns keine andere mehr offensteht. Ist dies der Fall, zum Beispiel bei einer schweren Havarie, sollte die Besatzung meiner Meinung nach versuchen, das Boot im Wind zu halten, indem sie ein Segel, Trossen oder Treibanker ausbringt (wie man dies tut, werden wir bald sehen). Denn es ist ziemlich sicher, daß der Bug die Attacken der Brecher am besten aushält, wobei die künstliche Bremswir-

---
* *Von den 77 Yachten, die über die Horizontale hinaus gekentert waren, gehörten 6 zur Klasse I, 4 zur Klasse II, 24 zur Klasse III, 20 zur Klasse IV und 22 zur Klasse V. Zur Vervollständigung der Information trage ich noch nach, daß 16 Trossen und nur 4 einen Treibanker ausgebracht hatten, während 53 auf jedes dieser Hilfsmittel verzichteten.*

kung durch ein in Luv des Bugs halb untergetaucht schwimmendes Gerät ganz logisch die Schläge der Wellen mildert. Und infolgedessen vermindert sich auch ihre zerstörerische Wirkung auf das Ruder. Aber ich betone noch einmal, daß diese Technik nur dann angewendet werden sollte, wenn keine andere Lösung in Sicht ist.

Schiffbruch der LONDON am 11. Januar 1866

„Das Dampfsegelschiff LONDON hatte sich nach einer kürzlich in 59 Tagen vollendeten Reise nach Australien als Passagierschiff hohe Wertschätzung erworben. Am Montag, dem 1. Januar 1866, ging das Schiff ankerauf und machte sich gegen eine steife Brise aus westlicher Richtung, die sein Vorankommen nur wenig behinderte, auf den Weg den Kanal hinunter. Als es hinter der Isle of Wight auf offene See kam, verstärkte sich die Brise zu stürmischem Wind.

Am 7. Januar, einem Sonntag – das Schiff hatte inzwischen mehrere Häfen angelaufen –, frischte der Wind weiter auf, und in der Nacht wurde der Seegang sehr rauh. Da er weit genug von Land war, ließ der Kapitän die Maschine stoppen und die Marssegel setzen, um das Schiff zu stützen. Doch am Dienstagmorgen wurde der Sturm immer noch stärker, und die Oberleesegelspiere am Fockmast, die Obermarsstenge, die Bramstenge und alle Royalrahen gingen im Wind nacheinander zu Bruch.

Noch am gleichen Tag, etwa um 3 Uhr nachmittags, riß eine gewaltige See das Steuerbord-Rettungsboot aus seinen Halterungen. Am 10. um 3 Uhr morgens ließ bei immer noch anhaltendem Orkan und monströsem Seegang Kapitän Martin den Chefingenieur Greenhill rufen und kündigte ihm seine Absicht an, mit voller Fahrt in Richtung Plymouth abzulaufen. Kaum eine halbe Stunde später lag das Schiff auf Kurs, als eine weitere See an Bord stieg, die diesmal das Backbord-Rettungsboot fortriß und das Beiboot füllte, das an dieser Seite in den Davits hing. Mittags befand man sich mit 120 Seemeilen Abstand auf der Höhe der Ile d'Yeu. Der Wind kam von achtern und die See von querab, was gelegentlich zu erstaunlich hohen Wellenungetümen führte. Um halb 11 Uhr abends brach eine enorme Welle genau mittschiffs und donnerte auf das Maschinenluk, drückte es vollständig ein und füllte diesen ganzen Teil des Schiffes mit Wasser.

Als er sah, daß sein Schiff bald nur noch ein Wrack war, ließ der Kapitän das Groß-Marssegel setzen, weil er hoffte, damit beidrehen zu können. Aber dieses Segel war kaum angeschlagen, als es vom Wind auch schon in Fetzen gerissen wurde, so daß nur eine Ecke stehenblieb, unter der sich das Schiff den Rest der Nacht über hielt. Alle Pumpen waren ohne Unterbrechung in Gang. Trotz dieser Anstrengung stieg das Wasser; der Sturm nahm immer noch an Gewalt zu, und die unablässig über das Deck hereinbrechenden Wellen stürzten sich in die gähnende Öffnung. Das Schiff kam bereits nur noch schwer aus den Wellen hoch, und seine Bewegungen wurden hart. Am Donnerstag, dem 11. Januar, empfing die LONDON um 4 Uhr morgens den Schlag einer Welle, der vier Pforten einriß und mit dem eine weitere enorme Wassermasse ins Schiffsinnere gelangte.

Man versuchte, das Steuerbord-Beiboot zu Wasser zu lassen; doch ein Brecher packte und überrollte es, wobei fünf Männer ums Leben kamen. Gegen 1 Uhr lag das Schiff bis zur Höhe der Wantenpüttings im Wasser; es wurde klar, daß es sank; die Schaluppe wurde zu Wasser gelassen. Mr. Greenhill ging mit 18 Personen an Bord und stieß vom Schiff ab. Der gesamte Proviant bestand nur aus ein paar Keksen, kein Tropfen Trinkwasser war an Bord. Die Schaluppe war ohne Segel und konnte sich nur vor dem Wind treiben lassen, wobei sie jeden Augenblick vollaufen konnte. Kaum war sie von der Bordwand des Schiffes freigekommen, auf dessen Achterdeck sich etwa 50 Personen versammelt hatten, als eine Riesenwelle über diese Unglücklichen hereinstürzte und sie im Ablaufen mit sich riß. Die LONDON kam nur langsam aus dem Wasser wieder hoch, zum letztenmal. Einen Augenblick später sank sie mit dem Heck zuerst und verschwand in der Tiefe."
(Nach „Les naufrages célèbres", Berühmte Schiffsuntergänge, von Zurchet und Margollé, 1873.)

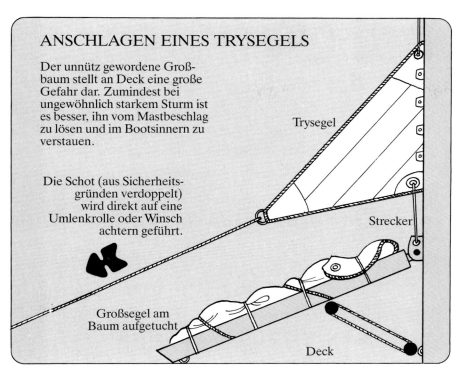

ANSCHLAGEN EINES TRYSEGELS

Der unnütz gewordene Großbaum stellt an Deck eine große Gefahr dar. Zumindest bei ungewöhnlich starkem Sturm ist es besser, ihn vom Mastbeschlag zu lösen und im Bootsinnern zu verstauen.

Die Schot (aus Sicherheitsgründen verdoppelt) wird direkt auf eine Umlenkrolle oder Winsch achtern geführt.

Trysegel

Strecker

Großsegel am Baum aufgetucht

Deck

*Auszug aus dem „Handbuch für Manöver auf See" von Bonnefoux aus dem Jahre 1830: „Ist der Seegang sehr stark, muß man so viel Segel setzen, wie das Schiff eben tragen kann; denn man muß wenigstens 10 kn Fahrt machen, um sich aus dieser See wegzustehlen, die mit ihren an Deck fallenden Brechern ein Fahrzeug beschädigt, das für das Segeln vor dem Wind gebaut wurde."
Ein Rat, von dem wir profitieren können.*

4

Besegelung beim Beiliegen

„Das beste Manöver", schrieb L. Luard 1938, „ist, so lange wie möglich unter Segeln beigedreht liegenzubleiben. Auch ist es unerläßlich, die entsprechenden Segel schon sehr rechtzeitig zu setzen; denn im allgemeinen hält das Großsegel einem Wind von Sturmstärke nicht allzu lange stand."

Dazu sollte man anmerken, daß die Segel aus jener Epoche nicht mit unseren heutigen Fabrikaten verglichen werden können. Aber hinzufügen muß man ebenso, daß unsere Segelgroßväter viel häufiger beidrehten als wir, im allgemeinen schon, wenn der Wind eine Stärke von 6 oder 7 Beaufort erreichte. Der Rat ist meiner Meinung nach dennoch wertvoll. Denn wenn man die Schwerwettersegel (Sturmfock und Trysegel) nicht dann einsetzt, wenn der Wind stark auffrischt – warum hat man sie dann überhaupt an Bord?

Trysegel. Ich weiß aus Erfahrung, was für ein schwieriges Manöver das Setzen des eigens für schlechtes Wetter geschnittenen Großsegels bedeutet, gleich wie viele Besatzungsmitglieder man dafür einsetzen kann. Aus diesem Grund bin ich davon überzeugt, daß man es so früh wie möglich setzen muß, bevor noch das Unwetter über uns hereingebrochen ist. Das echte Trysegel hat gegenüber dem Schwerwettersegel den Vorteil, daß man das Großsegel nicht vollständig abschlagen muß. Man braucht es nur aus der Mastnut zu ziehen und kann es dann am Großbaum auftuchen, dessen Nock auf dem Kajütdach oder an Deck gezurrt wird. Idealer ist es noch, wenn man den Baum aus seinem Mastbeschlag lösen kann, um ihn, da er nutzlos geworden ist, an der Seereling zu befestigen oder in der Kajüte zu verstauen. Die Schot des Trysegels – immer doppelt – führt direkt nach achtern auf eine Winsch oder einen der Umlenkblöcke der Spinnakerschot.

Ich brauche wohl nicht extra darauf hinzuweisen, welche Robustheit von diesen Dingen gefordert wird.

Der abgeschlagene Baum verringert die Gefahr von Bruch und Schamfilen erheblich, und das gilt nicht nur für das Beiliegen. Es gilt selbst dann, wenn das Wetter so schlecht geworden ist, daß an Beiliegen nicht mehr zu denken ist und man zum Ablaufen vor der See abfallen muß (unser nächstes Kapitel), falls dafür genug freier Seeraum zur Verfügung steht. Dann reicht auch die Sturmfock allein, um das Boot voranzutreiben und es manövrierbar zu halten. Im Gegenteil: Der mit dem Großsegel schwer belastete Baum in der hinteren Sektion des Riggs kann bei achterlichem Wind der Kursstabilität nur schaden.

Bleibt die Frage, die in dieser Situation jedem Skipper im Kopf herumgeht: Und wenn es plötzlich nötig wird, gegen die See anzugehen, weil ein Mann über Bord gegangen ist oder in Lee ein Hindernis auftaucht?

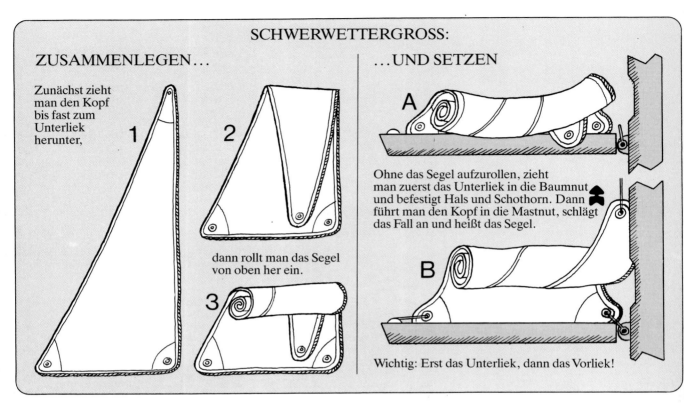

SCHWERWETTERGROSS:

ZUSAMMENLEGEN...

1. Zunächst zieht man den Kopf bis fast zum Unterliek herunter,
2. dann rollt man das Segel von oben her ein.
3.

...UND SETZEN

A Ohne das Segel aufzurollen, zieht man zuerst das Unterliek in die Baumnut und befestigt Hals und Schothorn. Dann führt man den Kopf in die Mastnut, schlägt das Fall an und heißt das Segel.

B Wichtig: Erst das Unterliek, dann das Vorliek!

Schwerwettergroß. Man sollte gar nicht erst versuchen, es zu setzen, während das Großsegel noch am Baum aufgetucht ist. Es sei denn, man verfügt über ein Rollreff, mit dem das gesamte Vorliek, ohne stark aufzutragen, am Baum aufgerollt werden kann, oder über eine zweite Mastschiene, für die Rutscher des Schwerwettersegels. Sonst muß man das Großsegel vollständig abschlagen und im Bootsinnern verstauen. Eine solche Arbeit macht Spaß, wenn man nicht schon früh genug, bei den ersten Anzeichen einer heraufziehenden Störung, damit begonnen hat. Denn die Akrobatennummern, die jetzt auf Deck aufgeführt werden, sind im allgemeinen zirkusreif. Nie – auch nicht in einer kurzen Windstille – sollte man bei gesetztem Großsegel zuerst das Unterliek aus der Baumnut herauszuziehen versuchen. Wenn sich das Fall unter dem Zug des schlagenden Segels im Masttopp verklemmt, entstehen erhebliche Probleme, es sei denn, das Segel kommt mit Mast und Rigg zugleich nach unten! Eine einzelne Person kann den Segelwechsel bei mehr als 40 kn Wind nicht vornehmen. Man muß das Großsegel bis auf das erste, bereits eingebundene Reff herunterholen und sofort einrollen, dann die Reffknoten lösen und es weiter einrollen, bis man am Unterliek angekommen ist. Glauben Sie mir, ein solches Manöver dauert lange und ist für alle kräftezehrend. In umgekehrter Reihenfolge geht man vor beim Setzen des Schwerwettersegels, indem man es eingerollt läßt, während man zuerst das Unterliek in die Baumnut zieht; auf keinen Fall darf man das Tuch im Wind schlagen lassen. Erst wenn Hals und Schothorn angeschlagen sind, zieht man das Vorliek in die Mastnut ein und heißt das Segel. Dabei muß das Schiff im Wind liegen, so daß der Baum mittschiffs kommt, damit nicht eine Bö in das Tuch fassen kann, mit dem man gerade arbeitet. Am besten wird der Baum mit der dichtgeholten Großschot und einem zusätzlichen Niederhalter festgesetzt.

Es sind schon eine mehr als durchschnittliche Dosis Kühnheit und ein fester Magen nötig, wenn man in einer so gewaltigen See das Fischen weiter betreibt. Nach den Wellen und den abgewehten Schaumfetzen zu urteilen, bläst es im Augenblick mit mehr als 10 Windstärken.
(Foto: Michel Hontarrède)

156

Reduzierte Segelfläche, wie sie Robin Knox-Johnston auf seiner SUHAILI während seiner Einhand-Nonstop-Weltumsegelung führte. (Foto aus: „A world of my own")

Sturmfock. Einige Segler liegen lieber beigedreht unter Fock Nr. 2 oder einem kleinen Klüver, wenn ihr Boot als Kutter gerigt ist. Ich habe das auch schon probiert. Die Methode inspiriert mich zu zwei Überlegungen.

Zunächst vermute ich, daß der Wind, wenn das Boot eine so bedeutende Segelfläche am Bug vertragen kann, durchaus noch nicht jene Stärke erreicht hat, in der das Beiliegen als Sicherheitskurs angebracht ist. Die Segelfläche wurde möglicherweise nur deshalb gekürzt, weil die Tendenz zum Abfallen allzu groß war oder weil das Boot gefährlich krängte. Weiterhin glaube ich, daß bei einer Fock oder einem Klüver in gutem Zustand weder die Nähte noch das relativ geringe Tuchgewicht eine solche Praxis verbieten, jedenfalls solange die Segel nicht schamfilen oder im Wind schlagen, eher schon die Stagreiter aus Messing oder Aluminiumguß. Wie schnell sich diese Metallteile bei starkem Wind aufbrauchen, ist schon erstaunlich, vor allem dann, wenn man Hals und Kopf nicht noch eigens mit Schäkeln am Vorliekdraht befestigt hat. Die Stagreiter mögen zwar leicht einige Stunden heftiger Sturmböen überstehen, aber mit ihnen einen oder mehrere Tage gegen schweres Wetter ankämpfen zu wollen, ist vernunftwidrig. Dafür gibt es die Sturmfock aus festerem Tuch, mit stärkeren Nähten, einem eigenen Schnitt und den richtigen Beschlägen.

Erste Frage: Wie groß darf die Sturmfock denn sein? Ich selbst habe den Segelmachern, die ja Künstler auf

HÖHE DER STURMFOCK ÜBER DECK

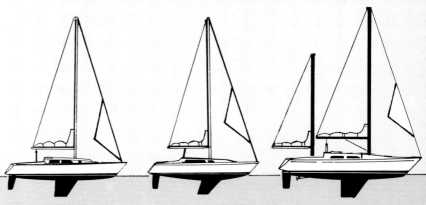

Segelhals zu tief über Deck | Richtige Höhe außer Reichweite der Wellen durch verlängerte Halsstropps

Maßeinheiten für Tuchgewichte		
g/m²	engl. Unzen	amerikan. Unzen
64	1,90	1,50
85	2,50	2,00
115	3,40	2,75
125	3,75	3,00
150	4,40	3,50
170	5,00	4,00
190	5,70	4,50
210	6,25	5,00
255	7,50	6,00
295	8,80	7,00
340	10,00	8,00
380	11,30	9,00
445	13,10	10,50

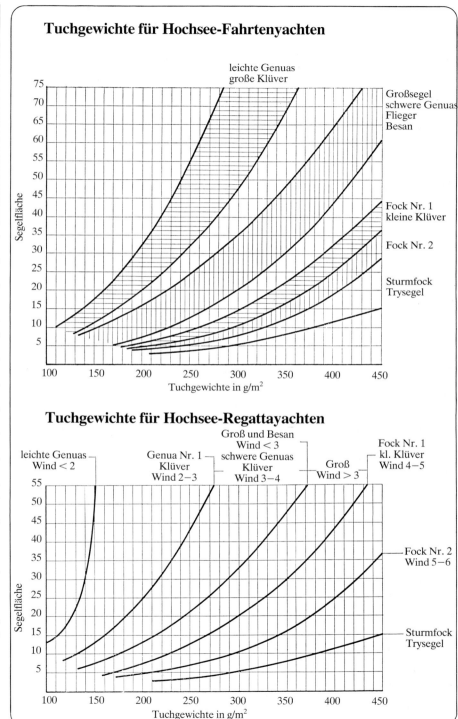

ihrem Gebiet sind, immer zu sehr vertraut und infolgedessen zu große Sturmfocks an Bord gehabt. 9 m² waren es auf NAUSICAA (einer Ketsch von 12 m Rumpflänge), was wohl eher einer Schwerwettergenua entsprach. Für PITCAIRN war schon vom Segelriß her eine Sturmfock von 7 m² (für 14,70 m Rumpflänge, 12,50 m Wasserlinienlänge und 110 m² Segelfläche am Wind) vorgesehen, die ich um ein gutes Viertel verkleinern mußte, womit ich dem sehr auf die Schiffsmitte zusammengedrängten Lateralplan und dem durch das Ketschrigg verursachten Stand des Großmasts − relativ weit vorne − Rechnung trug. Aufgefallen ist mir dabei im übrigen, wie leicht sich die Mehrheit der Segelmacher mit dem Segelriß zufrieden gibt, wenn die Fläche der Sturmfock festzulegen ist, ohne sich um die Besonderheiten des Rumpfes und eventuelle Änderungen im Rigg weiter zu kümmern. Meiner Meinung ist allein der Konstrukteur überhaupt in der Lage, Arbeitsstellung, Größe und Gewicht der Schwerwettersegel für ein gegebenes Boot festzulegen, wenn man nicht den langen und teuren Umweg über das Experimentieren wählen will. Man achte vor allem darauf, daß die Sturmfock mit einem langen Halsstropp versehen ist − der je nach Bootsgröße den Segelhals um einen oder mehrere Meter über Deckshöhe bringt − und daß alle Stagreiter unbedingt durch Schäkel ersetzt werden müssen. Und die sollten fest zugedreht und gesichert sein (siehe die Zeichnung auf S. 160).

Ein Schäkel, der so nahe wie möglich am Kopf der Sturmfock sitzt und ihn dicht am Vorstag hält, bewirkt zugleich einen besseren Stand des Segels und größere Widerstandskraft des Vorlieks.

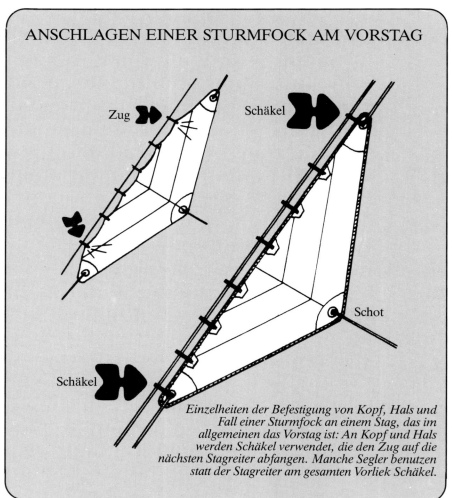

ANSCHLAGEN EINER STURMFOCK AM VORSTAG

Einzelheiten der Befestigung von Kopf, Hals und Fall einer Sturmfock an einem Stag, das im allgemeinen das Vorstag ist: An Kopf und Hals werden Schäkel verwendet, die den Zug auf die nächsten Stagreiter abfangen. Manche Segler benutzen statt der Stagreiter am gesamten Vorliek Schäkel.

Fockroller. Fraglos ist es nicht ratsam, diese modische Vorrichtung unter den hier beschriebenen Bedingungen einzusetzen, obwohl einige Hersteller optimistisch versichern, daß das Aluminiumprofil ihrer Rollvorrichtung die dabei auftretenden Kräfte aushalte, weil das aufgerollte Segel an seiner gesamten Vorderkante gleichmäßig vom Stag gehalten werde und nicht nur, wie beim Einsatz von Stagreitern, in bestimmten Abständen. Ich rate, nicht darauf hereinzufallen: Eine unabhängige Sturmfock ist nötig, die eigens für diesen Zweck entworfen wurde und die man dann an einem fliegenden Stag, das freilich fest verankert sein muß, dicht hinter dem Rollstag setzt.

Nur selten kann sich eine Besatzung, die über ein solches Gerät verfügt – das, richtig installiert, durchaus angenehm zu handhaben ist –, dazu entschließen, beim Beiliegen die Rollfock abzuschlagen. Diese Arbeit, die auch immer erst dann anfällt, wenn die Wetterbedingungen sich dramatisch verschlechtern, ist auch gar nicht so einfach durchzuführen. Also bleibt die Fock vorn am Bug aufgerollt an ihrem Stag.

Im August 1981 habe ich mich auf den wundervollen Gewässern des Gorda Sounds auf den britischen Virgin Islands von dem durch zwei Fockroller von je 15 m Höhe erzeugten Windfang selbst überzeugen können (einer für den Klüver außen an einem kurzen Klüverbaum, ein anderer für die Fock am Bug des Schiffes). Ich

VERKLEINERN DES VORSEGELDREIECKS, WENN EINE ROLLFOCK VORHANDEN IST

leichte Genua an Extra-Stag | Schwere Genua auf Fockroller | Fock Nr. 1 auf Fockroller | Fock Nr. 2 auf Fockroller | Sturmfock an Extrastag

Wenn sich Böen über 70 kn in einer aufgerollten Fock verbeißen, sieht es nach nicht allzu langer Zeit so aus.

segelte auf einer Choy Lee aus dieser Gegend und half der Besatzung, die ein wenig durcheinander war, die 13 m lange Ketsch in einem Schlupfloch zu verankern, um sie dort auf das plötzliche Hereinbrechen des Hurrikans Denis vorzubereiten, der schon seit einigen Tagen vom St. Thomas Radio angekündigt war. Wir haben jedoch nur seine Randerscheinungen mitbekommen, Winde von höchstens 45 bis 55 kn, aber durchaus genug, um das Boot in jeder Böenwalze platt aufs Wasser zu drücken. Auch mit vollständig eingerollten Klüver und Fock gelang es uns nicht, die Krängung unter Kontrolle zu halten, auch nicht mit Hilfe des Motors. Als das Boot schließlich vor zwei verkatteten Ankern lag, mußten wir noch ein kleines Stückchen Besan setzen, um den Winddruck auf die beiden eingerollten Segel am Bug auszugleichen; und doch rechneten wir damit, daß die Stage jederzeit unter dem Druck brechen könnten.

Da Jahr für Jahr mehr dieser Segelhilfen auf unseren Fahrtenyachten anzutreffen sind, ist solche Erfahrung von unschätzbarem Wert.

PEN DUICK III hat wenig Segel gesetzt, aber sie so aufgeteilt, daß das Boot bei Kursen von 60 bis 120 Grad zum scheinbaren Wind gut ausbalanciert ist.

Der Einfluß von Größe und Rigg

Beenden wir also die Diskussion um die Rollfock und wenden uns der Betrachtung zu, welchen Einfluß Yachtgröße und Rigg auf die Fähigkeit zum Beiliegen haben. Erstaunliches ist zu vermelden: Einer der besten Hochseesegler, Eric Tabarly, dessen Kompetenz von niemandem in Frage gestellt werden kann und dem ich einen prinzipiellen Vertrauensvorschuß entgegenbringe – dieser Eric Tabarly also erklärt, daß moderne Rümpfe mit Kutter- oder Sluptakelung weniger stabil beigedreht liegen als mit Ketschrigg, weil diese unter Sturmfock und Besan in dieser Situation wesentlich besser ausbalanciert seien. Dies jedenfalls ist seine Schlußfolgerung aus seinen Erfahrungen an Bord von PEN DUICK III und PEN DUICK VI*.

Das hat mich überrascht. Zunächst überhaupt, was ein Zweimastrigg auf Kurzkielern angeht. Daß Sturmfock und Besan, die doch an den beiden Enden des Rumpfes sitzen, das Beiliegen erleichtern sollen, erscheint mir etwas fragwürdig, weil der weite Abstand zwischen beiden Segeln sich ungünstig auf die Längsstabilität auswirken muß. Besonders dann, wenn die Wellentäler ziemlich tief sind, was immer der Fall ist, wenn man zum Beidrehen gezwungen wird.

*"Guide pratique de manoeuvre", erschienen im Pen-Duick-Verlag.

Ketschtakelung

Ich habe immer wieder beobachtet, daß man eine Ketsch, die bei sehr hoher See und langer Dünung mit etwa 50 Grad am Wind auf eine steile Welle klettert, nur mit relativ hoher Geschwindigkeit am Abfallen hindern kann, das dadurch verursacht wird, daß das hochstehende Vorsegel und die obere Partie des Großmasts beim Erreichen des Wellenkamms zuerst den Wind wieder fängt. Der Besan befindet sich in diesem Augenblick noch vollständig in der Windabdeckung des Wellenbergs.

Beim echten Beiliegen, also ohne Fahrt voraus, verursacht dieser Unterschied in der Stellung zum Wind das Gieren des Rumpfes um die Achse des Kiels, wobei der Hebelarm um so kräftiger ist, je stärker der Segelplan geteilt ist und dementsprechend die Segel vom Zentrum entfernt stehen. Erst oben auf dem Wellenkamm kann der Besan der Drehbewegung entgegenwirken.

Folgerungen: Beim Überqueren jeder höheren Welle giert das Boot beträchtlich, wobei es genau in dem Augenblick vom Wind abfällt, in dem das Auftauchen eines Brechers am wahrscheinlichsten, die Gefahr, von einer Monstersee erfaßt zu werden, am größten ist. Vielleicht wurden die PEN DUICKs mit ihren hohen Masten weniger von Wellenbergen abgedeckt; dann wären nämlich ihre Segel dem Wind gleichmäßiger ausgesetzt.

WINDABDECKUNG EINER KETSCH bei Annäherung an einen Wellenkamm

WIND

Zone der Windabdeckung

Ein Boot, das beim Erklettern eines Wellenkamms kurzzeitig in Windabdeckung liegt, ist besonders bei stark geteiltem Segelplan unterschiedlichen Winddrücken ausgesetzt.

Auf kleineren Booten sieht das aber ganz anders aus. Unterwegs in den Häfen habe ich viele Eigner von ketschgetakelten Kurzkielern getroffen, die mir gestanden, daß ihr Boot wie eben beschrieben reagierte. Schließlich drehten sie bei, so wie ich es tue, unter stark gerefftem Großsegel (Trysegel, Sturmsegel – je nach Ausrüstung des Bootes) und setzten dazu eine Sturmfock am Innenstag, falls ihr Boot kuttergetakelt war, sonst am Vorstag. Manchmal verzichteten sie aber auch gänzlich auf ein Vorsegel. Manchmal reicht in der Tat der Winddruck auf einen vor dem Lateraldruckpunkt stehenden Großmast zur erwünschten Stabilisierung aus.

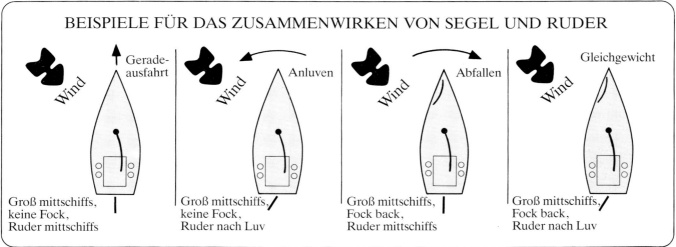

BEISPIELE FÜR DAS ZUSAMMENWIRKEN VON SEGEL UND RUDER

Geradeausfahrt	Anluven	Abfallen	Gleichgewicht
Groß mittschiffs, keine Fock, Ruder mittschiffs	Groß mittschiffs, keine Fock, Ruder nach Luv	Groß mittschiffs, Fock back, Ruder mittschiffs	Groß mittschiffs, Fock back, Ruder nach Luv

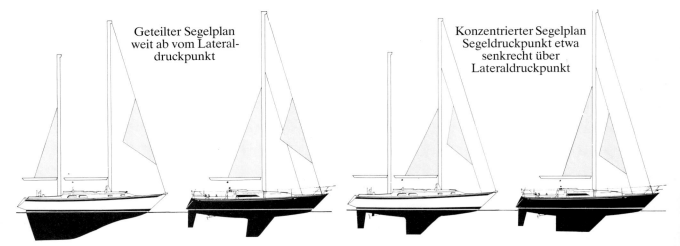

Slups und Kutter

Das Verhalten von Zweimastern beim Beiliegen ist in der Tat interessant; denn es kann Aufschlüsse geben über die Wirkung des Windes auf den Segelplan und die Auswirkungen auf den Lateralplan, also auf das Verhältnis von Segeldruckpunkt zu Lateraldruckpunkt. Das gilt dann ebenso für Boote mit Slup- und Kutterrigg.

Schon immer hatten Segler bemerkt, daß auf Schiffen, die leicht und richtig beidrehen, Segel- und Lateraldruckpunkt ziemlich senkrecht übereinander standen. Vor 20 Jahren war dies noch kein Diskussionsthema, weil die Boote damals einen langen Kiel besaßen, der vom Bug abwärts gehend sich nach achtern noch allmählich vertiefte. Die Masten von Slups und Kuttern standen relativ weit vorne, was ein Ungleichgewicht der Druckpunkte zur Folge hatte: Beigedreht lagen diese Boote fast quer zur See, wenn auch relativ stabil, aber mit großem Druck auf dem Ruder. Da sie schwer waren und ihr Lateralplan lang und tief, drifteten sie auch wenig nach Lee. Und das wiederum verleitete die Bootsbauingenieure jener Zeit zu der Aussage, daß kleinere Einheiten – unter einer Länge von 15 m – zum Beiliegen nicht geeignet seien, weil die Wirbelzone, die der Rumpf bei der Abdrift in Luv macht, zu klein sei, um die Wellenkämme zu brechen, und demnach keinen ausreichenden Schutz gewähre.

Die leichten Rümpfe von heute mit ihrem geringen Tiefgang und dem kurzen Kiel haben eine Abdrift, die diese These in Frage stellt. Von einer Länge von 9 bis 10 m an kann ein Boot, auch bei rauher See, sicher beigedreht liegen, vorausgesetzt, es hat genug freien Seeraum in Lee.

In der Theorie ist es immer noch unstrittig, daß Kutter besser beiliegen als Slups. Doch da auf modernen Booten, wegen der Vergrößerung des Vorsegeldreiecks, die Masten weiter achtern stehen, hat sich die Stabilität beim Beiliegen verbessert. Da eine am normalen Vorstag gesetzte Sturmfock ganz gewiß eine Tendenz zum Abfallen bewirkt, muß sie beträchtlich verkleinert werden, damit der Hebelarm, der entsteht, wenn dieses Segel nach Luv geschotet wird, weniger groß ist. Die Kutter haben in dieser Hinsicht einen Vorteil, da auf ihnen die Sturmfock am inneren Vorstag gesetzt werden kann, so daß sie näher am Zentrum des Bootes steht (siehe Zeichnungen oben).

Ein Erlebnis soll dieses Kapitel beenden: Im Jahre 1978 mußte ich mit einer Gladiateur (einer modernen Slup von rund 10 m Länge) beidrehen, deren Sturmfock zu groß war und den Rumpf immer wieder zum Abfallen brachte, bis er quer zu den Wellen lag. Schließlich nahm ich das Segel ganz weg, und dann legte sich das Boot in einem günstigeren Winkel von etwa 60 Grad zum Wind; aber das Schwerwettersegel im letzten Reff brachte immer noch soviel Fahrt, daß von echtem Beiliegen nicht die Rede sein konnte und wir ständig aus der Verwirbelungszone heraussegelten. Wir mußten anluven, um die Fahrt kurzzeitig abzustoppen, aber eine stabile Lage war nicht zu erreichen. Da hatte ich eine Eingebung, brachte eine Talje am Baum an und zog ihn damit nach Luv. Überraschung: Das Boot lag jetzt ruhig, das Ruder leicht nach Luv, und trieb mit zwei bis drei Knoten quer zum Wind und gierte selbst beim Durchgang der Wellenkämme um höchstens 30 Grad. Auf anderen Booten habe ich diese Taktik bei stürmischen Winden nie wieder ausprobieren können, aber ich bin überzeugt davon, daß damit das Verhalten gewisser Slups beim Beiliegen durchaus verbessert werden kann.

Eine Anmerkung: Bevor man dieses besondere Verfahren einführt, bei dem großer Druck auf das Trysegel kommt, muß man den Zug des Niederhalters auf den Baum sorgfältig einstellen.

Gleich ob es sich um eine Slup oder einen Kutter handelt, der Segelplan muß so senkrecht wie möglich über dem Lateraldruckpunkt liegen. Bei den beiden Booten rechts sind, im Unterschied zu den beiden linken Booten, die Kräfte, die auf das Unterwasserschiff und auf die Segelfläche einwirken, ausgeglichener. Deshalb werden sie beigedreht wesentlich ruhiger liegen, und zugleich ist der Druck auf das Ruder geringer. Auf der gegenüberliegenden Seite zwei traditionelle Rümpfe mit langem Kiel.

Gleich wird die See über dem Bug brechen. Photographiert von Katherine Keller an Bord der SERENISSIMA PRIMA einige Stunden, bevor das sich verschlechternde Wetter die Besatzung zwang, unter Sturmfock beizudrehen. Die Gewalt der Brecher machte auch Eindruck auf diese aus Aluminium gebaute Regattaslup.

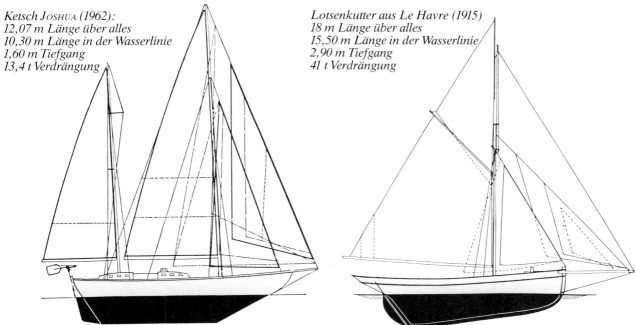

Ketsch JOSHUA (1962):
12,07 m Länge über alles
10,30 m Länge in der Wasserlinie
1,60 m Tiefgang
13,4 t Verdrängung

Lotsenkutter aus Le Havre (1915)
18 m Länge über alles
15,50 m Länge in der Wasserlinie
2,90 m Tiefgang
41 t Verdrängung

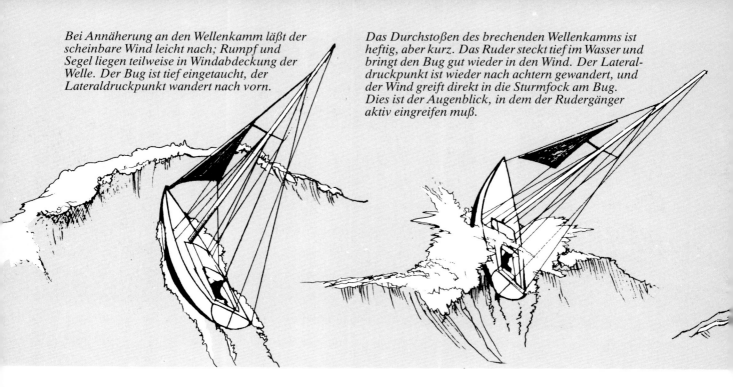

Bei Annäherung an den Wellenkamm läßt der scheinbare Wind leicht nach; Rumpf und Segel liegen teilweise in Windabdeckung der Welle. Der Bug ist tief eingetaucht, der Lateraldruckpunkt wandert nach vorn.

Das Durchstoßen des brechenden Wellenkamms ist heftig, aber kurz. Das Ruder steckt tief im Wasser und bringt den Bug gut wieder in den Wind. Der Lateraldruckpunkt ist wieder nach achtern gewandert, und der Wind greift direkt in die Sturmfock am Bug. Dies ist der Augenblick, in dem der Rudergänger aktiv eingreifen muß.

5

Anmerkungen zum Beiliegen

Wenn man über eine solche Technik Aussagen machen will, muß man wirklich sehr differenzierend vorgehen. Der Vorwurf, den ich Autoren von Handbüchern und neueren Zeitschriftenartikeln machen muß, soweit sie sich mit diesem Thema befaßten, betrifft vor allem den einen Punkt, daß sie immer wieder aus einzelnen Erfahrungen grundsätzliche Schlußfolgerungen gezogen haben. Leider sind sie nicht die einzigen, die in diesen Fehler verfallen. Fragen Sie nur Ihre Stegnachbarn: Die meisten werden sicherlich niemals richtig beigedreht gelegen haben, und sie danken es ihrem guten Stern; aber ein mit Medaillen behängter Kämpe wird sich immer darunter finden, der dieses Abenteuer durchgestanden hat. Das Boot? Prima reagiert (es war sein eigenes). Die Segel? Problemlos, alles leicht zu regeln. Die Besatzung? Nie so gut ausgeruht. In welchem Winkel lag das Boot zu den Wellen? Nun ja, wissen Sie, wie üblich in diesen Fällen: Ruder nach Luv und Fock back, dann lag sie ganz ruhig, fast quer zur Welle. Die Windstärke? Sie reden, als ob man in so einer haarigen Lage Zeit hätte, aufs Anemometer zu schauen! Übrigens, über eine gewisse Windgeschwindigkeit hinaus...

Spielen Sie den Kriminalisten ruhig noch eine Minute weiter, dann bekommen Sie mit, daß die Wellenkämme wenigstens drei Meter hoch waren und daß das Boot nach einer Stunde wohlverdienter Ruhe unter Spinnaker wieder auf Kurs gehen konnte. Unser Mann redete im guten Glauben. Er hatte nur eine Vorstellung von schwerem Wetter nach dem Maßstab seiner eigenen Erfahrung: Windstärke 8 mit 3 m hohen Wellen in tiefem Wasser waren für ihn schwierige Segelbedingungen, die diese Bezeichnung verdienten. Das Boot hat, wohlverstanden, aus guten Gründen richtig reagiert.

Diese Reaktion ist gerade dann unzulässig, wenn sie von erfahrenen Seglern stammt, die sich gedrängt fühlen, ihr Wissen an andere weiterzugeben. Und dies gilt fast für die gesamte Fachliteratur der letzten fünf, sechs Jahre zu diesem Thema. Wie kann man sich eigentlich an eine einmalige Erfahrung halten und daraus Regeln ableiten, die für alle verschiedenen Bootstypen und unter allen unterschiedlichen Umständen gelten sollen?

„Viel zu viele Fachautoren sind", schrieb „Le Yacht" am 23. Juli 1938, „bis zu einem gewissen Punkt von ihren Vorlieben und ihrer persönlichen Erfahrung geradezu hypnotisiert. Sie werden dogmatisch und infolgedessen für den durchschnittlichen Segelanfänger geradezu gefährlich; denn der kann die Konsequenzen aus den verschiedenen Manövern noch nicht einschätzen und hält sich womöglich blind an das Geschriebene. Das aber kann durchaus verheerende Folgen haben."

Das Buch von Adlard Coles ist gerade deshalb so wertvoll, weil er immer davor zurückschreckt, aus der Verhaltensweise eines bestimmten Bootes allgemeinverbindliche Schlußfolgerungen zu ziehen, sondern im Gegenteil nach deren Berechtigung fragt, auch wenn es aus der Beschreibung bereits klar wird, daß die Besatzung hier

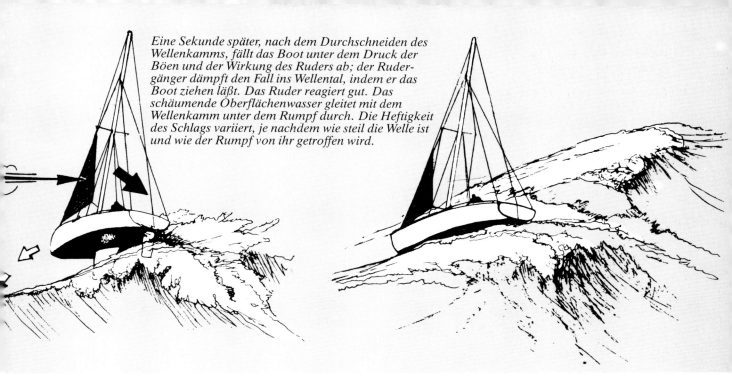

Eine Sekunde später, nach dem Durchschneiden des Wellenkamms, fällt das Boot unter dem Druck der Böen und der Wirkung des Ruders ab; der Rudergänger dämpft den Fall ins Wellental, indem er das Boot ziehen läßt. Das Ruder reagiert gut. Das schäumende Oberflächenwasser gleitet mit dem Wellenkamm unter dem Rumpf durch. Die Heftigkeit des Schlags variiert, je nachdem wie steil die Welle ist und wie der Rumpf von ihr getroffen wird.

Die oben wiedergegebenen Illustrationen sind Auszug aus einer Studie von Robbert Das aus „Voiles et Voiliers" (April 1982), an der ich zum Teil mitgearbeitet habe. Sie zeigen die Reaktionen eines Bootes, das beigedreht Fahrt voraus macht und dabei einen Wellenkamm überquert. Jedes Boot verhält sich natürlich anders, und auch die Umstände sind immer wieder andere, so daß allgemeine Schlüsse nicht daraus gezogen werden können.

einen Schritt in die falsche Richtung getan hat. Denn tatsächlich – habe ich es schon oft genug gesagt? – ist die gleiche Situation niemals wieder reproduzierbar. Das Verdienst von „Schwerwettersegeln" liegt denn auch vor allem darin, daß hier viele verschiedene Fälle geschildert werden, die alle für sich selbst stehen, die aber doch in der Aneinanderreihung eine Summe gewachsener Erfahrungen weitergeben, aus denen der Leser zum gegebenen Zeitpunkt Nutzen ziehen kann. Nicht indem er sich an ein unfehlbares Mittel erinnert, daß man unter den gleichen Umständen einsetzen kann, sondern indem er eine Vielzahl von Möglichkeiten in seinem Gedächtnis hat, unter denen er allein für sein Boot diejenige auswählen kann, die ihm im Augenblick für die gegebenen Umstände am geeignetsten erscheint. Die Risiken sind für einen Rumpf von 20 m Länge ganz anders als für einen von 8 m. Der große nimmt beigedreht einen Brecher, der sich über sein Vorschiff ergießt, mit einem einfachen Klatschen, während der kleine riskiert, zerschmettert zu werden.

Für ein kleines Boot ist das Beidrehen vor Topp und Takel so lange möglich, wie die See noch nicht ihren schlimmsten Zustand erreicht hat. Es kommt aber der Augenblick, in dem der Wind so stark und vor allem der Seegang so hoch wird, daß das Beiliegen ohne Eigenbewegung für ein Boot jeder Größe gefährlich werden kann. Man erinnere sich der beiden Grundregeln für das Schwerwettersegeln: Freihalten von der Küste und manövrierfähig bleiben. Beim Beiliegen vor Topp und Takel ist der Skipper nicht mehr Herr über das Verhalten des Boots. Das Ruder hilft ihm nicht, um den höchsten der Wasserberge, die sich unaufhörlich vor dem Bug erheben oder unter dem Kiel durchrollen, zu entgehen. Es gibt nur eine Lösung: abfallen und Trossen nach Luv ausbringen.

„Sicherheit erreicht man nur, indem man der See nachgibt, nicht indem man ihr widersteht", schreibt Adlard Coles. Wenn auch einige der von ihm beschriebenen Verfahrensweisen für unsere modernen Fahrtenyachten nicht geeignet sind, so wird doch dieser Gedanke nie veralten. Er sollte im Gedächtnis eines jeden von uns eingegraben sein; denn aus ihm spricht die Weisheit der See.

Sturm im Kanal am 8. September 1965. Die Ketsch liegt bei diesem schweren Wetter beigedreht vor Topp und Takel und wurde schließlich von ihrer Besatzung aufgegeben. (Foto: Denis Mortier)

PITCAIRN *läuft zwischen Ilha Berlenga und der portugiesischen Küste vor stürmischem Wind ab.*

Lenzen vor dem Sturm

Gegenanlaufen und Beiliegen sind Kurse bei schwerem Wetter, die allgemein akzeptiert werden. Selbst wenn man hier und da verschiedener Meinung ist, ob man zum Beispiel mit dieser Besegelung oder jener besonderen Taktik bessere Ergebnisse erzielt. Ganz anders sieht es aus beim Lenzen vor dem Wind. Mit Ausnahme der Diskussion um den Treibanker gibt es im historischen Überblick zu keinem anderen Thema so viele unterschiedliche, ja sogar einander widersprechende Meinungen, Ratschläge und Empfehlungen.

Urteilen Sie selbst.

„Bei sehr hohem Seegang muß man so viel Segel setzen wie das Schiff trägt; denn man muß mindestens 10 Knoten Fahrt machen, wenn man den Seen entfliehen will, die, wenn sie an Bord steigen, alles zerschlagen, was nicht niet- und nagelfest ist." (Bonnefoux, „Traité de manoeuvres", 1865)

„Es ist ein Fehler zu glauben, daß man beim Ablaufen mit der höchstmöglichen Geschwindigkeit vor dem Sturm lenzen muß, um von den Wellen nicht eingefangen zu werden. Auf einem Boot mit Lateinersegeln erhöht sich dadurch die Schwierigkeit zu steuern beträchtlich, und das Boot fängt so stark an zu gieren, daß das Ruder nicht mehr darüber Herr werden kann." (E. Breuille, Zeitschrift „Le Yacht", 1930)

„Lenzen vor Topp und Takel scheint bei Sturm, solange man genügend freien Seeraum vor sich hat, die beste Praxis zu sein. Theoretisch sollte die Fahrt beim Lenzen so gering wie möglich sein. Persönlich frage ich mich aber, ob diese Annahme überhaupt stimmt und ob man sich nicht in gewissen Situationen anderes vorstellen kann." (L. Luard, „Le Yacht", 1938)

„Als Schlußfolgerung stelle ich fest, daß nach Meinung einer Mehrheit erfahrener Segler im Sturm das Lenzen vor Topp und Takel mit nachgeschleppten Trossen die beste Taktik darstellt, selbstverständlich solange in Lee genügend freier Seeraum ist." (Adlard Coles, „Schwerwettersegeln", 1967)

„Ich glaube, daß leichte und schnelle Boote bei jedem Wetter auf allen Vorwindkursen fahren können... Die Frage ausreichender Geschwindigkeit ist in meinen Augen sehr wichtig. Und deshalb glaube ich nicht an den Sinn des Ablaufens mit nachgeschleppten Trossen." (Eric Tabarly, „Guide pratique de manoeuvre")

Nun, nach all diesen Glaubensbekundungen, legen Sie doch einfach die Pinne nach Luv und laufen Sie vor den Wellen ab! Mit leichten Segeln wie PEN DUICK VI oder mit blanken Masten wie COHOE II. Erste Forderung: Erforschen Sie die Voraussetzungen ohne Parteilichkeit und ohne Dogmatismus. Damit Sie vielleicht die Gründe verstehen, die Hochseesegler von Rang zu so widersprüchlichen Thesen gebracht haben.

Durchzug eines starken Tiefs über Südengland und der Bretagne. Ein Boot, das von einem Sturm in der Einfahrt zum Kanal überrascht wird, lenzt vor dem Wind. Sein Kurs ist zunächst (11.00 Uhr) Nordost. Doch beim Durchzug der Kaltfront springt der Wind auf Nordwest um (16.00 Uhr), so daß der Vormwindkurs für das Boot nun gefährlich wird.

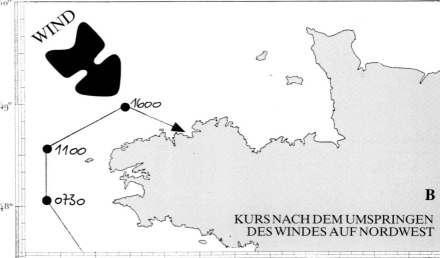

A KURS BEIM ABLAUFEN VOR EINEM SÜDWESTWIND

B KURS NACH DEM UMSPRINGEN DES WINDES AUF NORDWEST

Das Lenzen

Wenn eine Besatzung ihr Boot gegen schlechtes Wetter anknüppelt, das Stunde um Stunde noch schlechter wird, kommt schließlich der Punkt, an dem die See eine solche Wildheit erreicht, daß jeder Versuch, weiter Fahrt gegenan zu machen oder beizudrehen, ohne Gefahr für Boot und Besatzung unmöglich wird. An Bord von Hochseeyachten scheint dies im allgemeinen erst bei mittleren Windgeschwindigkeiten von 10 Beaufort einzutreten. Und die sind äußerst selten. Auf kleineren oder für so schwierige Bedingungen nicht gut genug ausgerüsteten Booten wird diese Schwelle viel eher erreicht.

Zwar bin ich schon oft mitten in einem Tief vor achterlichem Wind gesegelt, doch mußte ich nur ein einziges Mal meinen Kurs aufgeben, um vor dem Wind abzulaufen. Die Vorsegel blieben gesetzt, und das Boot geriet auch nicht in eine wirklich gefährliche Situation. Wir hatten einfach nur genug davon, uns so hart mitnehmen zu lassen, indem wir dem wildgewordenen Ozean unseren Bug entgegen hielten*. Auch die größten Kämpfer unter meinen Freunden haben nichts anderes zu vermelden. Daraus mag man schließen, wie selten Umstände auftreten, die einen beim Fahrtensegeln zu diesem Sicherheitskurs zwingen. Die meisten Skipper werden also wahrscheinlich nie die Gelegenheit haben, vor Wind und See ablaufen zu müssen.

* *Das war im November 1980 vor der marokkanischen Küste, als starke stürmische Winde aus Südwest* PITCAIRN *nach einer Fahrt von 70 sm in Richtung Kanarische Inseln zum Anlaufen von Tanger zwangen. Die See war in dieser für ihre üble Dünung berüchtigten Zone besonders kurz und steil, und die Besatzung war nach einer Woche ständigen Gegenansegelns im Mittelmeer und im Atlantik ausgelaugt. Zunächst lagen wir tatsächlich fast zwei Tage beigedreht, bis das Wetter sich etwas besserte, doch die Aussicht auf Ankern auf einer geschützten Reede ließ die Stimmung zugunsten des Ablaufens umschlagen. In den wenigen Stunden, die unser Rückzug vor dem Wind dauerte, haben wir auf dem Rücken großer Wellen 13 bis 15 kn Fahrt gemacht, während das Anemometer immer noch zwischen 40 und 50 kn scheinbaren Wind zeigte. Trotz der verlorenen Distanz und des langweiligen Hafens bedauerte niemand diese Entscheidung.*

BASILE, eine Damien II, läuft im Juli 1979 an der irischen Südküste vor Wind und See ab. Der Wind wehte in diesem Augenblick kaum stärker als mit durchschnittlichen 8 Windstärken, aber die steilen Wellen hatten so instabile Kämme, daß das Anlaufen gegen die See nicht ratsam war (Foto: J. Y. Baudry).

1

Ablaufen oder Kurs halten?

Der Bereich in Lee des Bootes muß unbedingt frei von jedem Hindernis sein. Nicht nur auf etwa 10 sm und genau in der Richtung, in der die Wellen ziehen: Starker Wind kann noch mehrere Stunden, vielleicht sogar mehrere Tage anhalten, und der Wind kann dabei seine Richtung ändern. Werden wir zum Beispiel vor Finisterre von stürmischen Winden aus südwestlicher Richtung erwischt, so laufen wir zunächst auf den Eingang zum Kanal zu; dreht aber dann wie gewöhnlich beim Durchzug einer Kaltfront der Wind auf Nordwest, treibt er uns auf eine gefährliche Leeküste, während die See durch das Umspringen des Windes zugleich sehr konfus wird.

Ablaufen vor dem Wind ist also nur absolut sicher, wenn genug freier Seeraum in Lee vorhanden ist. Zugleich sollte man auch daran denken, daß man auf diesem Kurs schnell große Distanzen zurücklegt. Sogar mit einem kleinen Boot schafft man in zwölf Stunden leicht 100 sm. Und das ist fast schon die Breite des Kanals.

Navigation

Beim Lenzen vor Wind und See muß man immer so genau wie möglich über seine Position Bescheid wissen, damit man in jedem Augenblick sicher sein kann, daß man freien Seeraum voraus hat. Die relative Stabilität, die durch den achterlichen Wind verursacht wird, erleichtert im übrigen die Arbeit am Kartentisch. Standlinien durch Echolot, Goniopeilungen, Peilungen von Seezeichen, Angaben von anderen Schiffen — alle Mittel müssen eingesetzt werden, um tags und nachts die Koppelrechnung so genau wie möglich zu halten. Denn wenn man auf offener See vor Wind und Wellen abläuft, ist es zwar unwahrscheinlich, daß plötzlich vor dem Bug eine Küste auftaucht, aber ebenso unwahrscheinlich, daß man mit anderen Mitteln als der Koppelrechnung einen Standort erhält.

Moral der Besatzung

Wenn man einen Kurs aufgeben muß, auf dem man seit Beginn des schlechten Wetters häufig durch mühsames Gegenanknüppeln Distanz gutgemacht hat, so löst das niemals Freude aus. Besonders dann nicht, wenn sich das Boot am Ende einer Reise auf dem Weg zum Heimathafen befindet. Trotz der Erwartung größerer Annehmlichkeit auf diesem neuen Kurs wird das Umkehren, denn das ist es ja, im allgemeinen von allen als Fehlschlag, als Kapitulation, als Unfähigkeit, die gegenwärtige Situation durchzustehen, empfunden. Und dieses Gefühl steigert sich noch, wenn nicht alle Besatzungsmitglieder die Entscheidung des Skippers teilen.

Wetter

Der Skipper darf also dieses Taktik nur dann anwenden, wenn die Segelbedingungen es wirklich erfordern und nachdem er die voraussichtliche Wetterentwicklung eingehend studiert hat. Durchaus nicht selten verlängern Boote, die vor einem Tief auf Vormwindkurs fliehen wollen, nur die schwierige Situation, während sie sich schnell gebessert hätte, wenn sie einfach beigedreht wären. Das ist eine klassische Erfahrung vor allem aus Orkanen; liest man die Berichte aus der großen Zeit der Segelschiffe, so findet man manches Beispiel, daß ein Schiff genau ins Auge des Orkans steuerte, während es, vor dem Winde fahrend, sich doch von ihm freisegeln wollte. Manchmal auch blieben sie mit diesem Kurs einfach nur länger als nötig in dem gefährlichen Halbkreis. Wichtig ist deshalb, regelmäßig den Luftdruck, die Windrichtung und die Richtung der Dünung zu notieren, besonders wenn sie den Zug der Windsee kreuzt, und ebenso wichtig ist es, alle verfügbaren Wettervorhersagen abzuhören.

Die Tabelle auf S. 36/37 kann dann helfen, die Position des Bootes zum Tiefkern zu bestimmen und den am wenigsten ungünstigen Kurs herauszufinden. Zumindest sollte man es versuchen, auch wenn man nur wenig Informationen hat und unsicher ist, wie genau die Wettervorhersagen sind.

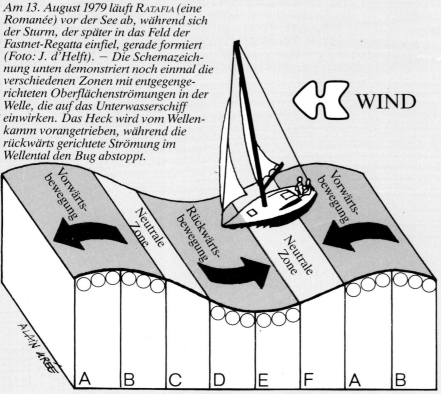

Am 13. August 1979 läuft Ratafia (eine Romanée) vor der See ab, während sich der Sturm, der später in das Feld der Fastnet-Regatta einfiel, gerade formiert (Foto: J. d'Helft). — Die Schemazeichnung unten demonstriert noch einmal die verschiedenen Zonen mit entgegengerichteten Oberflächenströmungen in der Welle, die auf das Unterwasserschiff einwirken. Das Heck wird vom Wellenkamm vorangetrieben, während die rückwärts gerichtete Strömung im Wellental den Bug abstoppt.

Reaktionen des Bootes beim Durchgang einer Welle

Von der Rumpfform, von der Verdrängung und von der Anfangsgeschwindigkeit des Bootes hängt die Taktik ab, die man beim Durchgang einer großen Welle von achtern beim Lenzen vor der See anwendet. Anders ausgedrückt: Boote reagieren unterschiedlich, je nachdem, ob sie schlank oder breit gebaut sind, schwer oder leicht, schwerfällig oder leicht anspringen, wenn die große Wassermasse einer Welle auf sie trifft. Tatsächlich kann sich kaum einer wirklich das Verhalten seines Bootes unter solchen Umständen vorstellen, bevor er es nicht auf einer längeren Fahrt vor achterlichen Winden und hohem Seegang getestet hat. Eine solche Übung wird eine gute Lehre sein und dazu eine ausgezeichnete Vorbereitung auf das Lenzen vor dem Sturm mit gerade diesem Bootstyp, wobei besonders seine Eigenheiten beim Ablaufen vor der Welle zu studieren sind.

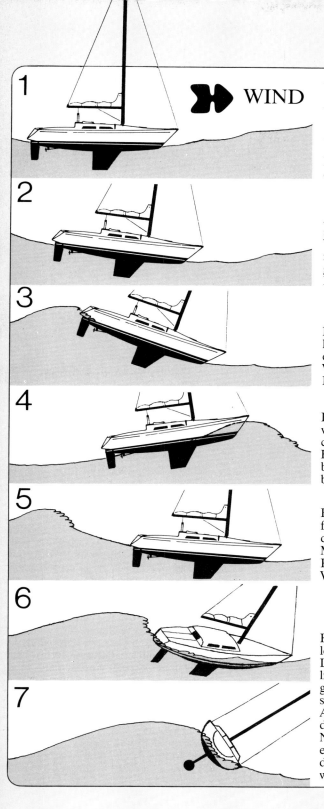

VERHALTEN DES BOOTES IN DER WELLE

Was geschieht, wenn eine See unter dem Boot hindurchläuft? Man kann das Geschehen durchaus schematisch in verschiedene Phasen zerlegen:

Das Boot beschleunigt auf eine gewisse Geschwindigkeit und dreht dabei sein Heck der überholenden Welle zu.

Je mehr das Heck vom Wellenkamm angehoben wird, um so stärker wird der Rumpf durch die Bewegung der Oberflächen-Wasserteilchen (Wellenenergie) beschleunigt. Seine Fahrt nimmt zu. Das Ruder ist tief in den vorderen Wellenhang eingetaucht und reagiert deshalb wirksam auf die Aktionen des Rudergängers.

Die Maximalgeschwindigkeit wird erreicht, wenn der Wellenkamm das Heck erreicht und unter dem Kiel nach vorne hindurchläuft. Der Bug kommt allmählich wieder hoch. Da die Wassermassen sich ebenso schnell oder gar schneller als der Rumpf fortbewegen, hat das Ruder nur beschränkte Wirkung.

Der Kamm ist unter dem Rumpf durchgelaufen. Das Boot wird durch die rückwärts gerichtete Bewegung des Oberflächenwassers brüsk abgebremst und gleitet mit verminderter Fahrt ins Wellental. In dieser Position ist es schlecht manövrierbar, muß sich aber auf den Angriff der folgenden Welle vorbereiten.

Beim Anlauf einer neuen Welle nimmt das Boot unter dem Einfluß der Oberflächenströmung und der Böen (wenn es nicht durch den Wellenberg abgedeckt wird) wieder mehr Fahrt auf. Man kann nur hoffen, daß die Fahrt groß genug ist, damit der Rudergänger das Boot im richtigen Winkel zum nächsten Wellenkamm anstellen kann.

Hat das Boot aber keine Zeit gehabt, sich zum nächsten Wellenkamm im richtigen Winkel auszurichten, kann es achtern in Luv seitlich von der Welle erfaßt werden, so daß es unkontrolliert querschlägt. Der Bug, der sich noch in der rückwärts gerichteten Strömung des Oberflächenwassers befindet, unterstützt diese Bewegung. Sie ist ungefähr vergleichbar mit einem Auto, das auf eisglatter Straße in einer Kurve bremst. Je kürzer der Kiel ist, um so schneller findet dieses Querschlagen statt. Nur mit ausreichender Geschwindigkeit kann das Boot dem entgehen. Bricht aber, bevor es wieder auf Kurs liegt, eine dritte Welle über das Boot, so kann es unter ihrer Gewalt ohne weiteres kentern.

„Am 1. November 1764 kämpfte ein Boot vor Quessant gegen einen Strom von 9 Knoten, gegen den es auch vor einem starken Wind ablaufend nur sehr langsam voran kam. Die Böen, die in seine Segel griffen, und die besonders schweren Schläge der Wellen führten dazu, daß es schließlich zum Grauen der Zuschauer von dem wilden Meer verschlungen wurde." (Aus den „Mémoires sur la Marine" des Vizeadmirals Thévenard.)

Vorteile des Lenzens vor der See

Annehmlichkeit. Unzweifelhaft kommt auf einem Vormwindkurs — auch auf raumachterlichem Kurs, wenn die richtige Technik angewendet wird — eine wunderbare Ruhe ins Schiff, die nach stundenlangem Ankämpfen gegen die See besonders angenehm ist. Denn abgesehen von dem eventuellen Gieren und der Gefahr des Querschlagens, das durch die Stöße der steilsten Wellen verursacht werden kann, sind die Bootsbewegungen nicht viel anders als beim üblichen Vormwindsegeln in rauher See. Auch die Nerven werden nicht stärker strapaziert, jedenfalls solange ungewöhnliche Monsterwellen ausbleiben.

Materialermüdung. Anders als beim Gegenansegeln gibt das Boot den Böen und den Seen nach, und so werden Boot wie Besatzung weniger stark beansprucht, wenn in diesem wilden Ritt über die Wellen kein Unfall passiert. Für Rigg und Segel bedeutet jeder zusätzliche Knoten Fahrt eine Verminderung der scheinbaren Windgeschwindigkeit: Der scheinbare Wind ist, wie jeder weiß, auf Vormwindkursen geringer als der wahre Wind.

Geschwindigkeit. Unter diesen Umständen erreichen Boote oft eine beträchtliche Geschwindigkeit. Es ist gar nicht selten, daß ein 10-m-Boot auf dem Rücken einer breiten Welle ins Gleiten kommt und dann am Speedometer 12 kn abgelesen werden können, was eine noch höhere Fahrt über Grund bedeutet. Wer bei einer solchen Gelegenheit einmal am Ruder gestanden hat, wird mir zustimmen: Nie sonst hat man solch ein prickelndes Gefühl der Geschwindigkeit. Die Risiken? Wir werden an passender Stelle darauf zu sprechen kommen. Das Gefühl ist phantastisch. Man hat den außergewöhnlichen, erfrischenden Eindruck, dem Zugriff der Elemente entwischen zu können. Selbst wenn man sich täuscht oder wenn es auf ein plötzliches Anluven mit dramatischen Folgen hinausläuft. Skiläufer werden mich vielleicht verstehen.

Nachteile des Lenzens vor der See

Ruderwache. Unter diesen Umständen kann man weder das Ruder belegen noch einen elektrischen Autopiloten oder eine windgetriebene Selbststeueranlage einsetzen. Die Situation erfordert die Anwesenheit eines ebenso fähigen wie aufmerksamen Rudergängers, der vor allem das Boot sicher auf Kurs halten muß, indem er der Tendenz des Anluvens entgegensteuert, die durch den Druck der Wellen auf das Heck und durch die Asymmetrie des Lateralplans in der Krängung gefördert wird. Bei gefährlichem Seegang — also immer dann, wenn Lenzen vor dem Sturm gerechtfertigt ist — muß der beste Mann der Besatzung ans Ruder. Da von ihm äußerste Konzentration verlangt wird, müssen die Intervalle des Wachwechsels kurz sein. Das ist leicht gesagt, wenn man einhand segelt...

„Die besten Steuerleute müssen am Ruder stehen; denn ein einziges Querschlagen kann beim Lenzen vor der See zum Unglück werden." („Le Manoeuvrier" von Bonnefoux.)

Achterliche See. Im Unterschied zum Amwindkurs bei schwerem Wetter bleibt dem Rudergänger beim Lenzen vor der See die größte Gefahr verborgen: das Heranrollen der Wellen, vor allem ihre Formation. Auf den großen Segelschiffen des 19. Jahrhunderts war es den Steuerleuten verboten, sich umzuschauen, um die Größe des Brechers, der hinter ihnen heranrollte, abzuschätzen. Manchmal wurden sie sogar an ihrem Posten festgebunden, damit sie nicht beim Anblick einer Monstersee reißaus nahmen und damit das Schiff in einem Augenblick, in dem Kurshalten lebenswichtig ist, sich selbst überließen. Das galt natürlich vor allem in der Region von Kap Hoorn und im südlichen Winter. Unsere Segelreviere sind zum Glück viel milder; aber solche Geschichten unterstreichen die Wichtigkeit des Rudergängers beim Lenzen vor dem Sturm und den Nachteil in dieser Situation, daß man dem eigentlichen Theater den Rücken zukehrt.

Mann über Bord. Sicherheitsgurte sind Pflicht, und ihre Karabinerhaken müssen an soliden Verankerungen eingepickt sein. Denn ohne Großsegel gibt es kaum eine Chance, schnell genug gegen die See anzukreuzen. Höchstens mit Hilfe eines starken Motors kann ein Mann-über-Bord-Manöver vielleicht gelingen. Jeder Mann an Deck muß äußerst wachsam sein.

Zwischen Toulon und Korsika erlebt Pen Duick III *als Hochsee-Schulschiff starke stürmische Winde. Man beachte die starke Talje, mit der der Baum zur Backbord-Fußreling niedergehalten wird und die zur Plicht zurückführt, um dort gegebenenfalls sofort losgeworfen werden zu können. Bei solchem Segeln vor dem Wind in hochgehender See ist die Anzeige des Windrichtungsanzeigers wichtig, weil sie dem Rudergänger beinahe den genauen Grad angibt, in dem er den Rumpf zum Wind wie zu den Wellen anstellen muß. Das gilt besonders in der Nacht. (Foto: Jean Benoit Sangnier)*

4
Risiken

Ein Kurs, der fast genau vor den Wind führt, bedeutet selbst bei frischer Brise noch keine Gefahr. Schließlich verlaufen die meisten Atlantiküberquerungen über mehr als 2000 sm unter diesen Bedingungen, wobei der Passatwind tagsüber häufig mit 25 bis 30 kn weht, in kurzen Böen oft stärker. Die Segler achten auf Schamfilen und schützen Spieren und Segel mit Nieder- und Vorholern und haben so auf ihrem Ausflug in die Subtropen nur selten mit technischen Problemen zu kämpfen.

Beim Lenzen vor dem Sturm sind diese Schwierigkeiten unvergleichlich größer, und das aus einem einfachen Grund: Wenn ein Boot diesen Sicherheitskurs einschlägt, verbietet der hohe Seegang seinem Skipper jede andere Lösung. Diese Situation ist meistens dann erreicht, wenn der Sturm mehrere Dutzend Stunden ohne Unterbrechung über freiem Wasser gewütet hat. Die Windwirkstrecke muß tatsächlich ziemlich groß sein, damit die Wellen eine gefährliche Höhe und Hohlheit erreichen*. Risiken ergeben sich vor allem aus der Steilheit der Wellen; dann kann die Überlagerung und das Durcheinanderlaufen von Wellenzügen einen Punkt erreichen, bei dem ein Boot beim Ansturm der höchsten Wellenkämme nicht mehr länger steuerbar ist.

---

* Ich beziehe mich hier auf die Kapitel, in denen ich die Merkmale der Ozeanwellen und die Entstehung jener Monsterseen, die für unsere Yachten als besonders gefährlich gelten, beschrieben habe (S. 59–87).

Querschlagen und Kentern

Dies wird immer durch den Druck einer Welle verursacht. Erinnern wir uns, wie sich die Wasserteilchen auf der Oberfläche der See beim Durchgang einer großen Welle bewegen. Sie sind stark gegenläufig, und dies verursacht dicht beieinander liegende, gegenläufige Oberflächenbewegungen: auf dem Wellenkamm und seinem vorderen Hang in Wellenrichtung, im Wellental in umgekehrter Richtung (siehe Zeichnung S. 174).

Unmittelbare Folgen: Die gegenläufigen Strömungen auf der Wasseroberfläche können ein vor dem Wind ablaufendes Boot in eine kritische Lage bringen, indem sie seine Fahrtrichtung verändern (Wirkung in Längsrichtung) oder indem sie es krängen (Wirkung in Querrichtung), so daß das Boot querschlägt und also quer zur Welle liegt.

Wir haben schon festgestellt, daß es nicht immer damit getan ist, den Rumpf rechtwinklig zu den Wellen zu halten, indem wir annehmen, daß sie alle aus der gleichen Richtung kommen, was leider nicht immer der Fall ist. Denn das Ruder ist manchmal ohne große Wirkung in dieser schäumenden Wassermasse, die sich beim Überholen der Welle wenigstens in gleicher Geschwindigkeit wie das Boot fortbewegt.

„Warum ist die Geschwindigkeit ein Sicherheitsfaktor? Aus zwei Gründen: Erstens weil das schnelle Boot von den Wellen nur langsam eingeholt wird und ihre Kraft, wenn überhaupt noch vorhanden, sich entsprechend vermindert. Zweitens weil bei viel Fahrt das Ruder wirksamer ist. Wenn eine Welle das Boot passiert, wird es auf deren Rückseite abgestoppt und hat deshalb im Wellental die geringste Geschwindigkeit, gerade dann, wenn die nächste Welle das Heck anhebt und quer zum Wind zu drücken versucht."
(Eric Tabarly, „Guide de Manoeuvre")

Mitten in einem Sturmtief in der Irischen See ist BASILE von einem Brecher quergeschlagen worden. (Foto: J. Y. Baudry)

KRÄFTE, DIE AUF DEN RUMPF BEIM UNTERSCHNEIDEN EINWIRKEN

A Druck der überholenden Welle auf den Rumpf

B Kinetische Energie (Eigengeschwindigkeit des Rumpfes)

C Abstoppen des Bugs auf der Vorderseite der Welle und Eintauchen in die See

Die Gefahr des Unterschneidens

Wird der Rumpf eines Bootes von einer besonders hohen Welle von achtern eingeholt, so wirken auf ihn verschiedene Kräfte ein:

● **A Der Druck der Welle,** die das Heck mit großer Geschwindigkeit nach vorne schiebt und es zugleich anhebt (siehe Zeichnungen).

● **B Die kinetische Energie,** die aus der Eigengeschwindigkeit des Rumpfes resultiert und die sich zu der Beschleunigung durch die Welle addiert; die gesamte Kraft greift im Gewichtsschwerpunkt des Bootes an.

● **C Das Abbremsen des Bugs,** der durch eine Art Schaukeleffekt in die See eintaucht, während das Heck unter dem Druck der Welle noch weiter angehoben wird.

Diese drei Kräfte wirken in gewissen Situationen so zusammen, daß das Boot über Kopf kentert, wie es klassisch von der legendären TZU HANG beschrieben wurde. Doch wir wollen nicht übertreiben. Sicherlich gibt es dieses Risiko; aber ein einzelnes, wenn auch oft zitiertes Erlebnis darf man nicht verallgemeinern. Man muß auch die besonderen Umstände sehen (südliche Breiten der Südhalbkugel, in denen die Dünung, ohne auf ein Hindernis zu treffen, über Tausende von Seemeilen heranrollen kann) und ebenso das Boot (eine schwere Ketsch aus dem Jahre 1938, also sehr alt). Wir segeln im allgemeinen unter ganz anderen Bedingungen.

Ich wiederhole es noch einmal: Außer wenn wir im Winter fernab unserer Küsten ohne einen vernünftigen Wetterbericht segeln oder uns in der schönen Saison (von Mai bis Oktober) im Nordatlantik von einem Orkan überraschen lassen, müssen schon ganz ungewöhnliche Ereignisse eintreten, wenn sich solche ernsthaften Gefahren ergeben sollen.

Einsteigende Brecher

Auch wenn es nicht zum Querschlagen und Unterschneiden kommt, kann ein vor der Welle lenzendes Boot durch einen von achtern einsteigenden Brecher gefährdet werden. Ein durchnäßter Rudergänger, ein eingedrückter Heckkorb oder fortgeschwemmte Rettungsbojen lassen sich verschmerzen. Hauptsache, die Besatzung ist noch vollzählig an Bord. Drei Risiken gibt es unter diesen Umständen: Mann über Bord; Lenzleitungen zu klein, um die vollgelaufene Plicht schnell zu entwässern; Niedergang überschwemmt, so daß sich die See ins Bootsinnere ergießt.

Auf diesem Kurs gibt es praktisch kaum eine Möglichkeit, ein über Bord gegangenes Besatzungsmitglied zu retten. Es darf erst gar nicht dazu kommen: Vom Verlassen der Kajüte an muß jeder Mann an Deck einen Sicherheitsgurt tragen. Strecktaue, die über das gesamte Deck laufen, sind ein zusätzlicher Sicherheitsfaktor.

Immer wieder zeigt sich in solchen Situationen, daß die Lenzrohre in der Plicht — besonders bei Serienbooten — einen zu kleinen Durchmesser haben. Steigt eine See ein, so bedeutet das achtern ein zusätzliches Gewicht, das sich gefährlich auswirken kann (Verlagerung des Gewichtsschwerpunkts, Eintauchen und Festsaugen des Hecks, geringere Manövrierfähigkeit des Bootes). Je schneller das Wasser wieder abfließt, um so besser sind die Chancen, einem zweiten Brecher zu entwischen.

Außerdem kann der Brecher das Schiebeluk oder noch eher die Steckbretter im Niedergang zerschmettern. Man muß einfach zugeben, daß jene Segelboote am leichtesten zu verwunden sind, auf denen es sich am Ankerplatz oder auf einer sonnigen Tagesfahrt am angenehmsten leben läßt: Boote mit einer großen Plicht, ohne Brückendeck, mit geringem Niveauunterschied zwischen Plichtboden und Kajüte. Will ihr Eigner dennoch sicher segeln, muß er mindestens irgendeinen einsetzbaren Schutz erfinden, der die Plicht anstelle des Brückendecks nach vorne abschließt. Von der Notwendigkeit eines dichten Verschlusses für den Niedergang selbst haben wir schon gesprochen.

5
Verhalten beim Lenzen vor der See

Geschwindigkeit ist auf diesem Kurs unbedingt nötig. Doch über diesen Punkt gehen die Meinungen so weit auseinander, daß sich sofort Gegenstimmen erheben werden. Lenzen vor der See ist nur mit einem Minimum an Geschwindigkeit denkbar. Die Frage ist nur, wieviel Fahrt für ein Boot, das sich in einer gefährlichen Lage befindet, angebracht ist.

Reduzierte Geschwindigkeit

Die älteren Handbücher befürworten eine geringe Lenzgeschwindigkeit von etwa 4 bis 5 kn. Diese Empfehlung war gerechtfertigt durch das Verhalten der damaligen Rümpfe in der Welle; sie besaßen einen tiefen Vorfuß, bei dem sich der Lateraldruckpunkt weit nach vorne verlagern konnte, so daß das Ruder ein Ausbrechen nach Luv kaum noch ausgleichen konnte. Außerdem neigten diese Boote zum Ausbrechen, weil sie zumeist nur ein einziges Vorsegel führen.

Moderne Segelboote haben im Unterschied dazu vor der Kielflosse wenig benetzte Oberfläche. Der Vorfuß ist weggeschnitten, der Kiel ist kurz und sitzt relativ weit achtern, das Schweberuder ist ein eigener, anstellbarer Lateralplan unter dem Heck – all dies hat das Verhalten der Rümpfe beim Lenzen vor der See sehr verändert. Fügt man als Vorteil noch das viel geringere Gewicht hinzu, scheint es für unsere heutigen Boote kaum noch notwendig zu sein, mit geringer Geschwindigkeit vor einer von achtern auflaufenden rauhen See abzulaufen. Hören wir, was Eric Tabarly dazu zu sagen hat:

„Aus Angst, zu schnell zu laufen, lenzt man vor Topp und Takel. In dieser Situation läßt sich das Boot nicht mehr steuern, und um es mit dem Heck im Wind zu halten, fiert man Trossen achteraus oder was man sonst in dieser Richtung an Bord hat, Reifen, Ketten, Eisenbarren usw. Dann kann das Boot aber erst recht in der Welle kentern. Das hatte schon Bernard Moitessier im Südpazifik festgestellt. Die Lage war für JOSHUA unhaltbar geworden, als Bernard sich nach langem Zögern entschloß, seine Trossen zu kappen. Und von dem Ergebnis war er ganz und gar befriedigt. Warum denn eigentlich wollte er seine Geschwindigkeit herabsetzen? Weil er nach wer weiß was für einer Lektüre von der Angst vorm Unterschneiden und Über-Kopf-Kentern besessen war…: Auf einer Welle kommt das Boot wie eine Kanonenkugel ins Gleiten, schießt über die Welle hinaus und bohrt seinen Bug in die nächste. Ich glaube nicht, daß so etwas überhaupt geschehen kann. Mit einem Boot wie PEN DUICK VI, das sehr gut gleitet – was bei JOSHUA sicherlich nicht der Fall war – und das bei Maximalfahrt von einer kompletten Regattabesatzung geführt wird, haben wir in den südlichen Breiten noch nie eine Welle eingeholt."

Das ist auch meine eigene Überzeugung, wobei ich hinzufüge, daß ein Boot mit weniger als 5 bis 6 kn Fahrt beim Lenzen vor der Welle – auch ein schweres Boot mit langem Kiel – stark unter dem Anprall der Brecher leidet und nicht manövrierfähig genug ist, um sich den folgenden wieder zu stellen. Denn Segeln mit reduzierter

Links ein Kupferstich von O. W. Brienly aus „Lettres des régions polaires" (Briefe aus dem Polargebiet), 1882. – Rechts fragt man sich gerade, ob der Illustrator nicht das Malerische der Szene allzu sehr betont hat; denn mit einem so großen Segel am Heck hätte dieser Schoner eigentlich schon lange querschlagen müssen... (Foto: P. Zimmermann)

Geschwindigkeit heißt, daß das Boot in den Wellentälern – dank des Rückstroms – beinahe bewegungslos ist. Und das ist eine Lage, in der es besonders verwundbar ist, wenn es vor der nächsten Welle querschlägt.

Überhöhte Geschwindigkeit

Es scheint so, also ob zuviel Fahrt ebenso ein Fehler sein kann. Jedenfalls kann es gefährlich werden, wenn man das Beispiel von PEN DUICK VI, koste es was es wolle, nachahmt und unter einem Press von Segeln, das Auge fest aufs Speedometer gerichtet, dahinzieht. Das erinnert mich an eine Atlantiküberquerung auf PITCAIRN, während der ich mitten in der Nacht von den Freudenschreien meiner jungen und heißblütigen Besatzungsmitglieder geweckt wurde: „12 Knoten! 13 Knoten! Fast 14!" Ich brauchte nicht eine halbe Sekunde, um aus dem Bett zu springen und das Wegnehmen des Spinnakers zu befehlen. Die See war unter dem Passat von einer achterlichen Dünung aufgewühlt, die uns ebenso prickelnde wie ungewöhnliche Surfs bescherte. Aber wie viele Minuten hätten wir wohl noch gehabt, bis das Boot in den Mond geschossen wäre und die Masten sich platt aufs Wasser gedrückt hätten?

Jedes Boot besitzt eine Rumpfgeschwindigkeit, die es auch in hohem Seegang ohne Risiko für Boot und Besatzung nicht überschreiten darf. Bei überhöhter Geschwindigkeit bekommt der Rudergänger rasch Schwierigkeiten, das Gieren des Boots aufzufangen. Dann muß man die Segelfläche verkleinern oder, wenn man schon vor Topp und Takel lenzt, Trossen achteraus fieren, um das Boot abzubremsen. Allerdings unter der Voraussetzung, daß dieser Hemmschuh das Boot nicht in den Wellentälern so weit abstoppt, daß es den Brechern reaktionsunfähig ausgeliefert ist.

Die richtige Geschwindigkeit läßt sich für einen sehr leichten Rumpf, der gezwungen ist, zum Abbremsen Trossen nachzuschleppen, nicht leicht finden. Bernard Moitessier und Vito Dumas können uns über das Verhalten von Leichtdeplacementyachten beim Surfen auf der Welle leider wenig lehren. Ebenso wenig Adlard Coles denn seine so sorgfältig kommentierten Berichte sind mehr als 15 Jahre alt und beziehen sich auf eine veraltete Konzeption, mit der wir unsere Laterne nicht zum Leuchten bekommen.

Fastnet 1979. Frage an die Skipper von gekenterten Booten: Wie traf die Welle das Boot?	
von achtern	10 Boote (13 %)
schräg von achtern	20 Boote (26 %)
quer	26 Boote (34 %)
von vorne	13 Boote (17 %)

Der Fastnet-Bericht (schon wieder und immer noch einmal nehme ich darauf Bezug) macht deutlich, daß von den 79 Booten, die im Sturm gekentert sind, nur 10 im Moment des Unglücks mit weniger als 30 Grad zur achterlichen See lagen; das sind 13 %. Die Untersuchungskommission teilt aber mit, daß 16 der Segelyachten Trossen nachschleppten. Wie sind diese Angaben zu interpretieren? Liefen vielleicht einige von jenen Booten, die nach der Tabelle in diesem Moment quer zur See lagen (34 %), vor dem Sturm ab und waren gerade quergeschlagen? Die Ungenauigkeit in solchen Details bestätigt mein Urteil über die begrenzte Brauchbarkeit des Berichts für das Verhalten von Booten in schwerem Wetter. Ich bedaure dies noch einmal, denn gerade über das Verhalten moderner Rümpfe mittlerer Größe beim Lenzen vor Wind und See gibt es so wenige Zeugnisse, daß sich eine auf der repräsentativen Auswahl von Erfahrungen aus erster Hand basierende Theorie nicht aufstellen läßt.

Und das ist schade.

*„Makrelenschwanz"
nennen die Briten den
wellenförmig aufziehenden Altocumulus, der eine
Kaltfront ankündigt. Hat
man den Aufzug übersehen und läßt zu viel
Segel stehen, können die
Winde selbst großen Segelschiffen gefährlich
werden.*

Segel

Ist die Entscheidung zum Lenzen vor der See gefallen, muß man einen Moment relativer Windstille ausnutzen, um das Großsegel (oder den Besan, wenn man unter diesem Segel beigedreht hatte) wegzunehmen. Unbedingt muß man während dieses Manövers den Bug im Wind halten, wobei der Motor, wenn er stark genug ist, eine große Hilfe sein kann. Ist das Segel niedergeholt und grob aufgetucht, sind Fall und Dirk belegt, sollte man sich nicht länger in dieser gefährlichen Lage aufhalten – man entscheidet sich schließlich nicht für das Ablaufen, wenn nicht der Zustand der See die Sicherheit an Bord gefährdet. Nach dem Durchzug der höchsten Wellen dreht man das Boot dann vor den Wind, und zwar so schnell wie möglich. Zum Glück sind unsere Boote sehr schnell bei diesem Manöver, das auf den großen Segelschiffen des letzten Jahrhunderts so sehr gefürchtet wurde, weil sie dabei in die Gefahr des Kenterns gerieten. Diese Schiffe brauchten mehrere Minuten für einen Halbkreis von 180°, in denen sie ihre Breitseite den Brechern zuwandten.

Liegt das Boot erst einmal vor der Welle, kann die Besatzung die ruhigere Lage ausnutzen, um das Großsegel sauber aufzutuchen und den Baum in die richtige Stellung zu bringen. Die Sturmfock, mit doppelten Schoten, wird unter dem günstigsten Winkel leicht offen gefahren.

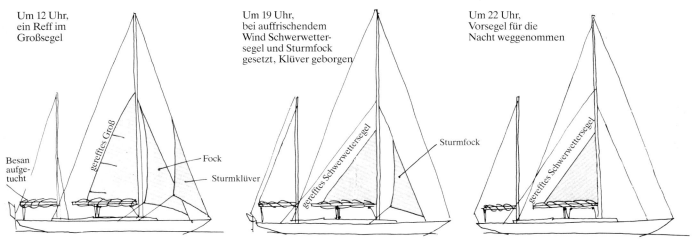

Um 12 Uhr, ein Reff im Großsegel

Um 19 Uhr, bei auffrischendem Wind Schwerwettersegel und Sturmfock gesetzt, Klüver geborgen

Um 22 Uhr, Vorsegel für die Nacht weggenommen

Besan aufgetucht — gereeftes Groß — Fock — Sturmklüver — gereeftes Schwerwettersegel — Sturmfock — gereeftes Schwerwettersegel

Schwerwettersegel der HISPANIA, *der Ketsch von Max Graveleau, während sie 1973 in einem schweren Weststurm Kap Hoorn ihren Tribut zahlen mußte. (Zeichnungen aus dem Buch „L'embellie sur la mer")*

Sturmfock mittschiffs

Aber wenn der Wind zu stark ist (er ist es), wird man die Sturmfock mittschiffs schoten, indem man die Schoten auf beiden Seiten gleichstark dicht holt. Diese Segelführung hat mehrere Vorteile:

● eine große Flexibilität in der Führung des Bootes, denn der Rudergänger kann ebensogut nach Steuerbord wie nach Backbord anluven, um die Wellenkämme jeweils im richtigen Winkel zu nehmen;

● größere Wirksamkeit, um dem unfreiwilligen Anluven entgegenzuarbeiten: Mittschiffs senkrecht zum Wind geschotet wirkt die Kraft eines solchen Segels am Bug unter dem Winddruck wie ein Hebelarm, der das Ruder unterstützt, wenn es den Rumpf wieder ausrichten soll;

● Verminderung der Geschwindigkeit, da die Sturmfock bei achterlichem Wind in solcher Stellung nur geringen Vortrieb entwickelt. Wir wissen, daß dieser Punkt sich besonders auf Booten, die mit überhöhter Geschwindigkeit segeln, als wichtig erweisen kann.

Der Winkel zu den Wellen

Auf den Rudergänger kommt es an. Er muß die Ohren frei haben, damit er die herannahenden Brecher hören und dann den Bug senkrecht zur überholenden Welle stellen kann. Bernard Moitessier hat sie in den Roaring Forties mit etwa 20 Grad zum Heck genommen. Vielleicht paßte diese Taktik für seine robuste JOSHUA. Mein Rat ist, daß weniger schwere Segelboote im Gegenteil besser solange wie möglich rechtwinklig zu den Wellen segeln. Die Rudergänger aus den Whitbread-Round-the-World-Regatten stimmen fast alle darin mit mir überein.

Auch wenn meine Erfahrungen im Vormwindsegeln bei stürmischem Wind nur begrenzt sind, so habe ich dabei doch den Unterschied zwischen beiden Kursen feststellen können: Der Rumpf scheint mit der Welle wie auf Schienen zu gleiten, wenn er die Wassermasse geradlinig unter sich hindurchziehen läßt. Läßt man sie schräg durchlaufen, muß man dauernd gegensteuern, um ein Querschlagen zu verhindern.

Das Risiko des Querschlagens ist dennoch hoch; besonders dann, wenn das Ruder im turbulenten Gegenstrom eines instabilen Wellenkamms kaum wirksam ist.

14 Knoten auf der STEPH-GOUEL, *einer Scotch von Patrick Stephany, während sie 1980 zwischen Bénodet und Belle-Ile von stürmischen Nordwestwinden überrascht wurde.*

*Überfahrt nach Korsika unter einem lebhaften bis stürmischen Mistral im Oktober 1974. PITCAIRN kam brandneu von der Werft, sie war gerade vom Stapel gelaufen.
11 Stunden lang mußte ich auf dieser Jungfernfahrt am Ruder stehen.*

Trossen und Treibanker

Das Verfahren ist klassisch und allen bekannt: Man bringt eine oder mehrere Trossen über Heck aus, die die Fahrt des Bootes abbremsen und das Heck in Windrichtung halten und dabei zugleich das Gieren vermindern und eine Art Schutzzone gegen Brecher bilden. Es liegen Berichte vor über die Verwendung von Trossen in Buchten, von nachgeschleppten Segeln, Reifen, schweren Ankern oder Treibankern oder Ankerketten, die an Trossen nachgeschleppt wurden. Bei dieser Maßnahme geht es vor allem darum, den Rumpf daran zu hindern, daß er unter dem Schub der Brecher mit überhöhter Geschwindigkeit anspringt.

Meiner Meinung nach sind die Vor- und Nachteile dieser Technik die gleichen wie bei der Verwendung des Treibankers beim Beiliegen: Das Boot leistet der See Widerstand, der Wellenschlag kann für die Aufbauten wie für das Ruder zerstörerisch sein. Der Sinn des Ablaufens vor der See besteht aber gerade darin, daß der Geschwindigkeitsunterschied zwischen den Wellen und dem Boot ausgeglichen wird. So bestätigen es die erfahrensten Segler von heute, gleich ob sie auf großen Segelyachten, die leicht ins Gleiten kommen, Regatten segelten oder auf kleineren, schwereren Booten auf Kreuzfahrt waren.

Aber nur die Besatzung, die mit den

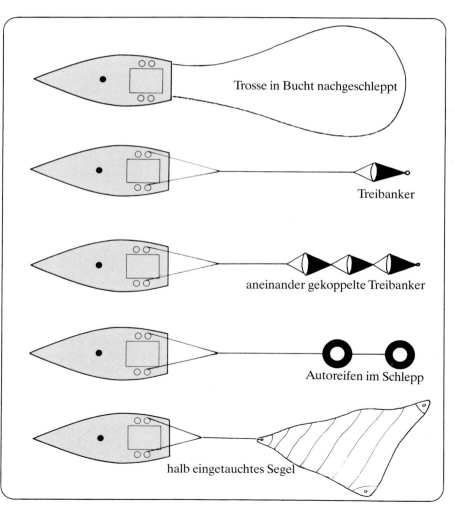

Trosse in Bucht nachgeschleppt

Treibanker

aneinander gekoppelte Treibanker

Autoreifen im Schlepp

halb eingetauchtes Segel

AUSBRINGEN DES TREIBANKERS: LEINENLÄNGE IM VERHÄLTNIS ZUR WELLENLÄNGE

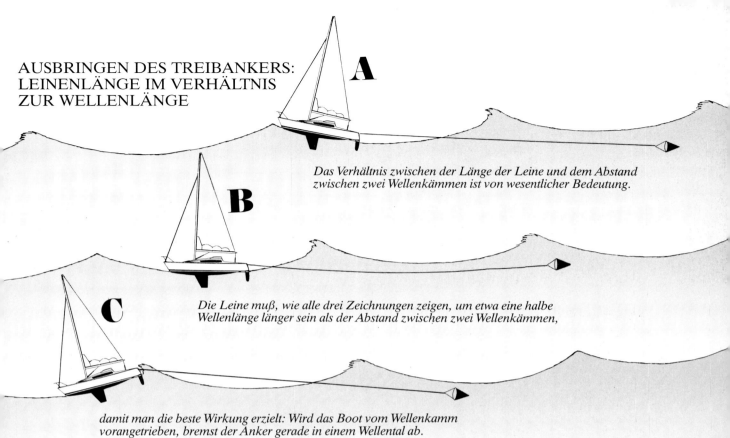

Das Verhältnis zwischen der Länge der Leine und dem Abstand zwischen zwei Wellenkämmen ist von wesentlicher Bedeutung.

Die Leine muß, wie alle drei Zeichnungen zeigen, um etwa eine halbe Wellenlänge länger sein als der Abstand zwischen zwei Wellenkämmen,

damit man die beste Wirkung erzielt: Wird das Boot vom Wellenkamm vorangetrieben, bremst der Anker gerade in einem Wellental ab.

schwierigen Bedingungen fertigwerden muß, kann die unter den gegebenen Umständen günstigste Möglichkeit herausfinden. Dazu sollte sie ebenso die Erfahrungen anderer wie alle Mittel, über die sie im Augenblick verfügt, und vor allem natürlich das Verhalten des eigenen Bootes mit in die Überlegungen einbeziehen.

Gebrauch des Motors

In Zeitschriftenartikeln oder Büchern, die das Schwerwettersegeln zum Thema haben, wird der Motor nur selten erwähnt, obwohl immer mehr Segler ihn auch beim Lenzen vor der See einsetzen. Gespräche im Hafen überzeugen mich davon jedes Jahr immer mehr, ja, eigentlich braucht man nur die Segelboote zu beobachten, die bei Starkwind in den Hafen zurückkehren.

Das mag überraschen: Bekannt ist, daß der Motor beim Amwindsegeln seinen Beitrag leisten kann, indem sich das Boot mit seiner Hilfe den Wellen entgegenstemmt, die mit jedem Kamm den Bug vom Kurs abbringen wollen. Aber was soll er beim Ablaufen vor stürmischem Wind, wo doch das Problem nicht das Erreichen größerer Geschwindigkeit ist, sondern im Gegenteil das Abbremsen des Rumpfes, der beim Durchgang der Wellen mit überhöhter Geschwindigkeit vorangetrieben wird?

Das ist nicht ganz richtig. Auf den meisten Booten, so haben wir festgestellt, entstehen die echten Schwierigkeiten durch fehlende Manövrierfähigkeit im Rückfluß des Oberflächenwassers nach dem Durchgang des Wellenkamms. Dann wird das Boot stark abgebremst und kann nicht schnell genug wieder die richtige Lage zur nächsten Welle einnehmen. In solcher Situation kann der Motor dafür sorgen, daß das Boot schneller wieder auf Kurs liegt. Einige Skipper haben beim Lenzen vor der See schon ausgezeichnete Ergebnisse mit dieser Methode erzielt. Ich selbst halte eine solche Hilfe für durchaus wünschenswert, wenn das Boot durch nachgeschleppte Trossen abgebremst wird. Das Risiko zu hoher Geschwindigkeit ist weitgehend gebannt, und der Rudergänger braucht jetzt nur noch, je nachdem, in welche Richtung das Oberflächenwasser setzt, Gas zu geben oder zurückzunehmen. Jedoch kann sich jeder leicht ausmalen, daß nachschwimmende Trossen und ein rotierender Propeller keine allzu angenehme Nachbarschaft sind. Die Idee verdient dennoch weiteres Nachdenken, besonders für Schwerdeplacementyachten, bei denen das Risiko überhöhter Geschwindigkeit gering ist; da kann der Einsatz des Motors zweifellos von Vorteil sein.

Schwertboote und Kielschwerter beim Lenzen

Ich selbst habe nur geringe Erfahrungen mit Schwertbooten gleich welcher Bauart, doch die Berichte von Eignern solcher Boote habe ich mit großem Interesse gesammelt. Leider war niemand darunter, der Winde über 9 Beaufort erlebt hat. Bei stürmischen Winden von achtern scheint diese Technik jedoch verlockend zu sein: Mit hochgeholtem Schwert gleitet der Rumpf auf der Wasseroberfläche, und die einzige Lateralfläche ist das Ruder achtern. Das Boot dreht sich nicht um den Lateraldruckpunkt im Zentrum des Unterwasserschiffs, auch eine quer anlaufende Welle kann kein Drehmoment auf einen Kiel ausüben, das das Boot vom Kurs abbringt.

„Als alle Segel geborgen waren", schrieb mir kürzlich J.-J. Destailleurs-Obry, Eigner einer Via 36 mit Doppelschwertern, die mittschiffs hintereinander angebracht sind, „lenzten wir vor Topp und Takel bei achterlichem Wind von 7, in Böen 8 Beaufort und machten 4,5 kn Fahrt. Schließlich, mit einer kleinen Fock von 17 m², lief das Boot (Vorderschwert aufgeholt, Achterschwert um 2/3 gefiert) 7,5 kn mit Spitzen von 8, 9, 10 kn, ganz wie auf Schienen. Der Seegang war relativ steil und hoch (Wind gegen Strom). Zwei Brecher stiegen übers Heck ein und überschwemmten die Plicht. Rudergehen war leicht; bei nur geringem

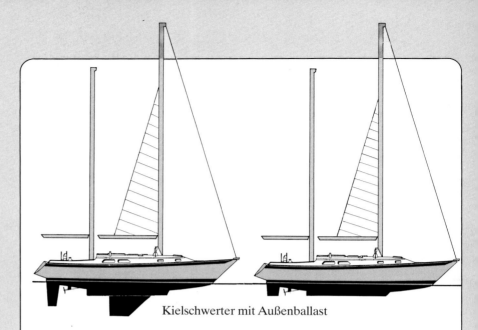

Kielschwerter mit Außenballast

Die Vorteile eines Schwertbootes werden vor allem auf trockenfallenden Ankerplätzen augenfällig; mancher wird neidisch, wenn eine Besatzung von einem solchen Boot, ohne ins Beiboot steigen zu müssen, baden geht. Bleibt das Problem des notwendigen Ballasts; erfahrene Segler runzeln die Stirn, wenn sie daran denken. Wie reagiert das Schwert, wenn das Boot, wie es der Romanée von Emile Gaillard passierte, um 180 Grad kentert? Auch ich hätte in diesem Punkt gerne Gewißheit.

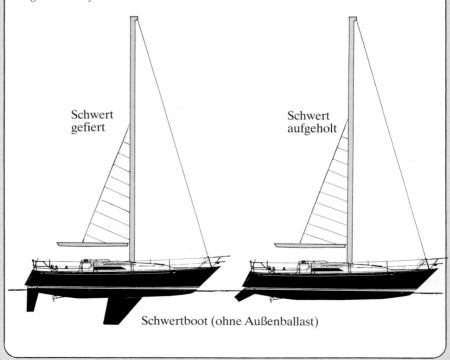

Schwert gefiert — Schwert aufgeholt

Schwertboot (ohne Außenballast)

Geschwindigkeitsverlust ließ es sich festlaschen, oder man konnte damit spielen und noch mehr Fahrt herausholen.

Diese kleine Erfahrung bestätigt meine theoretischen Überlegungen, daß dieser Bootstyp bei starken achterlichen Winden und bei aufgeholtem Vorderschwert mit beträchtlicher Geschwindigkeit sicher vor dem Wind lenzen können müßte, wobei wenig Tuch am Bug den Rumpf in Windrichtung hält und das halb gefierte Achterschwert am Heck die Kursstabilität erhöht. Und dabei besteht kaum die Gefahr, daß das Boot querschlägt und überrollt wird."

Der Vorteil auf diesen Kursen und bei nicht allzu hoher Windgeschwindigkeit ist unübersehbar. Aber wie sieht es bei Windstärke 10 und mehr aus? Wenn das Boot mit hochgeholtem Schwert schon bei Windstärke 7, in Böen 8, 4,5 kn Fahrt macht, muß man kein großer Rechner sein, um zu vermuten, daß es ein Wind von 50 oder 60 kn, dazu kräftige Seen, auf eine Geschwindigkeit von mehr als 10 kn bringen wird, wahrscheinlich auf den Wellenkämmen noch mehr. Ist eine solche Geschwindigkeit mit einem so kurzen Rumpf aber noch sicher? Diese Frage stellen sich alle, und ich muß gestehen, daß ich zu einer Antwort nicht in der Lage bin, weil wir bis jetzt nicht über genügend Informationen verfügen.

Zum Schluß möchte ich noch auf die interessante Lösung hinweisen, die der Konstrukteur Ribadeau-Dumas beim Entwurf von Philippe Jeantots Einrumpfboot anwandte: Er zeichnete zwei Schwerter ganz weit achtern an jeder Seite des Rumpfes, die das Boot (ein Kielboot von 17 m Länge) beim Vormwindsegeln auf den hohen Wellen der Roaring Forties auf Kurs halten sollten. Zweifellos hat dieses Stabilisationssystem viel zum Erfolg des Einhandseglers während seiner Weltumsegelung 1982/83 beigetragen. Sind also Schwerter besonders wirksam? Noch einmal: Alles hängt davon ab, auf welchem Boot und unter welchen Umständen man sie einsetzt.

*Die Trismus G*IRELLE *segelt am Wind zwischen Guadeloupe und Antigua in Begleitung von* PITCAIRN. *Ihr Skipper Jean-François Cury war mit ihr rund um den Nordatlantik gesegelt und hatte sich über das Verhalten dieses Rumpfes mit drei Schwertern nicht im geringsten zu beklagen. Allerdings war er auch in keinen schweren Sturm geraten.*

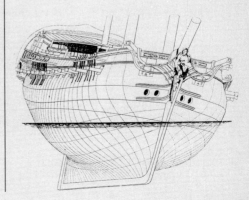

189

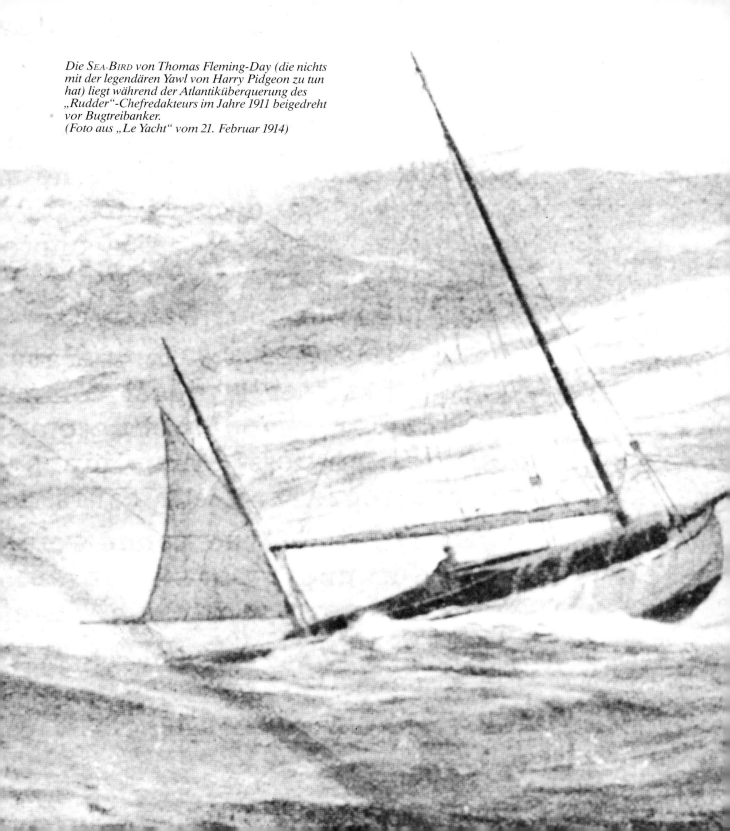

*Die SEA-BIRD von Thomas Fleming-Day (die nichts mit der legendären Yawl von Harry Pidgeon zu tun hat) liegt während der Atlantiküberquerung des „Rudder"-Chefredakteurs im Jahre 1911 beigedreht vor Bugtreibanker.
(Foto aus „Le Yacht" vom 21. Februar 1914)*

Der Treibanker

Trotz des Platzmangels, des Kampfes mit dem Gewicht, der überhöhten Kosten für alle Dinge, die für Freizeitschiffe hergestellt werden, sind die Listen lang, wenn man ans Ausrüsten seiner Yacht geht. Für die Sicherheitsausrüstung und die Rettungsmittel gibt es Vorschriften, an die wir uns auch halten müssen. Da läßt sich nichts einsparen. Wie bei der Versicherung muß man sauren Gesichts klein beigeben, auch wenn man weiß, daß man nicht lossegelt, um Schiffbruch zu erleiden – es sind immer die anderen, denen das passiert. In dieser Sicherheitsausrüstung zieht besonders ein Teil immer wieder die Aufmerksamkeit auf sich, zum einen wegen seines Aussehens und zum anderen, weil es so selten benutzt wird: der Treibanker.* Welches unergründliche Geheimnis enthält dieser Sack aus braunem Tuch oder blauem Kunststoff, den niemand bis heute geöffnet, geschweige denn ins Wasser getan hat? Es gibt keine Gebrauchsanweisung für ihn, kein Segelhandbuch beschreibt die Methode seines Einsatzes, in keiner jüngeren Erzählung wird er als nützliches Gerät erwähnt. Ich habe bestimmt schon tausendmal befahrene Skipper und erfahrene Besatzungsmitglieder, in welcher Ecke des Hafens ich sie auch traf, befragt: Haben Sie Ihren Treibanker schon einmal ausprobiert? Die Antwort war immer verneinend.

---

* Nach den deutschen „Sicherheitsrichtlinien" ist ein Treibanker nicht vorgeschrieben.

Eine Erfahrung

Eines Tages wollte ich deshalb bei schlechtem Wetter das Ding auf Herz und Nieren prüfen. Bei Wind von 50 kn holte ich die Sturmfock nieder und ließ den Treibanker an einer 18 mm starken, 50 m langen Nylonleine über Bord. PITCAIRN (15 m Länge, ketschgetakelt) fiel leicht von ihrem Kurs ab und legte sich mit dem Bug schräg zur Welle. Der Zug auf die Leine war so stark, daß ich um die Befestigung der Ankerwinde fürchtete. In jeder Welle spannte sich das Nylontau beim Hochsteigen des Bugs wie ein Metallstag, und von den Decksbalken unter der Winde war ein sinistres Knacken zu hören. Zum Glück erreichten die Wellen nicht die von Kap-Hoorn-Seglern beschriebenen alpinistischen Höhen. Es blieb bei stürmischem Wind mit relativ handigen Seen.

Steilere oder brechende Wellen hätten auf Dauer die Ankerwinde aus ihrer Verankerung gerissen, dazu noch die Klampen, auf die ich die Kraft verteilt hatte. Arbeiten auf dem Vorschiff, um die Leine zu regulieren oder zu verstärken, erforderte darüber hinaus Löwenmut; wahre Wasserberge ergossen sich einem da jedesmal über den Kopf und überschwemmten das Deck, wenn der Bug gegen eine dieser flüssigen Wände geschleudert wurde. Der Sachverhalt ist klar: Das Boot widersteht der Welle. Es läßt sich kaum manövrieren. Es wird zum Hindernis wie ein aus dem Wasser ragender Felsen.

Bevor ich dem Strand zu nahe kam, holte ich den Treibanker an Bord (mit Hilfe von Ankerwinde und Motor), nicht ohne Mühe und nicht ohne naß zu werden, und setzte dann die Sturmfock wieder. Die zu kurze Erfahrung hat mich nur eines gelehrt: Ein Boot, das in der Hand des Treibankers ist, muß äußerst solide gebaut sein; denn es leidet sehr.

Kapitän Voss

Kapitän Voss wird die Vaterschaft für dieses Gerät zugeschrieben. Das ist nicht ganz richtig. Doch hat er viel zu seiner Verbreitung beim Hochseesegeln beigetragen. Als er im Jahre 1898 unweit der Insel Vancouver mit seiner 10 Tonnen schweren Slup XORA beidrehte, entschloß er sich, aus Bordmitteln einen Treibanker zu bauen: „Die XORA (35 Fuß lang) drehte sofort in den Wind und lag mit dem Kopf zum Treibanker so komfortabel wie ein Schiff auf geschützter Reede; alle drei saßen wir in der Kajüte und konnten uns kaum noch vorstellen, daß wir uns bei stürmischem Wind inmitten großer Brecher auf hoher See befanden."

Das ist merkwürdig. Denn wir wissen ja, daß nur wenige gute Segler Voss' Begeisterung für dieses Gerät teilen. Peter Haward, ein professioneller Segler mit großer Schlechtwettererfahrung, ist sogar sicher, daß die Verwendung des Treibankers ein Boot in Gefahr bringen kann: „Noch heute schenkt man den Beteuerungen von Voss Glauben unter dem Vorwand, daß angeblich zahlreiche kleine Segelboote stürmische Winde mit einem solchen Instrument überstanden haben. Da besteht ein Mißverständnis, das geklärt werden muß: Wenn diese genannten Boote sich aus der Affäre ziehen konnten, dann sicher nicht dank ihrer Treibanker, sondern trotz dieser Geräte!" Und Haward fügt hinzu: „Wenn die stürmischen Winde, denen sie ausgesetzt waren, jenes wahre Ausmaß hatten, wie man es an unseren Küsten nur selten erlebt, wäre die Sache für die Boote, um die es sich hier handelt, fast immer weniger glimpflich ausgegangen; aber dann wären die Legenden um den Treibanker wohl auch schon verschwunden."

Härter kann man es wohl kaum ausdrücken.

Auch der große Einhandsegler Jean Gau fällt ein Urteil ohne Berufung: „Für mich bedeutet der Treibanker sehr wenig. Ich habe ihn zum letztenmal auf ONDA benutzt. In der Tat hielt dieses komische Stück Tuch, vorne ausgebracht, den Bug so gut gegen die Wellen, daß sich so schreckliche Schläge auf die Beting übertrugen, daß ich schließlich glaubte, jeden Augenblick könne das Vorschiff abgerissen werden! Man muß gesehen haben, wie sich die Wellen über dem Boot brachen, das ihnen mit dem Bug voran, ohne jede Schutzzone, ausgeliefert war. Schließlich nahm ich mein Messer, und: Zipp! mit einem Schnitt in die Trosse hatte ich mich befreit von dieser Dirne von Treibanker, den ich für äußerst gefährlich halte."

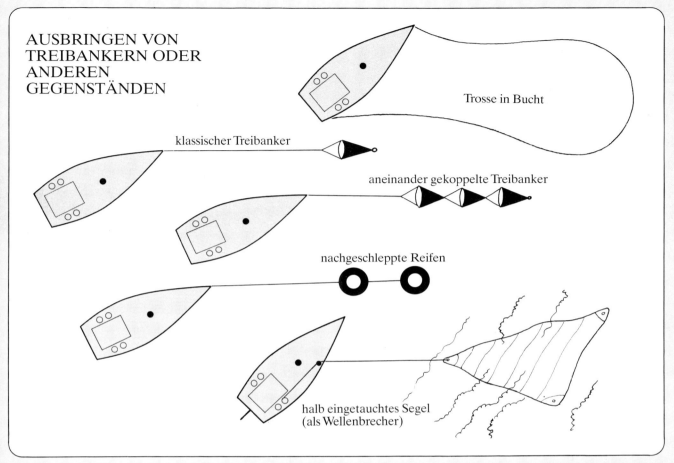

AUSBRINGEN VON TREIBANKERN ODER ANDEREN GEGENSTÄNDEN

Trosse in Bucht
klassischer Treibanker
aneinander gekoppelte Treibanker
nachgeschleppte Reifen
halb eingetauchtes Segel (als Wellenbrecher)

Nützlich oder gefährlich?

Beim Widerstand gegen hohen Seegang kann ein Boot beträchtlichen Schaden erleiden. Das ist wie in der Fabel von der Eiche und dem Schilfrohr. Persönlich bin ich überzeugt, daß bei schwerem Wetter, natürlich wenn genügend freier Seeraum in Lee vorhanden ist, das Lenzen vor Wind und See oder das Beidrehen mit etwas Fahrt voraus, je nach Bootstyp, Windstärke und vor allem Seegang, die beste Wahl ist. Alec Rose, der in zwei Etappen südlich der drei großen Kaps um die Welt gesegelt ist, formuliert es etwas abwägender: „Sehr dicht an einer Küste kann der Treibanker wahrhaftig ein Instrument der Vorsehung sein, aber auf offener See bin ich mir seiner Nützlichkeit nicht sicher. Vielmehr glaube ich, daß er in gewissen Stürmen, falls er nicht ohnedies abgerissen wird, dem Boot Schaden zufügt, indem er es quer zu den Wellenkämmen legt. Kapitän Voss war der große Fürsprecher des Treibankers. Heute muß jede respektable Fahrtenyacht ihren Voss-Anker an Bord haben. Damit hat jedoch nicht aufgehört, daß Yachten im Pazifik kenterten oder entmastet wurden... Insgesamt glaube ich also, daß ich in den sehr großen Stürmen immer beidrehen würde."

Ganz bestimmt ist Manövrierfähigkeit ein wichtiger Sicherheitsfaktor. Wenn man erlebt, wie die Bewegungsfähigkeit von einer Trosse, die den Bug des Bootes fesselt, behindert wird, muß der optimistischste Skipper nachdenklich werden. Hören wir Vito Dumas: „Zum Thema des Treibankers habe ich eine Ansicht, die die Frage erübrigt: Niemals werde ich an Bord genug Platz haben für ein solches Gerät. Ich bin überzeugt, daß ein Boot sich unter Segeln mit ausreichendem Komfort gegen jede Art von Seegang verteidigen kann. Dann besitzt es eine Freiheit der Bewegung, es weicht der Welle aus..." Vito Dumas fügt hinzu, daß man auf keinen Fall beigedreht liegen sollte; noch viel weniger vor Treibanker, „wobei man das Leiden des in den furiosen Wellen begrabenen Bootes beinahe körperlich fühlt." Er war ein Wegbereiter; denn vor ihm hatte niemand glauben wollen, daß ein Boot mehr als ein paar Minuten, ohne zu kentern, bei schwerem Wetter segeln könnte.

Die Erfahrung von Moitessier stimmt mit den Schlußfolgerungen von Vito Dumas überein. In dem

Sturm im südpazifischen Ozean, den er mit JOSHUA auf seiner ersten Umsegelung von Kap Hoorn erlebte, brachte Moitessier fünf Leinen aus, um die Fahrt seiner Ketsch zu reduzieren. Nicht über Bug, sondern über Heck. Die Trossen, die zwischen 30 und 100 m lang und mit Eisenbarren in einem Gesamtgewicht von 140 kg beballastet waren und an die er noch ein großes Netz „in der Art eines Treibankers" hängte, sollten vor den Brechern schützen und das Boot daran hindern, auf den Wellenkämmen zuviel Fahrt aufzunehmen. Doch das Schleppsystem half JOSHUA nicht in dem Sturm, sondern wurde ihr vielmehr regelrecht gefährlich: „Es wird immer schwieriger, JOSHUA mit dem Heck gegen die Wellen zu halten, denn die Bremswirkung der Trossen macht das Boot in dem Maße, wie sich das Meer aufbläst, immer schwieriger zu manövrieren."

Nach einigen Brechern, die das Boot ernsthaft erschüttern, erinnert sich Moitessier an die Erklärungen von Vito Dumas, der Jahre zuvor in den gleichen Breiten umhergezogen war. Er leidet unter dem Gefühl, wie JOSHUA vom Ozean malträtiert wird. Niemals kann das Boot nachgeben. Moitessier schneidet die Trossen ab. „JOSHUA war nicht wiederzuerkennen und nicht zu vergleichen mit dem armen Boot der letzten Nacht, das mich an den kleinen Jäger denken ließ, der, mit den Füßen in Lianen gefangen, die Schläge eines Gorillas abzuwehren versucht. Es wäre schlecht ausgegangen..." Wiederum scheint das Lenzen vor dem Sturm die beste Wahl zu sein.

„A priori ist es immer besser, vor einer Welle zu fliehen als sich ihr entgegenzustemmen", bestätigen auch die Damiens, ohne sich darauf einzulassen, was sich unter „a priori" verbirgt.

Einwände

Nach dem schrecklichen Sturm, der 1956 die Konkurrenten des Channel Race dezimierte, schätzte der Skipper der Klasse-II-Yacht RIGHT ROYAL, die vor Le Havre entmastet worden war: „Wenn das Boot beim schlimmsten Sturm vor Treibanker gelegen hätte, wäre dies nicht passiert."

Adlard Coles zeigt sich kaum als Vorkämpfer für dieses Instrument. Er zweifelt die Brauchbarkeit des Treibankers für eine moderne Yacht an.

„Unter den Einwänden gegen den Treibanker findet sich das Argument, daß er beträchtliche Kraft auf seinen Befestigungspunkt ausübt und zu Ruderbruch führen kann, falls das Boot durch ihn nach achtern treibt. Man kann den Treibanker auch am Heck festmachen: Dann hält sich das Boot

Beigedreht vor Treibanker zu liegen, bedeutet — was auch immer Kapitän Voss dazu sagte — eine wahre Tortur für die Besatzung, die dem zum schwimmenden Ponton verwandelten Boot nicht die geringste Unterstützung geben kann. (Foto: Jo Harand)

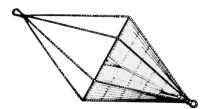

besser, und das Ruder leidet nicht. Aber wenn der Treibanker groß genug ist, um richtig wirksam zu sein, zieht er den Rumpf nach unten; das Heck, das auf diese Weise festgehalten wird, steigt nicht mehr auf die Welle und kann unter Wasser gezogen werden. Am meisten gefährdet ist die offene Plicht, in die die Wellen allzu leicht einsteigen können." Adlard Coles zieht das Lenzen vor der See eindeutig dem Ausbringen von Trossen vor.

Bis heute ergibt die Untersuchung der Berichte von Hochseeseglern, auch aus den am schlechtesten beleumdeten Seegebieten wie den Roaring Forties, kein Argument zugunsten des von Kapitän Voss so hoch gepriesenen Instruments. Die Erfahrungssumme der Hochseesegler scheint mir auszureichen, ihre Aussagen für vertrauenswürdig zu halten. In diese Richtung gehen auch Bemerkungen von Miles Smeeton, der wegen seines zweimaligen Purzelbaums in den Gewässern vor Kap Hoorn berühmt wurde:

„Ich entscheide mich gegen den Treibanker; mit soviel freiem Seeraum in Lee lassen wir uns lieber beigedreht treiben. Es ist gefährlich, ich weiß es; aber meiner Ansicht nach kann ein Treibanker den Bug nicht dicht genug beim Wind halten, und außerdem bieten wir mit ihm den Wellen mit ihm einen nutzlosen Widerstand, was viel schlechter ist als das Driften." Hätte Voss noch gelebt, dann hätte er wohl bemerkt — und das wäre eine hübsche Auseinandersetzung geworden —, daß Smeeton nur kurz nach dieser Überlegung sein Boot in einer Welle über Kopf kentern sah, wobei außer den Masten noch einiges mehr zu Bruch ging.

Aber was für eine Welle war das! Miles Smeeton versucht sie in der Klasse der „ungewöhnlichen Wellen" einzuordnen, und er weiß, wovon er spricht. „Ein Kanu, ein Rettungsboot liegt vor Treibanker; eine kleine Yacht auch, wenn er groß genug ist. Aber eine Yacht wie TZU HANG (eine Ketsch von 14 m mit einem Großmast von 15,50 m) mit geringer Verdrängung im Vorschiffsbereich und achtern einem tiefen Kiel, hohem Freibord, Mast und Rigg vor dem Lateraldruckpunkt des Rumpfes stehend, eine solche Yacht wird sich ohne weitere Hilfe nicht vor Treibanker halten. Das Boot schleppt seinen Treibanker und nimmt eine Position beinahe quer zu Wind und See ein. Es befindet sich bereits in einer schlechten Lage, und wenn es jetzt noch den Treibanker ausbringt, bietet es der See einen Widerstand wie ein Fels oder eine Kaimauer." Wie man sieht, stützt sich Miles Smeeton auf konkrete Beobachtungen. Er spricht aus seiner eigenen Erfahrung an Bord der TZU HANG und begrenzt seine Schlußfolgerungen auf dieses Boot, wobei er sogar zugibt, daß ein kleineres Boot und vor allem ein offenes Beiboot vom Treibanker möglicherweise die erwünschte Hilfe erhalten könnte.

Wir segeln weder in offenen Rettungsbooten noch in Schwertbooten, sondern auf Küsten- oder Hochseekreuzern. Gibt es denn keinen, der den Treibanker verteidigt? Nein, es gibt wirklich niemanden, der ihn auf See vor dem Wind ausprobiert hat.

Die Schlüsselfragen

Bei der Analyse verschiedener Zeugnisse schälen sich folgende kritischen Punkte heraus:

● Der Ansturm der brechenden See auf das durch den Treibanker bewegungsunfähig gewordene Boot, dessen Rumpf ebenso solide sein muß wie das Rigg. Beobachtet man einmal, mit welcher Macht eine tonnenschwere See auf einen Deich schlägt, dann kann man sich die Kräfte vorstellen, denen ein bewegungsunfähiges Boot auf der Meeresoberfläche ausgesetzt ist.

● Die Zugkräfte, die am Befestigungspunkt der Treibanker-Trosse auftreten, sind beträchtlich, vorausgesetzt, daß er überhaupt groß genug ist, um das Boot mit dem Bug zur See zu halten. Voss machte die Trosse am Mast fest. Das scheint nur möglich zu sein, wenn sie über das Vordeck zum Bug geführt werden kann; dabei muß sie selbstverständlich an den entsprechenden Stellen sorgfältig vor Schamfilen geschützt werden.

● Das Einholen des Treibankers ist bei schwerem Wetter sehr schwierig, wenn man keine Trippleine hat, die von der achteren Spitze des Ankers zum Boot zurückführt. Immer wieder wird jedoch darauf hingewiesen, daß sich diese beiden parallelen Leinen leicht miteinander vertörnen. Ich kenne keine diesbezüglichen konkreten Aussagen noch habe ich eigene Erfahrung vorzuweisen, aber es wäre überraschend, wenn beide Leinen nach einigen Stunden gemeinsamen Tanzes in der aufgewühlten See frei voneinander blieben, auch wenn die Trippleine mit einem Schwimmer versehen ist.

● Ruderbruch kann eintreten, wenn der Rumpf, der mit dem Bug an einem Treibanker hängt, von Wind und See rückwärts getrieben wird. Wenn man annimmt, daß die mittlere Abdrift mit 1 bis 2 kn ungefähr in achterliche Richtung setzt, erscheint es durchaus möglich, daß eine kräftigere See das Boot mit höherer Geschwindigkeit zurücktreibt, wobei das Ruder gefährdet wird.

● Segel achtern. Viele Skipper bestätigen, daß ein Treibanker die Lage des Bootes zu den Wellenzügen nicht im geringsten beeinflußt. Andere setzen am Heck ein kleines Segel, um den Bug besser im Wind zu halten. Eine Art Schwerwetter-Treibsegel, das auf einer Ketsch oder einer Yawl leicht zu setzen ist, das man aber auch auf einer Slup oder einem Kutter relativ pro-

In einem Wintersturm steigt eine Monstersee über den Kai von Port-en-Bessin. Was wäre wohl von einem Boot, das durch den Treibanker bewegungsunfähig geworden ist, nach dem Ablaufen dieser See übrig geblieben? (Foto aus „Scènes de la Vie Maritime" von Vincent Besnier.)

blemlos zwischen Baum und Heckstag setzen kann. Wie gefährlich aber ein solches Segel ist, wenn es bei jedem Anluven im Wind schlägt, muß jedem sofort einleuchten. Auch wenn es mit einer Talje mittschiffs gesetzt wird, werden die Lieken killen, wodurch das Rigg ernsthaft in Mitleidenschaft gezogen werden kann, wenn nicht das Segel schon in der ersten Viertelstunde zerfetzt ist. Entweder hält sich der Wind in Grenzen, bei unter 50 kn zum Beispiel, und dann ist es auf offener See nicht unbedingt nötig, einen Treibanker auszubringen, oder er wird so stark, daß er auch noch das kleinste Stückchen schlagendes Tuch am Mast zerfetzt, wenn nicht gar den Mast knickt.

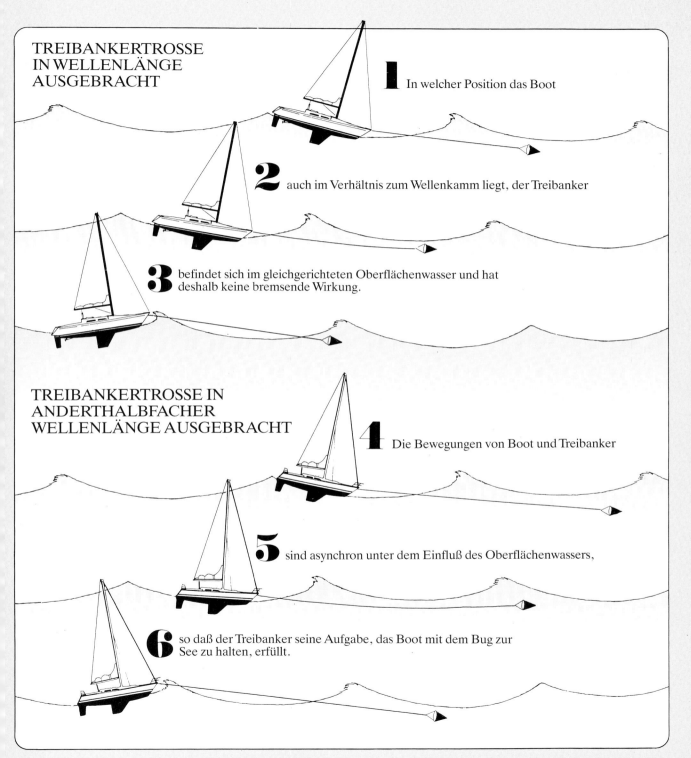

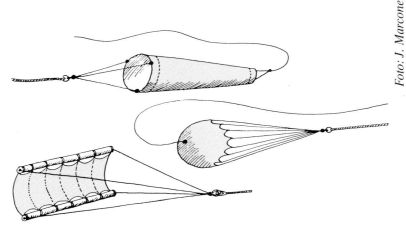

Foto: J. Marcone

Der Gebrauch des Treibankers

Der Treibanker ist tatsächlich wirksam. Ist er richtig ausgebracht und wird er noch durch ein kleines Segel am Heck unterstützt, vermindert er die Abdrift des Bootes. Ist sein Einsatz auf offener See auch mehr als umstritten, so scheint man ihn doch für den Gebrauch auf einem Schiff, das bei starkem Wind in Landnähe manövrierunfähig ist, empfehlen zu können. In dem Fall bedeutet Ruderbruch wenig: Es ist auch nicht mehr von Nutzen, wenn das Boot erst einmal auf den Strand geworfen wurde. So ist der Treibanker letzte Hilfe in einer aussichtslosen Situation, in der er allein noch Rettung bedeuten kann. Wichtig ist es, die Trosse, wo sie schamfilen kann, zu umwickeln und ihre Befestigung zu überwachen; sinnvoll erscheint auch das Blockieren des Ruders. Wenn man der Küste mit zu großer Geschwindigkeit näher kommt, ist es meiner Meinung nach sogar sinnvoll, den Mast zu kappen, um dem Wind so wenig Widerstand wie möglich entgegenzusetzen. Beim Wiederlesen von Chichesters letztem Buch war ich überrascht über die Geschwindigkeit, die GIPSY MOTH V erreichte, eine Leichtdeplacement-Ketsch von 17 m Länge, die Robert Clarke 1970 für die Regatta eigens entworfen hatte: In einem Atlantik-Sturm lenzte sie mit 10 kn (12,5 kn Spitze) vor Topp und Takel, von Klüver und Fock

"Wir haben zwei Treibanker an Bord von SOUTHSEAMAN; denn wir wissen, daß einer von ihnen abgerissen werden kann. Außerdem sind wir uns nicht sicher, ob ein einziger Treibanker ausreicht, um den Schoner mit der Nase in den Wind zu halten. Wir ließen sie relativ klein anfertigen (1,06 m im Durchmesser); denn wenn sie größer wären, ließen sie sich nur schwer handhaben. Wenn einer nicht ausreicht, wollen wir beide aneinander gekoppelt an der gleichen Trosse ausbringen." Zitat aus *"Adventures of a Southseaman"* von Weston Martyr.

waren nur noch Fetzen übrig, bei 65 bis 70 kn Wind. Ich selbst bin auch einmal an einem Starkwindtag mit 4,5 kn Fahrt, ohne Segel oder Motor, in einen Hafen hineingefahren. Der Luftwiderstand des Riggs ist allzu groß, um ihn unberücksichtigt zu lassen; aus diesem Grund kann dann auch eine freiwillige Entmastung im Risikofall vor einer Leeküste überlegenswert sein.

Trotz aller negativen Urteile über die Nützlichkeit eines Treibankers für Fahrtenyachten auf hoher See sollte man doch zumindest den Zustand des Geräts, das man vorschriftsmäßig an Bord hat, regelmäßig überprüfen und auch einmal darüber nachdenken, wie man es festmacht und ausbringt, wenn eine dramatische Situation dies erfordern sollte.

Öl ins Wasser geben könnte auf Yachten dann sinnvoll sein, wenn wir eine Hafeneinfahrt, in der starke Kreuzseen stehen, durchsegeln müssen. (Foto Henri Barbi)

Der Einsatz von Öl

Schon in der zweiten Hälfte des 18. Jahrhunderts wird die Verwendung ölartiger Flüssigkeiten zur Dämpfung des Seegangs erwähnt, wie es zum Beispiel der Holländer Terngnagel in einem Reisebericht schilderte: „Unfern der Inseln Paulus und Amsterdam gerieten wir in einen Orkan, der den Kapitän zwang, in den Wind zu drehen und dabei Öl auf die Wellen zu träufeln, damit diese nicht länger über das Schiff brachen. Es hatte eine sehr gute Wirkung und rettete uns schließlich. Obgleich er immer nur eine geringe Menge auf einmal ausgoß, brachte er doch die Indische Compagnie um sechseinhalb Fässer Olivenöl."

Versuche in England

Durch solche Berichte war die Neugier der Wissenschaftler bald geweckt worden. Benjamin Franklin nahm sich natürlich sofort der Sache an. Er ließ die Blitzableiter eine Zeitlang im Stich und machte sich an verschiedene Experimente mit Flüssigkeiten, besonders solche, die die Wirkung fetthaltiger Substanzen auf die Oberfläche bewegten Wassers betrafen. Im Oktober 1773 führte Franklin in Anwesenheit von Sir Joseph Banks und Doktor Solander — den beiden Begleitern von Kapitän Cook — und weiterer Forscher vor Portsmouth ein interessantes Experiment durch. An einem Tag mit ziemlich bewegter See ankerten sie mit der Schaluppe der CENTAUR in einiger Entfernung vom Strand und gaben aus einem Steingutbehälter, in dessen Boden ein Loch war, kontinuierlich Öl aus: „Die Besatzung der Schaluppe sah dort, wo Öl über Bord geträufelt wurde, eine Zone entstehen, in der sich die Wellen nicht mehr brachen, obwohl die Dünung immer noch weiter bestand."

Andere Forscher versuchten in der Folge den Grund für dieses Phänomen zu erfahren oder doch wenigstens erst einmal zu rationellen Anwendungsverfahren zu gelangen. Aus einer Ausgabe der Zeitung „Le Havre" von 1884 erfahren wir, daß der englische Ingenieur Shields die Einfahrt des Hafens von Folkestone mit einem unterseeischen Ölreservoir ausstattete, das aus der Distanz geöffnet werden konnte und dann noch in den heftigsten Stürmen die Brecher beruhigte.

Andere Erfahrungen

Seeleute in aller Welt wissen, daß die wirkliche Gefahr auf See das Land ist. Aber an allen Küsten der Welt sind auch immer wieder Seeleute angetrieben worden, deren Schiffe bei schwerer See von besonders heftigen Brechern zum Sinken gebracht wurden. Die Erfahrungen mit dem Ausbringen von Öl bei entfesselter See, wie sie besonders der Nordatlantik zu seinen schlimmsten Zeiten hervorbringt, brachten auch den französischen Vizeadmiral Cloué, einen methodischen Menschen, im Jahre 1887 dazu, ein Handbuch zu veröffentlichen, daß die Kapitäne über die Anwendungsmodalitäten dieses Rettungsmittels informieren sollte. Auf diese Initiative hin setzten die Handelskammern von Bordeaux und Dünkirchen Preise aus, die jenen Seeleuten zufallen sollten, die die genauesten Berichte über Erfahrungen mit dem Ausbringen von Öl auf See einsandten.

Man muß sich vergegenwärtigen, daß die maritimen Autoritäten jener Epoche diesem Hilfsmittel nicht so indifferent oder gar ablehnend gegenüberstanden, wie sie es heute zu tun pflegen. Der Bericht Prinz Alberts von Monaco, eines Seefahrers und Forschers, abgefaßt nach der Rückkehr von seiner dritten Forschungsfahrt mit dem Schoner HIRONDELLE, ist dafür ein Beispiel.

Nachdem sie bereits zwei heftige Stürme durchstanden hatten, in denen die Besatzung den Seegang mit Hilfe

von Öl besänftigt hatte, segelte das Schiff am 23. August 1887 in den gefährlichen Quadranten eines perfekt beschriebenen Zyklons.

„Von mittags bis 9 Uhr abends wehte der Wind mit Sturmstärke, und besonders zwischen 4 und 8 Uhr traf die Beschreibung ‚Orkan' auf ihn zu. Er drehte auf Nordost. Vorgewarnt durch das seltsame Aussehen des Himmels und das gleichzeitige Fallen des Barometers, segelte ich so lange wie möglich auf Steuerbordkurs. Aber mittags mußten wir beidrehen, und zwei Stunden später war die Szene so schrecklich, daß wir am Kranbalken in Luv einen Ölbeutel ausbrachten. Während das Öl aussickerte, schien das Schiff tatsächlich durch eine unsichtbare Mauer vor den fürchterlichen Brechern, die einer nach dem anderen gegen den Rumpf anrannten, geschützt zu sein.

Die Mannschaft ist einstimmig der Meinung, daß das Öl HIRONDELLE so sehr geholfen hat, daß sein Beitrag zur Rettung des Schiffes möglicherweise sogar entscheidend war. Jedenfalls konnten sich die Seeleute, die diesen unbeschreiblichen Orkan miterlebten, anders nicht erklären, daß eine Yacht von 200 Tonnen den gefährlichen Quadranten dieses Sturms unbeschadet durchqueren konnte."

Zitate dieser Art lassen sich so viele finden, daß auch noch der Widerspenstigste überzeugt werden dürfte. Sie lehren uns, daß diese erfahrenen Seeleute, die mit ihren großen Schiffen alle Weltmeere durchfuhren, immer wieder auf die Verwendung von Öl zurückgriffen, wenn die Seen allzu gefährlich wurden. Und man sollte ja nicht denken, daß diese Großväter unserer heutigen Segler Stroh unter dem Südwester hatten!

Wie jedoch erklären die Wissenschaftler, auf welche mechanische oder chemische Wirkweise eine so dünne Ölhaut auf der Oberfläche der See die wildesten Brecher zähmen kann?

Der entfesselte Ozean und das Öl

Eine interessante Beweisführung erschien 1925 in einem Kapitel des „Larousse de la Mer", das den Sicherheitsmaßnahmen bei gefährlichem Seegang gewidmet war.

„In der gesamten Antike galt es als eine bekannte Tatsache, daß man beim Ausbringen fetthaltiger Substanzen auf die Oberfläche der See bei schwerem Wetter die Heftigkeit der Wellen unmittelbar mildert. Die Seeleute gingen an dieser Erfahrung nicht vorbei, und mit gesundem Menschenverstand erklärten sie folgendermaßen: Die Wellen entstehen durch die Einwirkung der Luftströmung auf die Wassermoleküle; dank der Reibung des Windes an den Molekülen werden diese

Sturm im Atlantik auf der HIRONDELLE *Prinz Alberts von Monaco; in solcher Situation brachte er damals Öl aus.*

fortbewegt und zu Wasserbergen aufgetürmt, und diese Wasserberge werden vom Wind fortgetrieben, als ob sie die Segel eines gigantischen Schiffes wären; vermindern wir aber künstlich die Reibung der Luft auf dem Wasser, schmieren wir also quasi den Mechanismus, indem wir einen fetthaltigen Körper zwischen Luft und Wasser bringen, hat die Luft weniger Zugriff auf den flüssigen Untergrund, und wir erreichen eine Verminderung der Vibration.

Diese Theorie stimmt zum Teil; doch will man sie vervollständigen, muß man sich eines anderen Phänomens erinnern, das die Physiker Kapillarität nennen. Die Oberfläche einer Flüssigkeit verhält sich wie eine Membran und besitzt eine sogenannte Oberflächenspannung, die je nach ihrer Natur der Flüssigkeit anders ist. Bei viskosen Flüssigkeiten, bei Ölen zum Beispiel, ist sie größer als beim Wasser. Bringen wir eine dünne Ölhaut auf die Meeresoberfläche auf, geschieht etwas Ähnliches, als wenn wir eine dünne Kautschukmatte auf diese Oberfläche legen; die Oberflächenspannung wirkt auf die Wellen, unterdrückt sie zwar nicht sofort, hindert sie aber, sich frei unter dem Einfluß der Wellenbewegung zu erheben, und damit erreichen wir eine Minderung ihrer vertikalen Bewegung. Experimente haben diese Theorie bewiesen. Das Erstaunliche aber ist daran das Verhältnis zwischen einer (geringen) Ursache und einer (großen) Wirkung."

Tatsächlich ist die Ölhaut, die sich so schnell auf dem Wasser ausbreitet, kaum ein hundertstel Millimeter dick. Man kann selbst ein Experiment durchführen, indem man einen Tropfen Öl auf ein Glas mit Seewasser gibt: Die Ölhaut ist nur mikroskopisch dick, kaum dicker als der Ölfilm, der auf einem Finger zurückbleibt. Es ist erstaunlich, daß eine solche Oberflächen-„Membran" ausreicht, die Wellen zu beruhigen. Doch genau das geschieht in der Praxis. Die Dünung bleibt bestehen. Doch die gewaltige Bewegungsenergie, die die Wellen brechen läßt, wird vermindert. Ihre Moleküle erscheinen gebremst, beschwert, haben jedenfalls nicht mehr Kraft genug, sich über die Wasseroberfläche zu erheben. Die Wellen erscheinen gebändigt.

Da also der Beweis für die Wirksamkeit dieses Verfahrens unstrittig ist, warum, mag man sich fragen, gießen wir heute auf unseren Booten kein Öl mehr auf die Wogen?

Die Realitäten von heute

Befragen wir Adlard Coles, den bekanntesten Schwerwetter-Experten: „Ich habe leider keine persönliche Erfahrung auf diesem Gebiet. Tausende von Meilen habe ich das geeignete Öl mitsamt den Ölbeuteln an Bord mitgeführt. Es war einsatzbereit in dem Sturm nördlich Bermuda, aber ich hielt es zurück als Reserve für einen Notfall, der niemals eintrat... Es ist eigentlich merkwürdig, daß Öl in den Stürmen der letzten Jahre so wenig benutzt worden zu sein scheint. In seinem Bericht über den Channel-Sturm von 1956 erwähnte das Komitee des Royal Ocean Racing Club die Tatsache, daß keine einzige Yacht während des Sturms Zuflucht zum Öl genommen hätte."

Ein Blick in den jüngsten Bericht des RORC-Komitees über die Folgerungen aus jenem schrecklichen Sturm, der die Fastnet-Regatta von 1979 heimgesucht hatte, zeigt, daß in keinem einzigen Kapitel das Ausbringen von Öl erwähnt wird; das gilt sowohl für die verschiedenen Fragebogen wie die daraus resultierenden Empfehlungen. Auf meine Anfrage hat mir übrigens auch die französische Gesellschaft zur Rettung Schiffbrüchiger mitgeteilt, daß ihre Fahrzeuge nicht mehr mit Vorrichtungen zum Ausbringen von Öl ausgestattet sind, da man dies nunmehr für überflüssig halte.

Ich habe meine Nachforschungen aber weitergetrieben und die Bücher einiger moderner Segelautoritäten daraufhin durchgesehen. In keinem der gängigen Handbücher war etwas zu diesem Thema zu finden, nicht einmal in Moitessiers Betrachtungen im Anschluß an seine Kap-Hoorn-Abenteuer und ebenso wenig bei Eric Tabarly.

Nur Miles Smeeton, der Skipper der TZU HANG, berühmt durch seine beiden Salto-mortale-Kenterungen bei der Ansteuerung von Kap Hoorn, widmet einen Absatz seines Buches „Once is enough" diesem Thema: „Das einzige Mal, in dem ich versuchte, während eines Sturms einen Ölbeutel auszubringen, trieben wir schräg zum Wind und ließen auf der Wasseroberfläche einen irisierenden Streifen hinter uns zurück; das gab uns keinerlei

Wie die meisten meiner Zeitgenossen habe auch ich auf meiner alten Ketsch NAUSICAA noch nie Öl ausgebracht. In einigen Mittelmeer-Stürmen hätte sich seine Verwendung wahrscheinlich jedoch gelohnt.

Schutz. Das Öl kann den Zustand der See nicht verändern, sondern nur einen brechenden Wellenkamm glätten. Wenn es wirksam sein soll, braucht man anscheinend leicht zugängliche, große Mengen Öl. Nur wenige Yachten geringer Größe sind für die Ausführung dieses Verfahrens ausgerüstet, und angesichts sehr schwerer See glaube ich nicht mehr an Ölbeutel. Meist denkt man erst daran, wenn es schon allerhöchste Zeit ist. Aber ihr Einsatz ist kaum sinnvoll, wenn die zur Verfügung stehende Menge nicht ausreicht, um die See tatsächlich zu glätten, oder wenn das Boot nicht in der schützenden Ölschicht bleibt."

Damit sind wir in das Zentrum des Problems vorgedrungen. Es stellen sich eine Reihe von Fragen: Welches Öl ist geeignet? Auf welche Weise und in welcher Menge soll es ausgebracht werden?

Früher war es durchaus üblich, daß Fahrzeuge, die Schiffbrüchige von einem Wrack abbargen, in Luv des Havaristen Öl ausbrachten, um die Rettungsaktion ein wenig zu erleichtern.

1
Welches Öl kommt in Frage?

Am besten eignen sich tierische Tranöle, aber auch Schmieröle. Weniger wirkungsvoll sind Dieselöle, Petroleum ist ungeeignet. Neben Tran wird auch Pflanzenöl empfohlen, von dem wir auf einer längeren Reise vielleicht einige Liter an Bord mitführen.

Einen wichtigen Punkt sollten wir aber sogleich festhalten: Schmieröle, wie sie für den Motor benutzt werden, können verwendet werden; darunter fällt auch das Altöl, das beim Ölwechsel anfällt (SAE 20 bis 50). Und natürlich wird man im Ernstfall auch das ungebrauchte Motoröl, das jedes Boot mit Hilfsmotor auf Vorrat mit sich führen sollte, einsetzen, wenn das Überleben des Bootes davon abhängt.

Schon das Segelhandbuch „Manuel du manoeuvrier", das 1891 speziell für die Schüler der französischen „Ecole Navale" erschien, bestätigt dies: „Im allgemeinen haben die ein wenig dicken und viskosen Öle, wie das Altöl aus Dampfmaschinen, sehr gute Wirkung." Bewahren Sie also Ihr Altöl in einem Kanister auf. Eines Tages kann es vielleicht in einer schlimmen Situation nützlich sein.

2
Wann soll man Öl ausbringen?

Wie schon erwähnt, verfügt eine normale Bordbibliothek kaum über jüngere Literatur, die auch nur andeutungsweise Aufschluß über die Art und Weise der Verwendung von Öl geben könnte. Allerdings gibt es da die Abhandlung eines gewissen Frank Robb, deren Titel ich jedoch lieber verschweige, damit es für den Autor nicht zu peinlich wird. Aus seinem Buch zwei einander widersprechende Zitate:

„Wenn Öl auf Wellen dieser Größenordnung überhaupt eine Wirkung haben könnte, was zweifelhaft erscheint, so brauchte man doch sicherlich eine enorme Menge."

„Die Wirkung einer winzigen Menge Öl auf die See ist außerordentlich. Zwei Liter SAE 50 breiten sich über Hunderte von Quadratmetern aus und verdünnen sich dabei zu einem Film von einem hundertstel Millimeter Dicke. Doch dieser irisierende Fleck glättet die brechenden Wellenkämme und nimmt ihnen ihre ganze Kraft."

Seine Schlußfolgerungen aus seinen eigenen Experimenten tragen denn auch zu unserem Thema nicht das geringste bei. Im Gegenteil. Denn er handelt tatsächlich leichtfertig, wenn er Ergebnisse verallgemeinern will, die er erzielte, als er Öl auf seinem eigenen, vor Anker liegenden Boot ausbrachte zu dem einzigen Zweck, Erfahrungen zu sammeln. Auch auf PITCAIRN haben wir so etwas versucht; aber ich bin rasch zu der Überzeugung gelangt, daß die Ergebnisse täuschen, weil die Situation von der echten, in der man dieses Verfahren anwendet, allzu weit entfernt ist: eine entfesselte See, auf die heftige Böen einwirken, unter denen sich die Wellen so hoch auftürmen, daß das Boot ernsthaft gefährdet ist. Die Geschwindigkeit der Abdrift, die Schwierigkeit, an Deck überhaupt zu arbeiten, dazu eventuell noch ein Mannschaft, die durch Übermüdung oder Seekrankheit geschwächt ist – das sind Parameter, ohne die die Ergebnisse von Experimenten für die Praxis keinen Wert haben.

Wenn ich übrigens im Verlauf meiner Reisen gelegentlich auch in schweres Wetter geraten bin, so habe ich doch bisher nie eine so brenzlige Situation erlebt, daß eine Lösung dieser Art angebracht erschien. Ich weiß auch nicht, ob mir das Verfahren überhaupt geholfen hätte – ob also die rund 20 Liter Öl, die ich ständig in Reserve mitführe, gereicht hätten –, weil es immer noch andere Möglichkeiten gab. Vielleicht liegt es nur daran, daß keine Erfahrungen aus jüngerer Zeit mit der Verwendung von Öl auf See bekannt geworden sind.

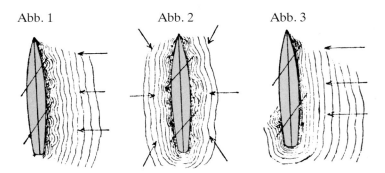

Verschiedene Methoden, Öl auf großen Schiffen einzusetzen, nach der Pilot Chart für März 1889, herausgegeben vom Hydrographic Office der USA.

Beigedreht

Auszug aus einer im vorigen Jahrhundert vom Hydrographic Office der USA erstellten Studie, deren Darstellungen auch eine Pilot Chart für den Monat März des Jahres 1889 garnierte: „Liegt das Schiff beigedreht, kann es durch Ölen relativ gut am Wind gehalten werden (Abb. 1). In diesem Fall muß man einen oder zwei Ölbeutel am Bug und an der Luvseite ausbringen.

Bei hohem Seegang mit Kreuzseen oder wenn das Schiff das Zentrum eines Zyklons durchsegelt, muß man Ölbeutel in regelmäßigen Abständen an beiden Bordseiten zugleich ausbringen (Abb. 2). Treibt ein Schiff dwars zu hochgehender See, muß man am Kranbalken in Luv einen Ölbeutel ausbringen und einen weiteren leewärts unterm Heck (Abb. 3)."

Der letzte Punkt wurde in der französischen Zeitschrift „Le Yacht" vom 5. November 1910 kritisiert; dort schlug man vor, ein Boot, das dwars zu einer brechenden See treibe, solle „Öl an der Luvseite ausbringen, und zwar mit Schläuchen in der Nähe des Bugs und mit Ölbeuteln an der Seite". Das hört sich logisch an. Aber was soll denn damit erreicht werden? Eine Öllache soll sich um den Rumpf legen, vor allem in die Richtung, aus der der Wind weht (also luvwärts), damit die Wellen sich nicht mehr so hoch auftürmen und brechen. Dadurch soll das Boot ruhiger liegen. Hier kommt das Problem der Abdrift ins Spiel, das zu diesem Zweck zu überwinden ist. Denn wenn man sich an die Zeugen aus dieser Epoche hält, bleibt das Ölbett, das sich auf der Wasseroberfläche ausgebreitet hat, praktisch an der gleichen Stelle liegen, sogar bei Winden von Orkanstärke. Ganz anders verhält sich das beigedreht liegende Boot. Unter dem Druck der Böen treibt es je nach seiner Eigenart — wobei der Lateralplan und der Tiefgang wichtig sind — mehr oder minder schnell ab und fährt damit sozusagen aus dem Schutz des Ölbetts hinaus.

Genau genommen ist diese Abdrift sogar vorteilhaft; denn dadurch erhält man eine Ölfläche in Luv des Bootes, also in jenem Bereich, in dem sich die gefährlichen Wellen bilden. Es bedeutet andererseits aber auch, daß man den Ölfilm ständig erneuern muß, indem man das Ölausgeben unaufhörlich fortsetzt. Und zugleich muß man darauf achten, das Boot immer in Lee der Ölfläche zu halten und nicht aus der Schutzzone herauszusegeln.

Vor Treibanker

Einem Lehrbuch entnehme ich folgende Anweisung: „Liegt man vor Treibanker, so wird ein Ölbeutel an einer endlosen Leine, die über einen Block am Treibanker läuft, ausgebracht, so daß sich das Öl in Luv des Schiffes ausbreitet und der Sack jederzeit zum Nachfüllen an Bord geholt werden kann."

Blauäugige Vorschläge! Wer nur einmal erlebt hat, wie sich Trippleine und Schlepptrosse des Treibankers zu einem unentwirrbaren Knäuel vertörnt haben, kann über diese Zeilen, die zwei weitere Leinen in das Knäuel einführen, nur ungläubig staunen. Doch nehmen wir einmal — wenigstens auf dem Papier — an, daß der gesamte Leinensalat wie geplant steht. Was geschieht dann? Das Öl breitet sich in Luv des Bootes aus, aber die Ölschicht reicht nie bis ans Boot heran, weil dieses ständig abtreibt. Dann bleibt nur zu hoffen, daß die Ölschicht in einiger Entfernung vom Boot das Aufsteilen der Wellen verringert.

Bei stürmischem Wind und hohem Seegang besteht für ein vor dem Wind ablaufendes Boot immer die Gefahr des Querschlagens. Die Ketsch Etoile du Jour erlebte im März 1981 im Golfe de Gascogne eine solche Situation (Foto R. Loret).

Beim Schleppen

Ein weiteres Zitat aus demselben Werk: „Beim Schleppen eines anderen Fahrzeugs gibt der Schlepper beiderseits am Bug Öl aus, damit Schlepper und Geschleppter von seiner Wirkung Nutzen haben." Dem ist nichts hinzuzufügen, außer daß das Schleppen in hohem Seegang ohnehin schwierig ist (Firecrest ging unter solchen Umständen vor Guernsey verloren, und jedes Jahr liest man von neuen Fällen), so daß man es mit Hilfe von Öl vielleicht ein wenig erleichtern kann.

Beim Ablaufen vor dem Wind

Der Gedanke erscheint sinnvoll, beim Treiben vor Topp und Takel wie beim Beidrehen Öl zu verwenden, wenn die Besatzung wegen der gefährlichen Situation nicht mehr weitersegeln kann. Dennoch kann man sich besondere Umstände vorstellen (Freisegeln von einem gefährlichen Kap, von einer Barre, aus einer Meerenge), in denen man auch in hohem Seegang vor dem Wind Kurs halten muß. Für alle diese Fälle findet man in den alten Handbüchern den Rat, Öl am Bug auszubringen, damit zum einen das Boot geschützt wird, wenn es die so geschaffene Ölfläche durchsegelt, und zum andern die Kraft der von achtern auflaufenden Seen gebrochen wird.

An sich gibt es keine Einwände gegen diese Methode, nur ist es mehr als fraglich, ob sich die kleine, zur Verfügung stehende Menge Öl schnell genug ausbreitet, um eine wirksame Schutzzone um den Rumpf zu bilden, denn beim Ablaufen vor achterlicher See erreicht ein Segelboot zwischen 4 und 10 kn Fahrt. Keinesfalls jedoch erreicht die Öllache die Wellenkämme vor dem Bug, die zum Kopfüberkentern beitragen. Das Eintauchen des Bugs in die Welle führte ja zum Beispiel zum zweimaligen Kentern der Tzu Hang (in den Roaring Forties, versteht sich). Doch die Tatsache, daß das Öl die von achtern drohenden Wellenkämme ein wenig besänftigen kann, ist nicht von der Hand zu weisen. Es verhindert ja nicht nur, daß die Kämme brechen, sondern mindert damit zugleich die Gefahr des Surfens auf der Welle, aus dem das unkontrollierte Anluven und Kentern über den Bug entstehen kann.

Vor der Hafeneinfahrt

Auch bei starken Tidenströmen vor einer Hafeneinfahrt kann Öl sinnvoll eingesetzt werden, und zwar je nach der zur Verfügung stehenden Menge des Öls und der Richtung des Stroms. Bei starkem (auflandigem) Flutstrom gibt man bei möglichst reduzierter Fahrt Öl am Bug des Bootes aus. Bei ablandigem Strom (Ebbstrom) ist allerdings jeder Versuch vergeblich. Dann kann nur ein anderes Fahrzeug von innerhalb der Hafenbarre zu Hilfe kommen. Ist das nicht möglich, wartet man auf Stillwasser – oder bleibt im Tiefen.

Bei querlaufender See

„Ein Schiff, das bei dwars einkommendem stürmischem Wind und hohem Seegang seinen Kurs unter Segeln beibehalten muß, sollte am Bug und an der Luvseite Öl ausbringen" (Pilot Chart von 1889). Die danebenstehende Zeichnung weist allerdings nur einen Punkt aus, an dem geölt wird: luvseits dicht hinter dem Bug. Im Vergleich zu den großen Rahseglern, die die Ölbeutel an den äußeren Rahnocks herablassen konnten, ist die Wirksamkeit dieses Verfahrens auf unseren Segelbooten sicherlich gering.

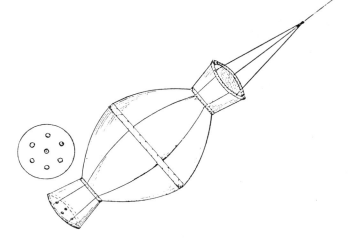

3

Wie soll man Öl ausbringen?

● **Die Ölbeutel.** Traditionell verwendet man mit Werg gefüllte Beutel (wir füllen sie mit Lumpen), die man einige Liter Öl aufsaugen läßt und dann mit dicken Segelnadeln anstickt, damit die Flüssigkeit aussickern kann.

Ein Handbuch von 1891 beschreibt die Beutel folgendermaßen: „Die Beutel haben eine Kapazität von etwa 10 l, was das Volumen des Wergs betrifft. Jeder Beutel kann dann etwa 6 l Öl aufsaugen, das in ungefähr drei oder vier Stunden aussickert, wonach das Öl aufgefüllt werden muß. Vor Anker oder beigedreht liegend, ist die Form des Beutels gleichgültig; aber wenn das Fahrzeug Fahrt macht, scheint eine längliche Form am besten zu sein."

Die Beutel sollen aus festem Tuch sein. Ihre Größe: etwa 50 cm Höhe. Ihre Füllung: zerschnittene Wolle oder Baumwolle aus abgetragenen Pullovern, alten Socken, ausgemusterter Unterwäsche. Kapitän Voss, der das Verfahren während seiner fünf Jahre im Robbenfang auf Großseglern erprobte, empfiehlt, die Beutel zu beballasten.

Sie müssen ordentlich befestigt werden; denn sie werden sehr hart mitgenommen. Also bringt man starke Halterungen an, die aber die Öffnung zum Auffüllen nicht verschließen dürfen.

Für mich ist das Auffüllen bestimmt das Lustigste – oder Schwierigste. Wegen der Sudelei, die dabei entsteht, kann man es nicht unter Deck machen (das Boot ist ja noch nicht ganz verloren), muß also auf einem Deck arbeiten, das sich wie auf einer Achterbahn bewegt und dazu noch regelmäßig von Gischt und grünem Wasser überspült wird. Jedenfalls beim erstenmal. Zwei Hände braucht man dabei zum Offenhalten des Säckchens, eine dritte für den Ölkanister, und mit den anderen klammert man sich irgendwo fest – leicht wird es also niemandem fallen.

● **Durch die Speigatten.** Zur Zeit der großen Segelschiffe wurde dieses Verfahren besonders empfohlen, und auch in einem Handbuch aus unseren Tagen kann man diese Empfehlung noch nachlesen. Das ist gar nicht so unrealistisch, wie es zunächst erscheinen mag. Wir müssen schließlich immer im Auge behalten, daß das Ausbringen von Öl auf hoher See immer nur ein allerletztes Mittel ist, das eine Schiffsbesatzung nur dann anwendet, wenn eine Havarie oder ein Schiffbruch droht.

Ich habe eine Reihe von Menschen befragt, die auf kleinen Segelbooten Orkane (mit mehr als Windstärke 12) erlebt haben. Ihre Meinung ist eindeutig: Niemand kann sich unter solchen Umständen an Deck aufhalten, geschweige denn dort arbeiten. Öl kann man dann nur von der Kajüte aus aus-

Placierung der Ölbeutel. Vorschläge aus „Modern Seamanship", einem Handbuch aus dem vorigen Jahrhundert.

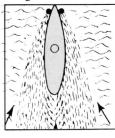

Beim Ablaufen vor dem Wind je ein Ölbeutel rechts und links vom Bug.

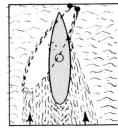

Verbreiterung des Ölteppichs bei geringfügigen Kursabweichungen.

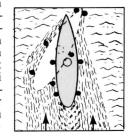

Macht das Schiff zuviel Fahrt, um im Ölteppich zu bleiben, werden mehr Ölbeutel ausgebracht.

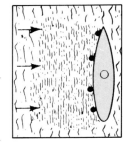

Beim Beiliegen dwars zur See werden die Ölbeutel an der Luvseite verteilt.

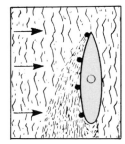

Macht das beigedreht liegende Schiff Fahrt voraus, vermindert sich die Schutzwirkung des Ölteppichs.

Ölen durch die Ankerklüsen. Zeichnung aus dem „Larousse de la Mer" von 1925. Das ist nur bei einem punktuellen Manöver sinnvoll. Heute würde man eher die Bilge- oder die WC-Pumpe benutzen, was mindestens die gleiche Wirkung hat, aber für die Besatzung nicht so riskant ist.

So bringt man einen Ölbeutel an einer Ankerboje in Luv eines am Kai vertäuten Beibootes aus.

Ähnliches Verfahren bei einem ankernden Schiff; der Ölbeutel wird an der Ankerkette ausgebracht. Jetzt kann ein Beiboot im beruhigten Wasser längsseits kommen.

bringen, indem man die Ölkanister zum Beispiel direkt über die Seeventile oder über den Niedergang in die Plicht entleert. Das ist zwar unpraktisch, aber durchaus machbar, wobei man allerdings riskiert, daß das ganze Boot ölverschmiert und rutschig wird.

● **Durch das WC.** Meiner Meinung nach ist dies die beste Lösung, die ich auch sicherlich probieren werde, wenn ich einmal in eine Situation gerate, in der der Einsatz von Öl notwendig wird. Zwar ist der Punkt, an dem das Öl ausgegeben wird, dann nicht mehr zu variieren, aber zugleich erleichtert der Einsatz der WC-Pumpe das Verfahren doch sehr.

● **Über die Bilge.** Man gießt das Öl direkt in die Bilge und pumpt es mit dem Bilgewasser allmählich nach draußen. Möglicherweise kann man einen dünn durchlöcherten Kanister in die Bilge setzen, aus dem das Öl gleichmäßig ins Bilgewasser sickert und mit ihm außenbords gepumpt wird. (Nebenwirkung: Man hat immer eine gewisse Kontrolle über die Bilge.)

Das sind einige Verfahrensweisen, die einem am ehesten in den Sinn kommen. Sicherlich könnte ein Boot, das auf lange und schwierige Seereisen vorbereitet ist, spezielle Ölbehälter an Bord haben – das schlägt auch Miles Smeeton vor –, die zum Beispiel über separat zu kontrollierende Schläuche mit verschiedenen Auslaßpunkten am Rumpf verbunden sind – das wäre ein zwar aufwendiges, aber wirkungsvolles und sauberes Verfahren.

Ein merkwürdiges Gefühl mag uns vielleicht beschleichen, wenn wir uns vergegenwärtigen, daß diese Serie alter Skizzen aus Veröffentlichungen stammt, die für unsere über alle Weltmeere segelnden Großväter gedacht waren. Vielleicht wecken sie nicht nur unsere Neugier, sondern bringen uns auch zum Nachdenken über ein Hilfsmittel in höchster Gefahr, das ungebräuchlich geworden ist.

„Modern Seamanship", Fortsetzung: Schutz für ein ankerndes Schiff.

Schutz für ein geschlepptes Fahrzeug bei vorlichem Wind und gefährlicher See.

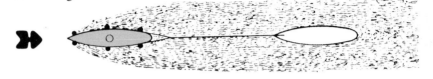

4
Wieviel Öl wird benötigt?

Da keine Erfahrungswerte aus jüngerer Zeit vorliegen, müssen wir uns wieder einmal an Berichte und Handbücher aus dem Ende des letzten Jahrhunderts halten.

● Albert von Monaco auf der Hirondelle (1887): 2,7 l per Stunde unter Orkanbedingungen.
● „Larousse de la Mer" (1925): 2 l in zwei Stunden; diese Angabe scheint aber nur Theorie zu sein, nicht auf Erfahrungen zu beruhen.
● Arethusa (1896): 5 l per Stunde beim Ablaufen mit 8 kn.
● Segelhandbuch (1891): 6 l in drei oder vier Stunden, was einem Stundenmittel von etwas unter 2 l entspricht.
● Kapitän Gibelli (1888): 6 l per Stunde, was hier den Verbrauchsrekord bedeutet.
● Paketboot Salazie in einem Orkan bei der Insel Réunion (1888): 20 l in fünf Stunden, was 4 l per Stunde entspricht.
● Miles Smeeton: 10 l auf einmal beim Überqueren einer gefährlichen Barre (Empfehlung).

Auch ohne Taschenrechner kommt man leicht auf einen Mittelwert von 2 bis 3 l per Stunde. Und das heißt, daß man mit einem Vorrat von 20 l schwerem Wetter zehn Stunden lang die Stirn bieten kann. Für bestimmte Fälle dürfte diese Zeitspanne ausreichen, wenn zum Beispiel eine gefährliche Strecke zu durchsegeln ist, eine Reparatur auszuführen ist oder ein Mitsegler, der über Bord gegangen ist, gerettet werden soll.

Schließlich könnte man auf unseren Segelbooten vielleicht bei den zuletzt genannten Gelegenheiten am ehesten auf das Ausbringen von Öl zurückgreifen. Dann braucht man auch keine komplizierten Systeme und keine großen Mengen (das Reserveöl für den Motor reicht aus). Ich denke, daß die kurzzeitige Beruhigung der Manöverzone bei der Rettung eines über Bord gegangenen Menschen eine wertvolle Hilfe in den Phasen der Annäherung und des Anbordholens bedeuten kann.

Und der Ölfilm auf dem Boot selbst? Für die Haftung der Schuhsohlen wird es mit Sicherheit schwierig, ebenso für Hände, die sich festhalten oder etwas greifen wollen. Denn wenn auch die Ölhaut auf dem Wasser nur von mikroskopischer Stärke ist, so bildet sich doch bei mehrstündigem Ölen an den Bordwänden und auf Deck eine dickflüssige, sehr rutschige Schicht.

Aber noch einmal: Die Umstände, unter denen man sich zu dieser Maßnahme entscheidet, sind derart, daß dieser Nachteil im Verhältnis zum erhofften Ergebnis nicht weiter ins Gewicht fällt.

Also denn: dafür oder dagegen? Weder habe ich in diesem Kapitel ein Hilfsmittel anzupreisen noch eine Anwendungsmethode zu entwickeln versucht. Es schien mir nur nützlich, die Kenntnisse über das Verfahren des Ölausbringens, die allmählich in Vergessenheit geraten, darzustellen und auf ihre Stichhaltigkeit abzuklopfen.

Und da die wichtigsten Argumente dieses Kapitels aus Zitaten abgeleitet wurden, möge man mir erlauben, mit jenem schönen Satz Bernard Moites-

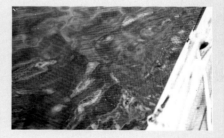

siers zu schließen, der in seiner Weisheit und Bescheidenheit jedem großen Seemann Ehre macht: „Doch je mehr ich sehe, je mehr ich lerne, um so mehr begreife ich, daß ich wenig weiß, daß sich alles, was das Meer und das Boot betrifft, ändern kann. Die See bleibt immer die große Unbekannte."

Orkan auf den Neufundlandbänken

10000 Seemeilen war die STEPH, ein aus Aluminium gebautes Serienboot von 10,20 m Länge, als Segelschulschiff rund um den Nordatlantik gesegelt — über die Färöer, Spitzbergen und Island nach Neufundland. Als sie sich von Saint-Pierre et Miquelon zur Heimreise aufmachte, sah sich die Besatzung einem Tief gegenüber, das sehr schnell Orkanstärke erreichte. Das Barometer fiel um 38 Millibar, und der Wind erreichte 100 Knoten, was dem Boot das Leben kostete.

Nach 400 sm setzte das Barometer zu einem spektakulären Sturz an, der bis zum folgenden Abend andauerte. Die Winde, die schon seit dem Verlassen der Bänke kräftig gewesen waren, frischten mit beispielloser Schnelligkeit auf, und im gleichen Tempo wurde der Seegang grober.

Um 0400 UTC am 11. September stand das Boot etwa 20 sm südlich Bonnet Flamand, der östlich der Großen Bänke gelegenen „flämischen Bank", als der Wind plötzlich aussetzte. Die Deckswache setzte die Fock Nr. 1. Dann, als die Böen wieder sehr viel kräftiger einfielen, setzte sie die Fock Nr. 2 mit dem dreifach gerefften Großsegel. Um 0600 ist keine Rede mehr vom Gegenansegeln. Der Wind weht inzwischen mit 50 oder 60 Knoten, vielleicht mehr.

„Drei Mann reichen gerade aus, um das Großsegel niederzuholen, mit der Nase im Wind. Eigentlich wollte ich die Sturmfock setzen, aber als die Nummer 2 endlich im Sack war, stand ich vor folgendem Dilemma: In Lee, fast genau im Westen, lagen die Neufundlandbänke, auf denen bei durchschnittlichen Wassertiefen von 50 m bei schwerem Wetter sicherlich eine extrem gefährliche See stehen würde. Lenzen also unmöglich. Beidrehen vor Topp und Takel war meiner Ansicht nach auch nicht besser; wir wären vom Ostwind langsam auf die gleiche Gefahr zugetrieben worden.

Also beschließe ich, die Sturmfock zu setzen und das Ruder festzuzurren, die Fahne der Selbststeueranlage so eingestellt, daß wir den Wind von der Seite haben. Damit treiben wir nach Südwest schrägachterlich vor den Seen bei einem Wind, der inzwischen Stärke 11 erreicht hat. Nachmittags dreht der Wind auf Süd und legt noch ein Beaufort-Grad zu. Ich frage mich, ob wir nicht durch einen Zyklon fahren. Die Sturmfock beginnt bereits zu reißen. Jetzt können wir also nicht mehr lenzen, weil dieses Segel zu Fetzen geht und weil die Untiefen des Bonnet Flamand jetzt in Lee liegen. Die Gischt ist nun so dicht, daß wir kaum noch atmen können. Auch mit dem Rücken zum Wind hat man das Gefühl des Erstickens. Die Luft ist voll Wasser, als ob wir unter dem Strahl eines Geysirs ständen. Eine solche Katastrophe habe ich noch nie erlebt. Es ist irrsinnig.

Unter diesen Umständen kann ich unmöglich ein Besatzungsmitglied nach draußen lassen. Es würde von den Seen, die pausenlos das Deck überfluten, hinweggerissen. Deshalb habe ich beschlossen, alle unter Deck einzusperren. Gegen 1900 erscheint plötzlich genau über uns ein blauer Fleck am Himmel. Der Barograph zeigt 974 mbar. Er ist in 8 Stunden 33 mbar gefallen.

Ein Sonnenstrahl: Wir müssen mitten im Zentrum des Tiefs sein. Wie um diese These zu bestätigen, kommen die Wellen von diesem Augenblick an aus entgegengesetzten Richtungen.

Ich erinnere mich sehr gut, daß ich eine enorme Welle über den Bug brechen sah. Wir haben uns auch sehr bemüht, von dem Moment an, in dem wir uns treiben ließen, mit unseren Logbucheintragungen immer auf dem laufenden zu bleiben. Alle Stunde wurden Kurs und Windrichtung notiert. Als diese Welle vor dem Bug auftauchte, hatte sich unsere Lage, die Drift vor dem Wind, nicht verändert. Es handelte sich also um eine Monster-Kreuzsee, gebildet aus Dünung gegen Windsee.

Die Welle dreht uns einmal komplett um uns selbst. Ich bekomme die 360-Grad-Drehung genau mit, sozusagen Bild für Bild. Es dauert höchstens 4 Sekunden. Wie Konfetti werden wir herumgewirbelt, mit verblüffender Geschwindigkeit. So schnell, daß keiner Zeit hat, Angst zu bekommen.

Als das Boot wieder aufrecht schwamm,

*Das war nach dem Durchkentern noch vom Rigg übrig geblieben. „Wir haben Windstärke 12 gemessen", bestätigte der Kapitän des Trawlers, der die Mannschaft der S*TEPH *rettete. „Aber wir waren etwas vom Sturmzentrum entfernt, dort aber, wo sich die S*TEPH *befand, wehte es mit 100, vielleicht sogar mit 120 Knoten." (Fotos: Georges Maisonneuve)*

konnten wir sofort zwei Dinge feststellen. Erstens: Einer von uns war quer durch die Kajüte katapultiert worden. Er hatte Schmerzen von einem Schlag in die Lendengegend. Zweitens: Der Mast stand nicht mehr an seinem Platz. Festgehalten durch die Verstagung schwamm er in drei Teilen in Lee. Wir mußten uns natürlich sofort um den Verletzten kümmern und betteten ihn auf eine Koje; dann stiegen wir an Deck, um die Wanten abzuschneiden, weil der Mast jeden Augenblick die Bullaugen einschlagen oder den Rumpf beschädigen konnte.

Inzwischen hatte der Wind sogar noch zugelegt. Das Spritzverdeck, das den Niedergang schützen sollte, war weggerissen; die Metallstangen waren verbogen und so über das Niedergangsluk gebogen, daß ich sie abmontieren mußte. Ich habe den ganzen Kram mit dem Pumpenschwengel herausgebrochen. Aber der Sturm war so stark, daß ich keine Luft bekam. Ich mußte wieder in die Kajüte steigen, um Luft zu schnappen, während jetzt Dominique an Deck ging, um die Wanten zu kappen. Sie ließ nur eine Talje übrig, an der wir die Spiere in guter Distanz achteraus schleppten."

Nun mußte das Boot vor allem daran gehindert werden, auf die Untiefen des Bonnet Flamand zu treiben. Man hoffte, einen Notmast aufstellen zu können, sobald die Wetterbedingungen es zuließen. Schließlich blieben wieder alle in der Kajüte; sie streckten sich auf den Kojen oder auf dem Boden aus, wie es eben ging, und warteten auf eine Wetterbesserung. Der Verletzte lag zusammengekrümmt und hatte immer noch Kreuzschmerzen in Höhe der Nieren; er konnte seine Beine überhaupt nicht bewegen.

„Ich hatte das Bootsinnere schon inspiziert und festgestellt, daß trotz der Festigkeit der Konstruktion mehrere Decksbalken gebrochen waren. Das Kajütdach hatte sich um mehrere Zentimeter gesenkt, außerdem waren der Bugkorb und mehrere Relingstützen ausgerissen worden und im Meer verschwunden.

Zum Glück hatten die Verriegelungen von Bodenbrettern, Schränken und Schapps gehalten, so daß sich deren Inhalt nicht in der Kajüte ausbreitete. Bis auf den verletzten Mitsegler und das weggerissene Rigg schienen sich die Schäden also in Grenzen zu halten. Wir schwammen, ohne Wasser zu machen, was uns schon als phantastisches Glück vorkam. Zweifellos war dies der Homogenität des Metallrumpfes zu danken."

Doch die Besatzung der STEPH ist noch nicht am Ende ihrer Qualen angelangt. Einige Stunden später erwartete sie eine neue Prüfung. Tatsächlich fiel das Barometer noch weiter. Um 2200 erreichte es 972 mbar nach einem Fall von insgesamt 38 mbar, was einem Mittel von 3,16 mbar pro Stunde entspricht. Den Wind, der eine solche Depression begleitet, kann man sich kaum noch vorstellen, ebenso wenig den Zustand der See.

10. September 1978

Es wird Nacht. Das abgeblendete Licht am Kartentisch beleuchtet diffus das Innere der Kajüte. Roland, der nicht ausgestreckt liegen kann, stöhnt vor Schmerzen. Er leidet mehr als zuvor. Die anderen versuchen schweigend, in die Polster der Sofabänke gedrückt, aus dem Heulen des Sturms das Donnern des gefürchteten Brechers herauszuhören. Drei Stunden nach der ersten Kenterung schmeißt er sich mit der Gewalt einer Lokomotive in voller Fahrt auf das Boot.

Emile Gaillard: „Es gab eine abrupte Krängung, danach ein langsameres Durchdrehen. Stille und Dunkelheit (es ist Nacht), bis auf die rote Kontrollampe am Sicherungskasten. Ich fühle und höre sturzbachähnlich Wasser durch die Niedergangstür rauschen. Ich habe ein Gefühl der Ohnmacht und der Hoffnungslosigkeit. Georges sagt: Diesmal hat's uns erwischt."

Roland Viltet (der gerade versucht hatte, sich in seine Beine zu kneifen, um auszuprobieren, ob noch Gefühl in ihnen war): „Ich erschreckte beim Kontakt mit dem Wasser, das an mir hochstieg (er lag auf dem Boden), machte eine heftige Bewegung und hörte mein Kreuz krachen; zugleich empfand ich einen stechenden Schmerz im Magen, in den Eingeweiden, überall. Ich fand mich aufrecht wieder und war sehr überrascht darüber."

Dominique Dufayard: „In Sekunden lag ich auf allen Vieren und paddelte im Wasser."

Monique de Bignicourt: „Plötzliches Überholen, dann ein langsames Durchkentern. Stille, kein Licht. Ich war gegen die Pantry geschleudert worden. Mit einem irrationalen Gefühl der Schuld dachte ich an Roland. Alles wurde irreal. Das Boot wurde gigantisch, der Raum im roten Leuchten grenzenlos, als ob wir in eine andere Dimension eingetaucht wären. Ich habe nicht gleich gemerkt, daß wir mit dem Deck nach unten lagen."

Hervé Fabre: „Ich fühlte, wie das Boot drehte. Dann fand ich mich vorn bei Roland wieder, nachdem ich zuvor an die Maststütze gestoßen war. Ich sah Wasser am Boden und das Boot tief eingetaucht, begriff dann erstaunt, daß es auf dem Kopf lag. Ich hatte den Eindruck von Pfeifen und Schaum in der Luft. Monique packte mich am Arm. Es war klar, das Boot drehte nicht weiter."

Georges Maisonneuve: „Nach dem langsamen Durchkentern erschien mir die Stabilität der Kopflage endgültig. Als ich aus meinem Kojenloch kam, konnte ich mich kaum orientieren. Die anderen waren nur

Schatten in einer völlig anderen Welt. Ich war erstaunt, daß die rote Lampe noch leuchtete. Das Boot hatte sich, den Kiel in der Luft, stabilisiert, für lange Minuten."

Wie beim ersten Durchkentern dreht der Rumpf zunächst mit erschreckender Schnelligkeit. Aber als er kieloben liegt, stoppt die Drehung abrupt. Alle finden sich plötzlich auf dem Kajütdach wieder, das jetzt zum Boden geworden ist. Es herrscht fast totale Dunkelheit. Nur die kleine rote Lampe vom Instrumentenpaneel läßt phantomartige Schatten erkennen, die sich in Erwartung des Wiederaufrichtens zusammenkrümmen. Fünf, zehn, dreißig Sekunden. Eine Ewigkeit. Den Kiel noch immer in den Himmel gereckt, bleibt das Boot bewegungslos liegen, wie erstarrt in dieser ungewöhnlichen Lage.

„Das Luk!" Die Besatzung wird sich plötzlich der Wassermassen bewußt, die sich durch den halboffenen Niedergang in die Kajüte ergießen. Schon steht das Wasser bis zu den Knöcheln. „Als ich das Wasser mit dieser Geschwindigkeit hereinströmen sah", erzählt Emile Gaillard, „war ich wie versteinert. Im Augenblick ging mir nur ein Gedanke durch den Kopf: ‚Jetzt bleiben wir so'. Dann schrie einer hinter mir: ‚Mit diesem Schlag sind wir futsch, ganz bestimmt!'

Dann ging es mir blitzartig durch den Kopf, daß so auch die letzten Augenblicke von Slocum, Al Hansen oder Van God ausgesehen haben mußten, als sie ihr Grab im Ozean fanden. Wir verschwinden, ohne die kleinste Spur zu hinterlassen. Man versinkt offenen Auges; glaube mir, das ist ein schreckliches Gefühl."

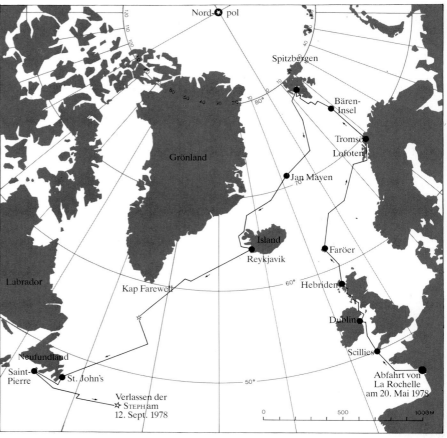

(Foto: Georges Maisonneuve)

Emile Gaillard taucht mit Hilfe von Hervé Fabre zum Kajütdach hinab.

Endlich ist das Luk geschlossen. Aber das Wasser steigt noch immer. Es steht bereits bis zur Hüfte. Und dieses Boot will sich einfach nicht wieder aufrichten! Jeder begreift, daß es höchstens noch fünf Minuten dauern kann, bis die Kajüte total geflutet ist. Und sie unter Wasser.

Wenn nicht...

Kein Zweifel. Das scharfe Pfeifen, das sich anhört, wie wenn Luft aus einem Ballon entweicht, zeigt an, daß ein Loch im Rumpf ist. „Die Luft zieht raus", ruft irgendeiner. „Es ist das Spülbecken!" Die beiden Abflüsse, die direkt durch den Rumpf führen, waren nicht verschlossen gewesen, weil das Spülbecken in dem schweren Wetter der ruhigste Ort war, um dringende natürliche Bedürfnisse zu erledigen. Sobald Dominique und Georges die Stelle lokalisiert haben, verstopfen sie mit Schlafsäcken, dann mit Stöpseln. Angepreßt vom Überdruck in der Kajüte bleiben sie ohne Verriegelung an der Stelle. Zugleich stoppt der Wasserzufluß in die Kajüte. Die im Rumpf gefangene Luftblase drückt wie im Innern einer Taucherglocke auf die Wasseroberfläche.

Endlich kann man aufatmen. Aber wie lange noch? Die Minuten verrinnen in dieser verkehrten Welt, die der Besatzung allmählich wie eine tödliche Falle vorkommt.

„Wir müssen etwas tun", denkt Emile Gaillard. Er bemerkt, daß die tonnenschweren Wassermassen — denn es sind inzwischen mehrere Kubikmeter nach innen gelangt — bei den Schlingerbewegungen des Bootes von der einen zur anderen Seite schwappen. Mehrmals versucht er mit seinem ganzen Gewicht gegen den Kajütaufbau in Lee zu stoßen, um die Rollbewegung um einen wichtigen kleinen Ausschlag zu verstärken. Erfolglos. Wahrscheinlich breitet sich der aus dem Tank geflossene Treibstoff in Luv des Bootes aus und glättet die Wellen, während das in der Luft stehende Ruder wie eine Art Besansegel wirkt und den Rumpf mit der Nase in den Wind dreht. Unter diesen Umständen erscheint ein Wiederaufrichten immer weniger wahrscheinlich. Der Skipper ermutigt die anderen, die Rollbewegungen nach Lee im Takt zu unterstützen. Vergebens. Gefangen in diesem treibenden Käfig, glaubt Emile Gaillard, daß nur noch Beten bleibt. Er sagt es laut, ohne sich dessen völlig bewußt zu sein. Einige versuchen es.

Ein Wellenabhang neigt plötzlich das Boot. Diesmal scheint die Operation zu gelingen. Der Rumpf krängt, zunächst langsam, wie in Zeitlupe, dann plötzlich beschleunigend, und dreht vollständig herum.

„Im gleichen Maße, wie sich das Boot drehte", erzählt Emili Gaillard, „lief ich aufrecht an der Wand entlang und fand mich am Boden wieder. Es war noch immer dunkel, die kleine rote Lampe vom Armaturenbrett gab nur schemenhaftes Licht, und Wasser schoß von überall her auf mich herab. Ich brüllte, weil ich wissen wollte, ob niemand verletzt war. Zwei konnten nicht antworten, weil sie beim Drehen des Bootes von den anderen am Bootsboden begraben wurden. Und Tonnen Wasser fielen auf sie drauf. Wem es gelungen war, sich aufrecht zu halten, der dachte überhaupt nicht daran, daß er über einem Kameraden stand und ihn unter Wasser drücke — man konnte auch nichts spüren, weil am Boden ohnehin ein riesiges Durcheinander war. Schließlich sah ich verwundert einen Haarschopf aus dem Wasser tauchen. Ich bekam die Kapuze einer Öljacke zu fassen und zog. Es war höchste Zeit, Georges war fast schon ertrunken. Monique hatte ein ähnliches Erlebnis. Hervés Gewicht drückte sie unter Wasser, und so war sie überzeugt, daß das Boot gesunken war."

Draußen ist der Orkan nicht schwächer geworden. Er ist von unbeschreiblicher Heftigkeit. „Sie müssen Windstärken von mehr als 90, vielleicht von 100 oder 120 Knoten erlebt haben", schrieb später der Kapitän des Fischtrawlers ERIN FISHER, der nicht weit entfernt beigedreht lag. Das Meer besteht nur noch aus horizontal fliegendem Schaum, aus weißen Bergen, die chaotisch und abrupt übereinander purzeln.

„Um an Deck zu gehen", erklärt Emile Gaillard, „mußte man die Zähne fest zusammenbeißen. Es war Nacht. Man konnte die Luft nicht einatmen. Ich erinnere mich, wie beim Öffnen des vorderen Niedergangsluks eine dichte Wolke vor uns vorbeizog, als ob wir mitten im Himmel wären. Es war, als ob ein gigantischer Geysir uns von Luv aus anspuckte."

Nach einer grauenvollen Nacht erblicken sie im Morgengrauen eine verwüstete Kajüte, die eher an einen Alptraum als an das Innere eines Schiffes denken läßt. Alles, was sie in die Hand nehmen, ist durchtränkt von Wasser, oder besser von einer Mischung aus Wasser, Öl und Diesel, die aus dem Motor gelaufen sind und sich bis in die letzte Ecke ausgebreitet haben. Alle Lebensmittel, ebenso die Kleidung, die Polster, Kissen und Schlafsäcke.

„Der Wind ist schwächer geworden. Im Vergleich zu dem, was wir an den beiden vorhergehenden Tagen erlebt haben, erscheint er mir als ein sanftes Säuseln. Und dann, gegen Mittag, sinkt die Windgeschwindigkeit auf 40 Knoten, während der Seegang immer noch sehr grob, aber weniger aggressiv ist. Wir haben es genutzt, um uns auf dem sorgfältig getrockneten Kocher eine riesige warme Pfanne zu machen. Ein wahres Festmahl, in das alles hinein kam, was wir unversehrt auffinden konnten; das waren nur noch Dosen. Es war wichtig, wieder Kräfte zu sammeln, um da herauszukommen."

Zwei Tage später kündigt der Wetterbericht erneut Sturm an. Die Besatzung der STEPH ist von dem Fischtrawler ERIN FISHER an Bord genommen worden. Schweren Herzens überläßt sie das Wrack der STEPH dem Atlantik.

Inhalt

Schwerwetterregeln?	11
Die Meteorologie des Tiefs	21
Die Wahl der Route	33
Die Wettervorhersage	43
Das Meer und die Wellen	59
Die Brecher	73
Die Ausrüstung	91
Vorbereitung auf schweres Wetter	105
Verhalten des Bootes	119
Gegen Wind und See	129
Beiliegen	143
Lenzen vor dem Sturm	171
Der Treibanker	193
Der Einsatz von Öl	203
Orkan auf den Neufundlandbänken	214

Titel der französischen Originalausgabe
  GROS TEMPS
  TACTIQUE ET MANOEUVRES
© Editions Gallimard

2. Auflage

ISBN 3-7688-0543-3

Die Rechte für die deutsche Ausgabe liegen
beim Verlag Delius, Klasing & Co Bielefeld

Printed in Germany 1988

Titelfoto: Alastair Black

Druck: Kunst- und Werbedruck, Bad Oeynhausen